全国高校安全工程专业本科规划教材

安全法学

（第二版）

教育部高等学校安全工程学科教学指导委员会组织编写

张兴凯　主　编

中国劳动社会保障出版社

图书在版编目(CIP)数据

安全法学/教育部高等学校安全工程学科教学指导委员会组织编写. -- 2 版. -- 北京：中国劳动社会保障出版社，2023

全国高校安全工程专业本科规划教材

ISBN 978-7-5167-6201-1

Ⅰ. ①安… Ⅱ. ①教… Ⅲ. ①安全法学-中国-高等学校-教材 Ⅳ. ①D922.501

中国国家版本馆 CIP 数据核字（2023）第 229251 号

中国劳动社会保障出版社出版发行

（北京市惠新东街 1 号　邮政编码：100029）

*

三河市华骏印务包装有限公司印刷装订　新华书店经销

787 毫米×960 毫米　16 开本　20 印张　347 千字
2023 年 12 月第 2 版　2023 年 12 月第 1 次印刷
定价：52.00 元

营销中心电话：400-606-6496
出版社网址：http://www.class.com.cn

版权专有　　侵权必究

如有印装差错，请与本社联系调换：(010) 81211666

我社将与版权执法机关配合，大力打击盗印、销售和使用盗版图书活动，敬请广大读者协助举报，经查实将给予举报者奖励。

举报电话：(010) 64954652

前　　言

中国是礼仪之邦。礼者法也。奉法者强则国强，奉法者弱则国弱。中华民族是讲究礼仪、遵纪守法的伟大民族！中华民族的法家相信：掌管执法者坚强，国家就强大；相反，掌管执法者懦弱，国家就会衰败。2015年6月26日，习近平总书记在十八届中央政治局第二十四次集体学习发表重要讲话时，引用明代张居正的话："盖天下之事，不难于立法，而难于法之必行。"作为一名完成4年大学课程、即将进入社会的安全工作者，不懂得安全生产法，不善于宣传普及安全生产法，不是一名安全执法的强者，就难以胜任安全工作，难以成为一名出色的政府安全监督管理者或生产经营单位安全管理者，难以成为一名出色的安全教学和科技工作者！

党的二十大报告指出，全面依法治国是国家治理的一场深刻革命，关系党执政兴国，关系人民幸福安康，关系党和国家长治久安。强调要坚持依法治国、依法执政、依法行政共同推进，坚持法治国家、法治政府、法治社会一体建设，全面推进科学立法、严格执法、公正司法、全民守法，全面推进国家各方面工作法治化。本书按照这样的要求，重在阐述新时代安全法治理念，介绍安全生产法时首先阐述其立法理念和指导思想，目的是使读者树立起"国之大者"的全局安全法治思维，做一名安全法治的强者。

党的二十大报告指出，法治政府建设是全面依法治国的重点任务和主体工程。转变政府职能，优化政府职责体系和组织结构，推进机构、职能、权限、程序、责任法定化，提高行政效率和公信力。本书落实这样的要求，重在阐述政府在安全生产法治中依法作为的要求，以及安全生产法律法规中针对政府及其部门的规定，目的是为读者成为出色的安全监督管理者打下基础。

党的二十大报告指出,坚持安全第一、预防为主,建立大安全大应急框架,完善公共安全体系,推动公共安全治理模式向事前预防转型。推进安全生产风险专项整治,加强重点行业、重点领域安全监管。要求"建设人人有责、人人尽责、人人享有的社会治理共同体"。本书落实这样的要求,重在阐述生产经营单位及其主要负责人、专兼职安全管理人员的职责和工作要求,目的是为读者成为出色的、具有高度责任感使命感的企业高层管理者或高级安全管理者打下基础。

本书还重点阐述了法律和安全生产法的基本概念、我国安全生产法治发展历程,介绍了美国、英国、德国、日本和澳大利亚的职业安全健康法治情况,目的是使读者了解安全生产法治的全局,开拓视野,增长对安全生产法治的系统性、整体性的认识。

本书第一章由袁奇、张一红编写,第二章由王利群、曾明荣编写,第三章由黄体伟、张文杰编写,第四章由兰群足编写,第五章由侯春平编写,第六章由赵军编写,第七章由张文杰、黄体伟编写,第八章由王利群、曾明荣编写,第九章由张英喆、苏宏杰、代海军、李遐桢编写,第十章由张晓蕾、张一红编写。

全书由张兴凯策划审定,由张英喆、袁奇负责协调工作。袁奇、张一红、王利群、黄体伟、张文杰、兰群足、侯春平、赵军、张晓蕾(名字按照章节顺序)的编写字数均超过 15 千字。

本书是面向安全科学与工程、应急管理及其相关专业的本科生的教材,也可作为工科、管理学科、法学科等本科生和研究生的参考教材。作为安全工作者,阅读本书也会有所收益。

本书力图将安全生产法律知识展现给读者。但是,因为作者水平有限,虽然历经三年研磨、多次修改,仍难免存在不足甚至谬误,欢迎广大读者批评指正!

编　者

2023 年 11 月

目　录

第一章　安全法学基础 (1)

第一节　安全生产概述 (1)
一、安全的概念 (1)
二、安全生产的概念 (2)

第二节　安全生产法概述 (3)
一、安全生产法的概念 (3)
二、《安全生产法》的特征 (3)

第三节　安全法学的基本概念 (4)
一、立法 (4)
二、执法与安全生产执法 (5)
三、司法 (7)
四、法治 (7)
五、诉讼 (8)
六、执法文书 (9)
七、行政执法部门 (10)
八、行政执法人员 (11)
九、立法程序 (12)
十、普法规划 (13)
十一、生产安全事故 (16)
十二、责任主体 (16)
十三、安全生产监察与安全生产监督管理 (17)

第四节　《安全生产法》的效力 (17)
一、法的效力 (17)

二、《安全生产法》的效力 …………………………………………（18）
三、《安全生产法》的调整事项及特殊领域安全生产的法律适用 …………（19）
四、《安全生产法》管辖原则 ………………………………………（20）
第五节 安全生产法学及其基本内容 …………………………………（23）
一、安全生产法学 ……………………………………………………（23）
二、安全生产法学的基本内容 ………………………………………（24）
三、安全生产法学的研究对象及范围 ………………………………（24）
本章小结 ……………………………………………………………（25）
复习思考题 …………………………………………………………（25）

第二章 中国安全生产法律体系 ………………………………………（27）
第一节 中国特色社会主义法律体系 …………………………………（27）
一、法律体系 …………………………………………………………（27）
二、中国特色社会主义法律体系概述 ………………………………（29）
第二节 中国特色社会主义法律体系的构成 …………………………（31）
一、中国特色社会主义法律体系的基本构成 ………………………（31）
二、中国特色社会主义法律体系的部门 ……………………………（32）
第三节 安全生产法律体系的内涵与框架 ……………………………（33）
一、安全生产法律体系 ………………………………………………（33）
二、安全生产法律体系的特征 ………………………………………（34）
三、安全生产法律体系的基本框架 …………………………………（35）
第四节 安全生产法律 …………………………………………………（37）
一、《宪法》……………………………………………………………（38）
二、《刑法》……………………………………………………………（39）
三、《劳动法》…………………………………………………………（39）
四、《劳动合同法》……………………………………………………（39）
五、《安全生产法》……………………………………………………（40）
六、《矿山安全法》……………………………………………………（41）
七、交通安全法律 ……………………………………………………（41）
八、《消防法》…………………………………………………………（41）

九、《特种设备安全法》 …………………………………………………（41）
　　十、《突发事件应对法》 …………………………………………………（41）
　　十一、《工会法》 …………………………………………………………（42）
 第五节　安全生产行政法规 ……………………………………………（42）
 第六节　安全生产规章 …………………………………………………（44）
 第七节　安全生产标准 …………………………………………………（47）
　　一、国家标准 ……………………………………………………………（48）
　　二、行业标准 ……………………………………………………………（48）
　　三、地方标准 ……………………………………………………………（48）
　　四、团体标准 ……………………………………………………………（49）
　　五、企业标准 ……………………………………………………………（49）
 第八节　安全生产相关国际公约 ………………………………………（49）
 本章小结 …………………………………………………………………（50）
 复习思考题 ………………………………………………………………（51）

第三章　《安全生产法》 …………………………………………………（52）

 第一节　《安全生产法》的立法过程 …………………………………（52）
　　一、颁布出台 ……………………………………………………………（53）
　　二、《安全生产法》的修正 ……………………………………………（54）
 第二节　《安全生产法》的立法目的与指导思想 ……………………（56）
　　一、《安全生产法》的立法目的 ………………………………………（56）
　　二、指导思想 ……………………………………………………………（58）
 第三节　监督管理主体的权力与职责 …………………………………（59）
　　一、政府对安全生产的监督检查 ………………………………………（59）
　　二、负有安全生产监督管理职责的部门对安全生产的监督管理 ……（60）
 第四节　生产经营单位的职责与义务 …………………………………（63）
　　一、主要负责人的安全生产职责 ………………………………………（63）
　　二、安全生产管理机构的设置和职责 …………………………………（65）
　　三、生产经营单位相关人员资格要求 …………………………………（67）
　　四、相关人员的教育培训 ………………………………………………（68）

第五节 从业人员的权利与义务 …………………………………………（69）
    一、从业人员的安全生产基本权利 …………………………………（69）
    二、从业人员的安全生产义务 ………………………………………（71）
    三、被劳动派遣者的安全生产权利和义务 …………………………（72）

第六节 其他责任主体的职责与义务 …………………………………（72）
    一、协会组织 …………………………………………………………（72）
    二、一般安全生产中介机构 …………………………………………（73）
    三、需要获得国家规定资质条件的中介机构 ………………………（74）

第七节 法律责任 ………………………………………………………（75）
    一、安全生产违法行为的责任主体 …………………………………（75）
    二、安全生产违法行为行政处罚的决定机关 ………………………（76）
    三、违反《安全生产法》的行政责任 ………………………………（77）

本章小结 ……………………………………………………………………（80）
复习思考题 …………………………………………………………………（80）

第四章 安全生产基本法律制度 ……………………………………（82）

第一节 安全生产基本法律制度概述 …………………………………（82）
    一、安全生产工作的指导思想、方针和机制 ………………………（82）
    二、安全生产基本法律制度的概念和特征 …………………………（85）

第二节 安全生产准入制度 ……………………………………………（85）
    一、安全生产准入制度概述 …………………………………………（85）
    二、安全生产"三同时"制度 ………………………………………（88）
    三、安全生产许可 ……………………………………………………（91）
    四、特种作业人员资格许可 …………………………………………（92）

第三节 安全生产责任制度 ……………………………………………（94）
    一、安全生产责任制度概述 …………………………………………（94）
    二、生产经营单位主体责任 …………………………………………（95）

第四节 安全生产领导责任和监督管理责任 …………………………（97）
    一、党委和政府领导责任 ……………………………………………（97）
    二、部门安全生产监督管理责任 ……………………………………（98）

第五节　生产经营单位安全保障制度 （99）
一、生产经营单位安全保障制度概述 （99）
二、生产经营单位安全生产的组织保障 （101）
三、生产经营单位安全生产的人员保障 （102）
四、生产经营单位安全投入保障 （103）
五、生产经营单位安全生产过程管理保障 （104）

第六节　从业人员安全生产权利保障制度 （107）
一、从业人员安全生产权利保障制度 （107）
二、从业人员安全生产权利保障 （107）

第七节　安全生产社会服务制度 （111）
一、安全生产社会服务制度及其种类 （111）
二、安全生产协会组织类服务 （112）
三、安全生产中介类服务 （113）

本章小结 （115）
复习思考题 （116）

第五章　事故应急处置相关法律问题 （117）

第一节　应急预案 （117）
一、应急预案的历史沿革 （117）
二、应急预案的概念 （118）
三、应急预案的特点 （118）
四、应急预案的分类方法 （119）
五、应急预案的支持附件 （120）

第二节　应急预案编制与管理 （120）
一、应急预案的编制 （121）
二、应急预案编制的原则 （122）
三、应急预案编制主体 （122）

第三节　生产安全事故应急预案及其编制 （123）
一、生产安全事故应急预案编制程序 （124）
二、生产安全事故应急预案体系 （126）

三、综合应急预案 (127)
四、专项应急预案 (128)
五、现场处置方案 (129)
六、支持附件 (129)

第四节 应急预案的管理与监督管理 (130)
一、应急预案公布 (130)
二、生产经营单位生产安全事故应急预案的备案 (131)
三、应急预案的监督管理 (133)

第五节 生产安全事故应急处置相关制度和应急队伍建设要求 (134)
一、生产安全事故应急处置相关制度 (134)
二、政府应急救援队伍能力建设 (135)
三、物资储备要求 (137)

第六节 应急处置事后恢复与重建 (137)
本章小结 (138)
复习思考题 (139)

第六章 生产安全事故调查处理相关法律问题 (140)

第一节 我国生产安全事故调查处理的发展历程和现状 (140)
一、初期建立阶段 (140)
二、恢复发展和过渡阶段 (142)
三、完善规范发展阶段 (143)

第二节 事故调查处理的基本要求 (144)
一、事故调查处理原则 (144)
二、事故调查的分级 (145)
三、事故调查的挂牌督办 (146)
四、事故调查组的组成和要求 (148)

第三节 调查处理体制与职责分工 (150)
一、事故调查内容 (150)
二、事故调查职责分工 (152)

第四节 事故调查处理工作程序 …………………………………… (153)
 一、初查（初步调查） ……………………………………………… (153)
 二、召开事故调查组成立全体会议 ………………………………… (154)
 三、事故调查 ………………………………………………………… (154)

第五节 事故调查报告 ………………………………………………… (157)
 一、事故调查报告的主要内容 ……………………………………… (158)
 二、专项报告 ………………………………………………………… (158)
 三、调查报告要素 …………………………………………………… (159)

第六节 事故调查的其他法务事项 …………………………………… (161)
 一、事故结案 ………………………………………………………… (161)
 二、事故档案管理 …………………………………………………… (162)

本章小结 ………………………………………………………………… (164)
复习思考题 ……………………………………………………………… (164)

第七章 安全生产法律责任 ……………………………………………… (166)

第一节 安全生产法律责任概述 ……………………………………… (166)
 一、责任与法律责任 ………………………………………………… (167)
 二、安全生产法律责任 ……………………………………………… (168)
 三、安全生产法律责任的种类 ……………………………………… (169)

第二节 安全生产民事责任 …………………………………………… (170)
 一、安全生产民事责任的性质 ……………………………………… (170)
 二、安全生产民事责任的归责原则 ………………………………… (171)
 三、安全生产民事责任的具体规定 ………………………………… (172)

第三节 安全生产行政责任 …………………………………………… (174)
 一、安全生产行政责任的分类 ……………………………………… (174)
 二、行政机关及公职人员的行政责任 ……………………………… (174)
 三、行政相对人的行政责任 ………………………………………… (175)

第四节 安全生产刑事责任 …………………………………………… (179)
 一、安全生产刑事责任的性质 ……………………………………… (179)
 二、安全生产刑事责任的立法模式 ………………………………… (179)

三、安全生产行政执法与刑事司法衔接……………………………………（179）
第五节　我国《刑法》关于安全生产类犯罪的具体规定………………（181）
一、重大责任事故罪…………………………………………………………（181）
二、危险作业罪………………………………………………………………（182）
三、强令、组织他人违章冒险作业罪………………………………………（182）
四、劳动安全事故罪…………………………………………………………（183）
五、危险物品肇事罪…………………………………………………………（183）
六、工程重大安全事故罪……………………………………………………（184）
七、消防责任事故罪…………………………………………………………（184）
八、不报、谎报安全事故罪…………………………………………………（184）
九、提供虚假证明文件罪……………………………………………………（186）
十、出具证明文件重大失实罪………………………………………………（187）
十一、生产、销售不符合安全标准的产品罪………………………………（187）
十二、公职人员的犯罪………………………………………………………（187）
第六节　安全生产法律责任追究…………………………………………（188）
一、安全生产责任追究的发展过程…………………………………………（188）
二、安全生产法律责任追究的主体…………………………………………（188）
三、安全生产法律责任追究机制……………………………………………（189）
四、安全生产法律责任追究评析……………………………………………（190）
本章小结………………………………………………………………………（191）
复习思考题……………………………………………………………………（191）

第八章　中国安全生产监督管理…………………………………………（192）

第一节　安全生产监督管理体制…………………………………………（192）
一、安全生产监督管理体制…………………………………………………（192）
二、安全生产监督管理体制的形成和发展…………………………………（193）
三、我国现行安全生产监督管理体制………………………………………（195）
第二节　安全生产有关部门的安全生产工作任务………………………（197）
一、应急管理部门安全生产工作的主要任务………………………………（197）
二、住房和城乡建设部门安全生产工作的主要任务………………………（198）

三、交通运输部门安全生产工作的主要任务……………………（199）
四、工业和信息化部门安全生产工作的主要任务……………（200）
五、公安机关安全生产工作的主要任务…………………………（201）
六、生态环境部门安全生产工作的主要任务……………………（202）
七、市场监管部门安全生产工作的主要任务……………………（202）
八、能源管理机构安全生产工作的主要任务……………………（203）
第三节 安全生产监察………………………………………………（204）
一、煤矿安全监察……………………………………………………（204）
二、非煤矿山安全监察………………………………………………（205）
三、特种设备安全监察………………………………………………（205）
第四节 安全生产行政执法人员……………………………………（206）
一、安全生产行政执法人员种类及执法辅助人员………………（206）
二、安全生产行政执法人员的任职条件……………………………（207）
三、安全生产行政执法人员的工作要求与奖惩…………………（209）
第五节 安全生产行政执法文书……………………………………（212）
一、安全生产行政执法文书…………………………………………（212）
二、安全生产行政执法文书的特征…………………………………（213）
三、安全生产行政执法文书的制作要求和种类…………………（214）
四、安全生产行政执法文书的送达…………………………………（217）
五、安全生产行政执法案件及其文书移送…………………………（218）
六、安全生产行政执法文书立卷归档………………………………（220）
第六节 安全生产行政执法文书典型案例分析……………………（221）
一、安全生产现场检查记录…………………………………………（221）
二、安全生产现场处理措施决定书…………………………………（223）
三、安全生产行政处罚告知书………………………………………（224）
四、安全生产行政处罚集体讨论记录………………………………（226）
五、安全生产行政（当场）处罚决定书（单位）………………（227）
本章小结………………………………………………………………（228）
复习思考题……………………………………………………………（228）

第九章 其他安全生产法律法规 (230)

第一节 道路交通安全法 (230)
一、道路交通安全法规体系 (230)
二、《道路交通安全法》 (231)
三、《道路运输条例》 (235)

第二节 矿山安全法 (237)
一、矿山安全法律法规体系 (237)
二、《矿山安全法》 (237)
三、《煤矿安全规程》 (240)
四、《金属非金属矿山安全规程》 (243)

第三节 危险化学品安全法 (245)
一、危险化学品安全概述 (245)
二、我国危险化学品安全法律法规体系 (246)
三、《危险化学品安全管理条例》 (248)

第四节 建设施工安全法律法规 (251)
一、建设施工安全法律法规的调整对象和体系 (251)
二、建设单位的建设施工安全生产职责 (251)
三、施工单位的安全生产职责 (253)
四、勘察、设计、工程监理及其他有关单位的建设施工安全生产职责 (255)
五、建设工程安全生产的监督管理 (257)

本章小结 (258)

复习思考题 (258)

第十章 国外职业安全健康法简介 (259)

第一节 美国职业安全健康法治 (259)
一、美国职业安全健康概况 (259)
二、美国职业安全健康立法与监察进程 (260)
三、美国职业安全健康法的立法程序 (264)
四、美国职业安全健康法律法规介绍 (265)

五、美国职业安全健康监察体制……………………………………………（268）
第二节　日本职业安全健康法治……………………………………………（269）
　　一、日本安全生产概况………………………………………………………（269）
　　二、日本职业安全健康法的立法历程………………………………………（270）
　　三、日本职业安全健康法律法规体系………………………………………（272）
　　四、日本职业安全健康监察体制……………………………………………（274）
第三节　英国职业安全健康法治……………………………………………（277）
　　一、英国安全生产概况………………………………………………………（277）
　　二、英国职业安全健康法的立法进程………………………………………（278）
　　三、英国职业安全健康法律法规体系………………………………………（280）
　　四、英国职业安全健康管理和监督…………………………………………（281）
第四节　德国职业安全健康法治……………………………………………（284）
　　一、德国安全生产概况………………………………………………………（284）
　　二、德国职业安全健康法律法规体系………………………………………（285）
　　三、德国职业安全健康监督管理体制………………………………………（288）
第五节　澳大利亚职业安全健康法治………………………………………（290）
　　一、澳大利亚安全生产概况…………………………………………………（290）
　　二、澳大利亚职业安全健康法律法规体系…………………………………（291）
　　三、联邦政府的职业安全健康法律…………………………………………（293）
　　四、各州和地区政府的职业安全健康法规…………………………………（295）
　　五、澳大利亚职业安全健康监督管理………………………………………（297）
本章小结………………………………………………………………………（299）
复习思考题……………………………………………………………………（299）

参考文献………………………………………………………………………（301）

第一章 安全法学基础

本章学习目标

1. 了解安全、安全生产、安全生产法、立法、执法、司法、法治、诉讼与公益诉讼、执法文书、行政执法部门、行政执法人员、立法程序、普法规划等基本概念，以及普法规划、《安全生产法》的调整事项及特殊领域安全生产的法律适用、执法与安全生产执法、安全生产执法部门、责任主体与安全生产责任主体、安全生产监察与安全生产监督管理等知识。

2. 熟悉生产安全事故、《安全生产法》管辖原则、安全生产法学的研究对象及范围等方面知识。

3. 掌握安全生产立法、安全生产立法机关、《安全生产法》的效力、安全生产法学等基本概念和基础知识。

第一节 安全生产概述

一、安全的概念

安全与人们的生产和生活密切相关，人类从诞生的那一刻起就需要解决安全问题。要生存必须解决安全问题，要发展也需要解决安全问题，过去如此，现在如此，将来也如此。

安全是人们生产和生活中最常用的词语之一。安全这个词的使用非常广泛，不仅用于生产领域，而且广泛用于国家、政治、资源、信息、经济、生态、生活等各个方面，人们习惯地相应称之为生产安全（或者安全生产）、国家安全、政治安全、资源安全、信息安全、经济安全、生态安全、生活安全等。

安全一词的含义在《辞海》中有两种解释。其一，没有危险，不受威胁，不出事故。如安全生产、化工安全、交通安全，都是针对不发生事故而言的。其二，保护、安全。

人们对安全的理解有两种观点。第一种观点认为，针对某个（种/类）事务、状态或者存在，安全就是不会有不期望后果的发生，即没有危险、不出事故、不受威胁。所谓安全就是在一个系统中不会发生人员伤亡、健康损害以及财产损失、环境破坏和其他损失。显然，这样的观点是理想化的，因为不期望后果的发生有一定的概率，绝对不发生是不可能的。第二种观点认为，安全是相对危险的，安全是在一定经济、社会、认识、科技条件下不发生不期望后果的某个（种/类）事务、状态或者存在。

二、安全生产的概念

我国的法律法规没有对安全生产作出法定解释。但是，在一些权威的书籍中对安全生产作出了解释。

《辞海》对安全生产的解释为："为预防生产过程中发生人身、设备事故，形成良好劳动环境和工作秩序而采取的一系列措施和活动。"安全生产的内容包括：制定劳动保护法规，采取各种安全技术、工业卫生技术和组织措施，以及开展群众性安全教育和安全检查活动等。

《中国大百科全书》对安全生产的解释为："旨在保护劳动者在生产过程中安全的一项方针，也是企业管理必须遵循的一项原则，要求最大限度地减少劳动者的工伤和职业病，保障劳动者在生产过程中的生命安全和身体健康。"

《安全科学技术词典》对安全生产的解释为："安全生产是指企业事业单位在劳动生产过程中人身安全、设备安全和产品安全，以及交通运输安全等。"

《安全科学技术百科全书》对安全生产的解释为："为预防在生产过程中发生人身伤亡、设备事故，保护公私财产和人员在生产中的安全而采取的各种措施。"

安全生产的内容包括：制定安全生产法规和安全技术操作规程，采取各种安全技术、卫生技术和组织措施，关心职工生活，减轻劳动强度，经常开展群众性的安全教育和安全检查等。

在1994年版的国家标准《职业安全卫生术语》（GB/T 15236—1994）中将安全生产定义为：消除或控制生产过程中的危险因素，保证生产顺利进行。在2008年版的《职业安全卫生术语》（GB/T 15236—2008）中将安全生产定义为：通过人—

机—环三者的和谐运作，使社会生产活动中危及劳动者生命和健康的各种事故风险和伤害因素始终处于有效控制的状态。

第二节　安全生产法概述

一、安全生产法的概念

安全生产法是社会法律规范的一种，有广义和狭义之分。

广义的安全生产法是指调整生产经营活动中安全生产社会关系的法律规范的总称。包括所有关于安全生产的法律、法规、规章、规范性文件、标准与其他法律规范，以及国家批准或参加的国际公约、协定等。

狭义的安全生产法是指由国家最高立法机关制定和实施的安全生产的基本法律。在我国，一般特指由全国人大常委会制定的《中华人民共和国安全生产法》（以下均简称《安全生产法》，以下凡中华人民共和国法律法规也均用简称）。

二、《安全生产法》的特征

1. 法律调整的强制性

《安全生产法》具有明显的强制性特征。《安全生产法》属于社会法律部门，立法的目的是以国家公权力和强制性手段干预生产经营活动，以确保国家安全生产意志得到落实，职工的安全权益得到保护。安全生产法律法规中的很多条款是强制性的要求。如《安全生产法》第十七条规定，县级以上各级人民政府应当组织负有安全生产监督管理职责的部门依法编制安全生产权力和责任清单，公开并接受社会监督。同时，《安全生产法》对于不履行安全生产保障义务的违法行为进行处罚。如《安全生产法》第一百一十一条规定，有关地方人民政府、负有安全生产监督管理职责的部门，对生产安全事故隐瞒不报、谎报或者迟报的，对直接负责的主管人员和其他直接责任人员依法给予处分；构成犯罪的，依照刑法有关规定追究刑事责任。

2. 法律内容构成的技术性

《安全生产法》是调整在生产经营活动中与人的安全、生产设备安全、生产环境安全、安全保障有关的各种社会关系的法律规范。这决定了《安全生产法》既需要调整在生产经营活动中所产生的人与人之间的关系，也需要规范和调整与生产经营活动相关的其他特殊关系。在生产经营活动中，无论是人的安全，还是设备、工艺、流程和方法的安全都有很强的技术性。因此，《安全生产法》的很多内容是技术性规范约束。如《安全生产法》第三十六条规定，安全设备的设计、制造、安装、使用、检测、维修、改造和报废，应当符合国家标准或者行业标准。

3. 治理理念的预防性

《安全生产法》把"以人为本，坚持人民至上、生命至上，把保护人民生命安全摆在首位，树牢安全发展理念"作为安全生产工作的总要求，强调坚持"安全第一、预防为主、综合治理"的方针，就是要从源头上防范化解重大安全风险，构建安全风险分级管控和隐患排查治理双重预防机制，健全风险防范化解机制，做到防患于未然。

4. 法律保障的社会性

生产经营单位的生产经营活动所具有的社会属性决定了《安全生产法》的立法目的之一是保障生产经营活动中的人和物的安全。这些人和物除生产经营单位内部的人和物外，也包括生产经营单位外部的人和物，即社会的人和物。生产经营单位的安全生产保障不仅包括本单位的人和物，还包括生产经营活动涉及的本单位外部的人和物。而生产经营活动的安全生产保障不只是生产经营单位的责任，政府、生产经营活动涉及的其他组织和个人也有相应的责任。因此，《安全生产法》强调，安全生产工作实行管行业必须管安全、管业务必须管安全、管生产经营必须管安全。

5. 管理手段的多样性

《安全生产法》所涵盖的范围广泛，内容和形式具有多样性。这就决定了《安全生产法》管理措施和管理手段具有多样性的特点。通过计划、组织、协调、指挥和控制等管理手段，对危险有害因素、事故隐患、危险源、安全风险等实施管控措施，有效保护从业人员和生产经营活动相关人员的安全生产权益，预防和减少生产安全事故。

第三节　安全法学的基本概念

一、立法

1. 立法与安全生产立法

（1）立法的概念。在当代法学中，立法有广义和狭义之分。广义的立法是指所有有权制定规范性法律文件的国家机关依照法定权限和程序制定法律、法规和规章的活动。广义的立法包括国家最高权力机关制修订法律的活动，国家行政机关制定行政法规和地方立法机关制定地方法规的活动，各行政部门或地方行政机关制定规章的活动，以及授权机关制定规范的活动。狭义的立法是指国家权力机关依照法定职权和程序制定规范性法律文件的活动，包括中央权力机关立法和地方权力机关立法活动。

（2）安全生产立法。安全生产立法是指具有安全生产立法权力的机关进行安全生产法立法活动的总称，包括安全生产法的制定、修改和废弃等立法活动。安全生产立法有广义和狭义之分。广义的安全生产立法包括：中央权力立法机关和地方权力立法机关的安全生产立法活动，国家行政机关、各行政部门、地方行政机关和授权机关的安全生产立法活动。狭义的安全生产立法是指中央权力立法机关和地方权力立法机关的安全生产立法活动。

2. 安全生产立法机关

安全生产立法机关是指具有安全生产立法权的机关和部门。《立法法》规定，在我国的行政体制中具有安全生产立法权的机关和部门如下：

（1）全国人民代表大会及其常务委员会，具有安全生产法律的立法权。

（2）国务院，具有国家安全生产行政法规的立法权。《安全生产法》第三条规定："安全生产工作坚持中国共产党的领导。"中共中央和国务院或者中共中央办公厅和国务院办公厅可以联合发布针对安全生产工作的文件，发布的文件具有法律效应。

（3）省（自治区、直辖市）人民代表大会及其常务委员会、地（市）级人民代表大会及其常务委员会，具有所辖行政区地方安全生产法规的立法权。

（4）国家部、委、署、局以及国家金融机关，具有部门安全生产规章的立法权。

（5）省（自治区、直辖市）人民政府、地（市）级人民政府，具有本行政区地方部门安全生产规章的立法权。

（6）特区、自治县（旗）人民代表大会及其常务委员会，具有所辖行政区地方安全生产法规的立法权。

二、执法与安全生产执法

1. 执法与安全生产执法的概念

（1）执法。执法是法的执行的简称。执法有广义和狭义之分。广义的执法是指一切执行和适用法律的活动，包括国家行政机关和法律授权、委托的社会组织及其公职人员以及司法机关及其公职人员依照法定职权和程序贯彻实施法律的活动。狭义的执法是指国家行政机关和法律授权、委托的社会组织及其公职人员依法行使管理职权，履行职责，实施法律的活动。狭义的执法也称行政执法。

（2）安全生产执法。安全生产执法是安全生产法执行的简称。广义的安全生产执法是指一切执行和适用安全生产法的活动。狭义的安全生产执法是指国家行政机关和法律授权、委托的社会组织及其公职人员依法行使安全生产监督管理职权，履行安全生产管理职责和安全生产监督管理职责，实施依法赋予的安全生产管理的活动。具有安全生产监督管理职责的部门的执法属于狭义的安全生产执法。

2. 安全生产执法部门

安全生产执法部门是指具有安全生产执法权的部门。按照现行的我国行政体制，国务院、省（自治区、直辖市）人民政府、地市人民政府、县区人民政府具有安全生产执法权，《安全生产法》明确授权了安全生产执法部门。《安全生产法》规定：

（1）国务院和县级以上地方各级人民政府应当加强对安全生产工作的领导，建立健全安全生产工作协调机制，支持、督促各有关部门依法履行安全生产监督管理职责，及时协调、解决安全生产监督管理中存在的重大问题。

（2）乡镇人民政府和街道办事处，以及开发区、工业园区、港区、风景区等应当明确负责安全生产监督管理的有关工作机构及其职责，加强安全生产监管力量建设，按照职责对本行政区域或者管理区域内生产经营单位安全生产状况进行监督检查，协助人民政府有关部门或者按照授权依法履行安全生产监督管理职责。

（3）国务院应急管理部门依照本法，对全国安全生产工作实施综合监督管理；县级以上地方各级人民政府应急管理部门依照本法，对本行政区域内安全生产工作实施综合监督管理。

（4）国务院交通运输、住房和城乡建设、水利、民航等有关部门依照本法和其他有关法律、行政法规的规定，在各自的职责范围内对有关行业、领域的安全生产工作实施监督管理；县级以上地方各级人民政府有关部门依照本法和其他有关法律、法规的规定，在各自的职责范围内对有关行业、领域的安全生产工作实施监督管理。对新兴行业、领域的安全生产监督管理职责不明确的，由县级以上地方各级人民政府按照业务相近的原则确定监督管理部门。

（5）应急管理部门和对有关行业、领域的安全生产工作实施监督管理的部门，统称负有安全生产监督管理职责的部门。负有安全生产监督管理职责的部门应当相互配合、齐抓共管、信息共享、资源共用，依法加强安全生产监督管理工作。

三、司法

1. 司法的概念

司法又称法的适用，是指国家司法机关依照法定职权和程序，具体应用法律处理案件的专门活动。在法律实施的基本形式中，司法属于特殊的形式，它通常伴随判断和裁量活动。

司法的内容是将法律规范适用于具体案件和对象（包括人和组织），包括：确认、变更或解除特定的权利义务关系，对违法犯罪行为施加法律制裁，以及解决纠纷或进行法律救济等。

2. 司法主体

司法主体即行使司法权的司法机关。我国的司法权包括审判权和检察权。审判权由人民法院行使。检察权由人民检察院行使。因此，人民法院和人民检察院是我国的司法机关，是司法的主体。当然，安全生产法的司法主体就是人民法院和人民检察院。

四、法治

1. 法治的概念

法治就是法律之治，即通过法律治理国家。在法治状态下，所有公民与社会组织都依法行事，公民个人享有宪法和法律保障的广泛权利，同时也负有相应的法律义务。立法、司法、行政等权力部门都在法律框架内有序运行，依法生产和生活，受法律约束，对法律负责，国家的权力与公民的权利都通过法律合理配置。法治是人类迄今为止探索出来的治理国家的最合理模式。实施法治是社会文明进步的重要标志，是人类社会的共同价值追求。因此，所谓法治就是通过法律使权力和权利得到合理配置的社会状态。

2. 法治理念

法治理念是关于法治的本质属性、基本内涵和根本要求的思想观念。它是根植于一国法治实践之中，反映法治现实，对法治实践起指导和推动作用的思想载体。在建设法治国家的过程中，法治理念是推动法治发展的一种巨大的内在动力。没有法治理念，法治就难以向广度深度推进，法治的终极目的也无法实现。

我国坚持社会主义法治理念。社会主义法治理念是指导我国建设社会主义法治国家的思想观念体系，它反映了社会主义法治的性质功能、价值取向和实现途径，是社会主义法治体系的精髓和灵魂，是立法、执法、司法、守法和法律监督的指导思想。我国社会主义法治理念包括依法治国、执法为民、公平正义、服务大局、党的领导等方面的主要内容。

  3. 中国特色社会主义法治理念的特征

  中国特色社会主义法治理念的特征就是政治性、人民性、科学性和开放性。"依法治安"就是贯彻我国社会主义法治理念，具有社会主义法治理念的特征。

  社会主义法治理念与社会主义民主政治有着密不可分的关系。我国社会主义法治建立在社会主义民主基础上，通过民主程序，确保社会主义法治真正代表人民群众的利益，反映人民的心声。人民群众对安全生产工作的诉求就是最大限度地降低安全风险、减少生产安全事故，所以将"加强安全生产工作，防止和减少生产安全事故，保障人民群众生命和财产安全，促进经济社会持续健康发展"作为安全生产法的立法目的，将"以人为本，坚持人民至上、生命至上，把保护人民生命安全摆在首位"作为安全生产工作的总要求。

五、诉讼

  1. 诉讼的概念

  诉讼俗称打官司，是指审判机关（法院）根据纠纷当事人的请求，运用审判权确认争议各方权利和义务关系，解决生产生活中各种纠纷的活动。根据诉讼所要解决的案件的性质及其所依据的法律，诉讼分为刑事诉讼、民事诉讼和行政诉讼。民事诉讼、刑事诉讼、行政诉讼有3个基本阶段，即起诉、审判、执行。

  （1）刑事诉讼。所谓刑事，就是触犯刑律、需要受到刑法处罚的犯罪事件或行为。犯罪嫌疑人、被告人的行为是否构成犯罪，是否应受到刑法处罚，是刑事诉讼中需要解决的中心问题。因此，刑事诉讼就是国家司法机关在当事人及其他诉讼参与人的参加下，依照法定程序，揭露犯罪、证实犯罪、确定犯罪嫌疑人、被告人的行为是否构成犯罪，并依法裁判应否给予刑事处罚的全部活动。

  （2）民事诉讼。民事诉讼是指审判机关（法院）在当事人以及其他诉讼参与人的参加下，对当事人之间由于民事权利和义务产生的民事纠纷、经济纠纷等，运用司法职能予以审理并解决的全部活动。民事权利主要表现为财产权利和人身权利，当公民、法人或其他组织的民事权利受到侵犯或与他人产生争议时，就可以诉诸法院，由法院依法裁判。因而，可以说民事诉讼就是法院依法解决民事权利和义务争议的活动。

  （3）行政诉讼。行政是国家的一种职能，是国家行政机关运用行政权力对国家和社会事务进行组织、管理、监督的活动。当代法治社会要求，行政机关必须依法行使行政权力，行使过程中不能侵犯公民、法人或者其他组织的合法权益。当行政机关在行使行政权力时，发生违反法律规范要求的事件和行为，就需要运用司法权实施处罚。

行政诉讼是指公民、法人或者其他组织认为行政机关或行政机关工作人员的具体行政行为侵犯自己的合法权益，向审判机关（法院）起诉，法院在当事人以及其他诉讼参与人的参加下，裁定具体行政行为是否合法，从而解决行政争议的全部活动。

2. 公益诉讼

（1）公益诉讼的概念。公益诉讼是一种诉讼形式。在我国现行体制下，公益诉讼是指检察机关（人民检察院）在履行职责过程中，发现行政机关的违法非法行为或不作为侵害国家利益或社会公共利益时提起的诉讼，或者国家负责维护社会公共利益的行政机关发现侵害社会公共利益的事件和行为时提起的诉讼。

（2）公益诉讼的类别。我国开展的公益诉讼包括民事公益诉讼和行政公益诉讼两类。民事公益诉讼是人民检察院发现法律规定的机关和有关组织损害社会公共利益或者国家利益的事件和行为，向人民法院提起的诉讼。行政公益诉讼是人民检察院针对行政机关违法非法或不作为事件和行为，致使社会公共利益或国家利益受到侵害时提出检察建议，督促相关行政机关依法履行职责。

目前，我国开展的公益诉讼针对的损害社会公共利益的行业领域主要有：生态环境、资源保护、食品药品安全、安全生产、国有土地使用出让、英烈权益保护等。

六、执法文书

1. 行政执法文书

行政执法文书是指行政执法部门按照法定的执法程序和执法内容，对本部门在行政执法过程中根据有关法律、法规、规范性文件或其他文件的规定和实体问题，制定并发布的反映执法活动过程和内容的具有法律效应或法律意义的文字说明文件。行政执法文书分为内部文书和外部文书两种。内部行政执法文书是指在行政执法部门内部使用的行政执法文书。外部行政执法文书是指行政执法部门对外使用的行政执法文书，外部行政执法文书对行政执法部门和行政管理相对人具有法律效力。

2. 行政执法文书的特征

行政执法文书作为行政执法部门制定并发布的规范性文件，具有法定性、程序性、强制性、真实性和证据性等特征。

行政执法文书是行政执法部门依照法律、法规、规章和规范性文件的规定制定并发布的法定文书，具有法定的性质和法律效力，具有法定性特征。行政执法部门的行政执法过程必须遵守执法程序，制定并发布行政执法文书的过程必须遵守相关程序的要求，所以行政执法文书具有程序性的特征。行政执法文书以书面载体的形式，告知行政管理相对人具体的相关行为事务、依法采取的措施以及行政管理相对人的权力、义务和责任等，对于行政管理相对人的处罚措施具有强制性的执行力和法律效果，所有行政执法文书具有强制性的特征。行政执法文书是一种纪实性的法律文书，应如实、准确反映执法过程的真实事实，作出的对行政管理相对人的处罚应以事实为依据，因此行政执法文书具有真实性和证据性的特征。

七、行政执法部门

1. 行政执法部门的概念

行政执法部门简称执法部门。行政执法部门是指依照法定职权和法定程序，行使行政管理职权、履行职责、贯彻和实施法律活动的行政部门。

根据我国法律的规定，国家在城市管理、市场监管、生态环境、文化市场、交通运输、应急管理、农业等领域推行建立综合行政执法制度，相对集中行政处罚权；国务院或省、自治区、直辖市人民政府可以决定一个行政机关行使有关行政机关的行政处罚权。目前，我国有行政执法权的部门主要有：市场监督管理、公安、税务、发改委、金融监督管理、海关、交通运输、自然资源、外汇管理、教育、科学技术、文化和旅游、新闻出版、广播电视、审计、知识产权、林业和草原、农业农村、消防救援等部门。

2. 行政执法程序

行政执法部门是行政执法的具体实施者，应依定程序和要求开展行政执法，遵循如下基本程序：

（1）法定设立执法部门。每个执法部门的设立都必须严格按照《宪法》及《组织法》或其他法律，经全国人民代表大会批准。

（2）依法设定执法程序。行政执法部门应按照《行政处罚法》及其他法律法规的要求制定执法程序，经过批准。

（3）核定编制、配备执法人员。每个行政执法部门履行行政执法职责都应具备相应的编制和人员，执法人员编制应满足执法需要。

（4）公告公开执法程序。行政执法部门作为行政执法主体，应由本级人民政府向社会发布公告，公开经过法律授权执法，以确保行政执法主体执法过程的合法性、规范性和程序性。

八、行政执法人员

1. 行政执法人员的概念

行政执法人员是指国家行政机关依法录用或委托代表国家、行政机关行使行政管理职权，赋予相应执法权的公职人员。目前，我国行政执法人员主要有两类：一类是行政机关中拥有执法权的正式在编人员和法律、法规授权的执法组织中的公职人员；另一类是接受行政机关依法委托，由具有执法权的行政机关依法授权获得执法权的组织中的人员。

2. 行政执法人员的特殊性

与其他工作人员（非行政执法人员）相比，行政执法人员具有如下特殊性：

（1）行政执法人员必须是隶属于某一特定的国家行政机关的公职人员，即行政执法人员必须隶属于行政执法部门或者获得行政执法部门授权执法的行政机关。

（2）行政执法人员有权从事行政执法活动，即行政执法机关的行政执法权是由行政执法人员依法付诸实施的。

（3）行政执法人员执法产生的后果由其所在的行政机关承担。行政执法人员在被授权的职权范围内实施的任何行政执法活动，都是代表其所在的行政执法机关进行的，其执法后果由所属行政机关承担，所以行政机关要对行政执法人员的执法理念、素质、能力等提出明确要求。

3. 行政执法人员的主要权利和义务

行政执法人员在执法过程中，可能遇到各类行政管理相对人，甚至具有危险性倾向的行政管理相对人，也可能遇到特殊情况，甚至需要到具有危险性的场所。因此，为了确保行政执法人员依法履行职责，国家要依法保障行政执法人员的权利和权益。

（1）行政执法人员的主要权利和权益包括：

1）职务身份保障的权利。行政执法人员经有关国家机关选举或任命担任某一职务、履行相应职务岗位的行政执法权，在执法过程中受到法律保护、享有执法权力。

2）履行职务的权利。行政执法人员依法获得执法权利后，可以依法履行职务权利，行使相应的职权，受到法律保护，任何人不能随意剥夺。职务权利主要包括：①调查权。即为履行职务询问相对人或其他人员以及查询、调阅有关材料和资料的权力。②取证权。即要求有关人员提供证言、证据并予以查实的权力。③决定权。即可以根据已有的证据作出某种决定或根据本机关的决定将其付诸实施的权力。④经济保障权。即行政执法人员所享有的依法保障其工资、退休金、抚恤金等经济利益的权利。⑤申诉权。即行政执法人员如遭不公正处理或诬陷、打击报复时，有权依法向有关国家机关申诉的权利。

（2）行政执法人员的义务包括：

1）依法履行职务的义务。行政执法人员应依法开展执法活动，不得随心所欲、不依法执法，不得以权谋私或者徇私枉法，不得执法不公。

2）服从命令的义务。行政执法人员隶属于行政执法机关，必须服从其所属机关作出的决定或命令，不得违反执法程序和要求以个人名义从事执法活动。

3）保守秘密的义务，以及遵守社会公德和执行纪律的义务。行政执法人员必须遵守社会公德，秉公执法、廉洁执法，尊重行政管理相对人的人格和权利，做到文明执法，要严格保守行政管理相对人的商业秘密、知识产权，要严格保守国家秘密，依法向行政管理相对人说明行政执法结果等。

九、立法程序

1. 立法程序的概念

立法程序是指具有立法权的机关进行立法活动时必须遵守的法定次序、步骤和方法。需要说明的是，立法活动是从立法准备开始，到完成立法，再到对法的修改完善的过程。立法活动的过程包含了大量的次序、步骤和方法，但并不是所有与立法有关的次序、步骤和方法都是立法程序。只有法律明确规定的次序、步骤和方法才是立法程序。

立法主体在立法过程中必须严格遵循立法程序。法律、法规和部门规章的立法机关不同，立法程序也略有差异。

2. 全国人大及其常委会制定法律的立法程序

根据《立法法》和有关法律的规定，全国人大及其常委会制定法律的程序包括提出法律案、审议法律案、法律案表决、法律公布4个阶段。

（1）提出法律案。有权向全国人大提出法律案的主体有：全国人大主席团、全国人大常委会、国务院、中央军委、最高人民法院、最高人民检察院、全国人大各专门委员会，以及全国人大一个代表团或30名以上代表联名。有权向全国人大常委会提出法律案的主体有：全国人大常委会委员长会议、国务院、中央军委、最高人民法院、最高人民检察院、全国人大各专门委员会，以及全国人大常委会组成人员10人以上联名。

（2）审议法律案。审议法律案是立法程序中最重要的环节。全国人大审议法律案的程序为：①在全国人大会议举行前一个月将法律草案发给全国人大代表；②在全国人大全体会议上听取提案人作关于法律草案的说明；③全国人大各代表团全体会议或小组会议对法律草案进行审议；④全国人大宪法和法律委员会根据各代表团的审议意见，对法律案进行统一审议。

全国人大常委会审议法律案的基本程序为：①在全国人大常委会会议举行的7个工作日前将法律草案发给全国人大常委会组成人员；②在全国人大常委会全体会议上听取提案人作关于法律草案的说明；③全国人大常委会分组会议对法律草案进行审议，在此基础上，必要时可以召开全国人大常委会联组会议进行审议；④全国人大常委会有关专门委员会对法律草案进行审议，提出审议意见，然后由全国人大宪法和法律委员会统一审议。

（3）法律案表决。列入全国人大会议审议的法律案，由全体代表的过半数通过。宪法的修改，由全体代表的三分之二以上的多数通过。列入全国人大常委会审议的法律案，由常委会全体组成人员的过半数通过。

（4）法律公布。法律的公布，是立法的最后一道程序。我国《宪法》规定，中华人民共和国主席根据全国人大和全国人大常委会的决定，公布法律，签署公布法律的主席令。中华人民共和国主席令应载明该法律的制定机关、通过和施行日期。

十、普法规划

1. 普法规划

普法即普及法律理念、知识的宣传教育普及活动。普法规划即实施普法工作计划和按照计划进行的普法，因此普法规划也称为普法运动。广义而言，全社会范围内发生的公民法治意识提升、法治理念培养、法律知识教育宣传、法律行为改变等相关的法律社会化的所有宣传教育活动，都属于普法。但是，在我国说到普法规划，则特指始于1985年"一五"普法规划并一直连续开展至今、由政府主导、面向全体公民开展、以普及法律为主旨、每五年为一个阶段的法治宣传教育普及工程。

2. 我国普法规划

1978年，邓小平同志在中央工作会议上的讲话明确提出："发展社会主义民主，健全社会主义法制，要做到'有法可依，有法必依，执法必严，违法必究'。"这十六字写进了之后召开的党的十一届三中全会通过的文件中，并被确立为社会主义法制建设的十六字方针。1985年，在第六届全国人大常委会第十三次会议上，司法部提交了"一五"普法规划草案，全国人大常委会会议通过了《关于在公民中基本普及法律常识的决议》。中共中央、国务院转发了《中央宣传部、司法部关于向全体公民基本普及法律常识的五年规划》，由此，一项规模宏大的全民普法工程拉开了帷幕。

（1）"一五"普法规划。"一五"普法规划是我国实施的第一个普法规划，也称"一五"普法，实施时间为1986—1990年。该时期普法的特点是法律启蒙教育、普及法律常识。普法的基本内容是：《宪法》《民族区域自治法》《兵役法》《刑法》《刑事诉讼法》《民法通则》《民事诉讼法（试行）》《婚姻法》《继承法》《经济合同法》以及《治安管理处罚条例》等"十法一条例"宣传教育普法工作。

（2）"二五"普法规划。"二五"普法规划也称"二五"普法，实施时间为1991—1995年。1990年12月，中共中央、国务院批转了"二五"普法规划，成立了全国普及法律常识办公室。"二五"普法在继续抓好《宪法》等基本法律知识普及的同时，强调了部门专业法律知识的宣传教育。"二五"普法覆盖了200多部社会主义市场经济法律法规。

（3）"三五"普法规划。"三五"普法规划也称"三五"普法，实施时间为1996—2000年。该计划的普法重点对象是领导干部、司法人员、行政执法人员、企业经营管理人员和青少年。在普法实践中，成立了由具备较高法律素质、专兼职结合的法制宣传员队伍组成的专门普法队伍，创新性地在基层乡村、社区开展"法律下乡""法律进万家"活动，在军民共建中开展"法律拥军"活动，在青少年中开展青少年维权岗活动等普法工作形式。

（4）"四五"普法规划。"四五"普法规划也称"四五"普法，实施时间为2001—2005年。该计划实施期间，把12月4日定为每年1次的全国法制宣传日。2001年12月4日，人们迎来第一个全国法制宣传日，各地广泛开展了以"增强宪法观念，推进依法治国"为主题的系列宣传活动。

（5）"五五"普法规划。"五五"普法规划也称"五五"普法，实施时间为2006—2010年。2006年7月26日，中央宣传部、司法部、全国普法办下发通知，决定广泛开展法律进机关、进乡村、进社区、进学校、进企业、进单位的"法律六进"活动，开展形式多样、群众喜闻乐见的法制宣传教育，在全社会掀起学法用法的新高潮。2008年4月，全国普法办下发了《关于开展法治城市、法治县（市区）创建活动的意见》，在全国开展法治城市、法治县（市区）创建活动。

（6）"六五"普法规划。"六五"普法规划也称"六五"普法，实施时间为

2011—2015年。2012年11月8—14日召开的党的十八大强调法治是治国理政的基本方式，作出"全面推进依法治国"的战略决策，提出"科学立法、严格执法、公正司法、全民守法"的新十六字方针。2014年11月1日，第十二届全国人大常委会第十一次会议通过决定，将12月4日设立为"国家宪法日"。

（7）"七五"普法规划。"七五"普法规划也称"七五"普法，实施时间为2016—2020年。2017年10月18日至24日召开的党的十九大报告指出："加大全民普法力度，建设社会主义法治文化，树立宪法法律至上、法律面前人人平等的法治理念。"赋予普法新的内涵、新的任务和新的目标。2018年，中央全面依法治国委员会成立，下设守法普法协调小组，全面加强了对全民普法的统筹协调，有力推动了普法工作。而后，党中央进行了普法工作的顶层设计和制度性安排，先后下发了《关于完善国家工作人员学法用法制度的意见》《青少年法治教育大纲》《关于实行国家机关"谁执法谁普法"普法责任制的意见》《"七五"普法总结验收工作方案》和《全国"七五"普法规划总结验收考核评估指标体系》等一系列法规文件。

（8）"八五"普法规划。"八五"普法规划也称"八五"普法，实施时间为2021—2025年。该期间，我国发展进入新阶段，在习近平新时代中国特色社会主义思想和习近平法治思想的指引下，全国法治宣传教育第七个五年规划（2016—2020年）顺利完成，取得重要成果。"谁执法谁普法"等普法责任制广泛实行，法治文化蓬勃发展，全社会法治观念明显增强，社会治理法治化水平明显提高。

2021年6月16日，中共中央、国务院转发的《中央宣传部、司法部关于开展法治宣传教育的第八个五年规划（2021—2025年）》明确指出，我国开启全面建设社会主义现代化国家新征程，进入新发展阶段，迫切要求进一步提升公民法治素养，推动全社会尊法学法守法用法，到2025年，公民法治素养和社会治理法治化水平显著提升，全民普法工作体系更加健全。

党的二十大部署的坚持全面依法治国、推进法治中国建设的目标和任务是：坚持走中国特色社会主义法治道路，建设中国特色社会主义法治体系，建设社会主义法治国家，围绕保障和促进社会公平正义，坚持依法治国、依法执政、依法行政共同推进，坚持法治国家、法治政府、法治社会一体建设，全面推进科学立法、严格执法、公正司法、全民守法，全面推进国家各方面工作法治化。建设覆盖城乡的现代化公共法律服务体系，深入开展法治宣传教育，增强全民法治观念。

十一、生产安全事故

1. 生产安全事故的概念

生产安全事故是指生产经营单位在生产经营活动（包括与生产经营活动有关的活动）中突然发生的，伤害人身安全和健康、损坏设备设施或者造成直接经济损失，导致生产经营活动暂时中止或永远停止的意外事件。按照系统安全理论，安全是相对的，只要有生产经营活动就可能发生生产安全事故，但是事故是可以预防的，只要采取了切实有效的安全生产措施就可以避免生产安全事故的发生。

2. 生产安全事故的分类

生产安全事故有多种分类方法。按照生产安全事故造成后果的严重性，《生产安全事故报告和调查处理条例》将生产安全事故分为4个等级，分别为特别重大事故、重大事故、较大事故、一般事故。按照生产安全事故对人造成伤害、对物造成破坏的形式，将生产安全事故分为物体打击、车辆伤害、机械伤害、起重伤害、触电、淹溺、灼烫、火灾、高处坠落、坍塌、冒顶片帮、透水、放炮、瓦斯爆炸、火药爆炸、锅炉爆炸、容器爆炸、其他爆炸、中毒和窒息、其他伤害等20种。

十二、责任主体

1. 责任主体的概念

责任主体是指因违反法律、约定或法律规定的事项，应该承担法律责任的自然人、法人和其他社会组织。责任主体是法律责任构成的必备条件。违法或违约是一种行为，而行为是由人实施的活动，因此实施违法或违约必须有行为人，行为人可能是自然人、法人和其他社会组织。当然，无行为能力的人不能成为实施违法行为或违约行为的人。

2. 安全生产责任主体

安全生产违法行为的责任主体是指依照相关法律法规的规定享有安全生产权利、负有安全生产义务和承担法律责任的社会组织和公民。《安全生产法》明确规定，生产经营单位的主要负责人是本单位安全生产第一责任人，对本单位的安全生产工作全面负责，其他负责人对职责范围内的安全生产工作负责，建立健全并落实本单位全员安全生产责任制。同时，规定县级以上应急管理部门依法对安全生产实施综合监督管理，县级以上交通运输、住房和城乡建设、水利、民航等有关部门依法在各自的职责范围内对有关行业领域的安全生产工作实施监督管理。因此，安全生产责任主体包括：

(1)有关人民政府及其领导人、负责人、公职人员。
(2)负有安全生产监督管理职责的部门及其领导人、负责人、公职人员。
(3)生产经营单位及其负责人、有关安全监督主管人员。
(4)生产经营单位的从业人员。
(5)安全生产中介服务机构及其负责人、服务人员。

十三、安全生产监察与安全生产监督管理

1. 安全生产监察

安全生产监察是指安全生产监察机构依据安全生产法律法规,对生产经营单位贯彻执行安全生产法律法规及安全生产条件保障、安全生产投入保障、设备设施工艺安全、作业场所安全、从业人员安全等情况进行的监察执法活动,以及依法处理生产安全事故和监督、查处违法行为的执法活动。

2. 安全生产监督管理

安全生产监督管理简称安全生产监管,有广义和狭义之分。广义的安全生产监督管理是指各级人民政府及其负有安全生产监督管理职责的部门依法对安全生产公共事务的管理活动。狭义的安全生产监督管理是指各级人民政府及其负有安全生产监督管理职责的部门依法实施安全生产行政许可、日常监督检查等具体行政管理活动。

3. 安全生产监管、监察部门

安全生产监管、监察部门是代表国家行使安全生产监管、监察权的部门。按照《行政处罚法》《安全生产法》等法律法规的规定,我国的安全生产监管、监察部门包括应急管理、交通运输、住房和城乡建设、水利、民航、市场等部门。

第四节 《安全生产法》的效力

一、法的效力

法的效力即法的适用范围,是指法的空间效力和时间效力。法的时间效力也称为法的溯及力。法的时间效力坚持从旧兼从轻原则,具体的解释是:在本法施行以前的行为,如果当时的法律不认为是违法非法行为的,适用当时的法律;如果当时的法律认为是违法非法行为的,按照现行的法律制度进行处罚、追究责任,如果现行法的规定不认为应该进行处罚、追究责任或者处罚、责任较轻的,适用现行法论处。

在应急管理相关罪的定罪、裁定量刑时，较少遇到刑法的时间效力问题，但是随着我国改革开放的深入，涉及《刑法》的空间效力的问题逐渐增多。

二、《安全生产法》的效力

《安全生产法》规定了安全生产领域的基本法律制度，适用于中华人民共和国领域内所有从事生产经营活动的单位的安全生产。同时，考虑到一些行业领域比较特殊，国家根据实际需要制定了专门的法律、行政法规，对这些领域的安全生产问题作出了特殊的规定。这些行业领域在适用《安全生产法》的同时，有关法律行政法规另有规定的，应当适用其规定。

《安全生产法》的效力即《安全生产法》的适用范围，主要包括《安全生产法》的空间效力、对人效力和时间效力三个方面。

1. 《安全生产法》的空间效力

《安全生产法》的空间效力即安全生产法适用的地域范围。总的来说，《安全生产法》在中华人民共和国领域内适用。按照法律空间效力范围的普遍原则，适用于制定该法的机关所管辖的全部领域，《安全生产法》作为全国人大常委会制定的法律，其效力自然及于中华人民共和国的全部领域。即《安全生产法》的效力适应于中华人民共和国的全部领域，包括领陆、领海和领空，也就是说，在中华人民共和国领域内从事生产经营活动的单位都要受《安全生产法》的调整。生产经营单位在我国专属经济区内从事生产经营活动的，也适用于《安全生产法》的调整。

我国香港、澳门，根据《香港特别行政区基本法》《澳门特别行政区基本法》的规定，只有列入这两个基本法附件三的全国性法律，才能在这两个特别行政区适用。《安全生产法》没有列入两个基本法的附件三中，因此不适用于香港特别行政区和澳门特别行政区。香港和澳门的安全生产立法，由这两个特别行政区的立法机关自行制定。

2. 《安全生产法》的对人效力

《安全生产法》的对人效力即《安全生产法》适用的主体范围。《安全生产法》的对人效力是在中华人民共和国领域内从事生产经营活动的单位，是指一切合法或者非法从事生产经营活动的企业事业单位和个体经济组织以及其他组织，包括：国有企业事业单位、集体所有制的企业事业单位、股份制企业、中外合资经营企业、中外合作经营企业、外资企业、合伙企业、个人独资企业等。不论其性质如何、规模大小，只要在中华人民共和国领域内从事生产经营活动，都应遵守《安全生产法》的各项规定，接受《安全生产法》的管辖，从业人员受到《安全生产法》的保护，违法行为应接受《安全生产法》的处罚。

3. 《安全生产法》的时间效力

《安全生产法》的时间效力即《安全生产法》从什么时候开始发生效力和什么时候失效。关于《安全生产法》的时间效力，在一百一十九条作了明确规定，即2002年11月1日起施行。

《安全生产法》已经过3次修改，每次修改都会对当次修改决定的实施日期作出规定，3次修改决定的施行日期分别是2009年8月27日、2014年12月1日、2021年9月1日。

需要说明的是，修改决定的施行日期并不影响《安全生产法》的施行日期，从时间效力上讲，《安全生产法》仍然从2002年11月1日起施行，生效日期之后从事生产经营活动的单位的安全生产，都应纳入《安全生产法》调整范围。

三、《安全生产法》的调整事项及特殊领域安全生产的法律适用

1. 《安全生产法》的调整事项

《安全生产法》的调整事项是生产经营活动中的安全生产问题。因此，其适用的范围限定在生产经营领域。不属于生产经营活动中的安全生产问题不在《安全生产法》的调整事项范围之内，如：自然灾害、公共卫生、公共安全、国土安全、信息安全、食品药品安全、生态安全等都不属于《安全生产法》的调整范围。

但是，在公共场所组织的各类生产经营活动，属于《安全生产法》的调整范围。公共场所的生产经营活动非常广泛，既包括资源的开采活动以及各种产品的加工、制作、售卖活动，也包括各类工程建设和商业、娱乐业以及其他服务业的经营活动。

按照依法治国、依法行政的要求，以及《安全生产法》规定的"安全生产工作实行管行业必须管安全、管业务必须管安全、管生产经营必须管安全"，各级人民政府及其有关部门对安全生产的监督管理，必须遵守《安全生产法》的规定，对安全生产工作负有监督管理职责的机关及其工作人员应当依法履行职责。

2. 特殊领域安全生产的法律适用

考虑到国民经济行业较多，有一部分从事生产经营活动的单位或者某些安全生产事项具有特殊性，需要由专门的部门施行特殊的安全生产监督管理，因此对一些行业领域的安全生产进行了单独立法。

目前，已经有专门安全生产法律、行政法规的特殊行业领域或安全生产事项包括：

（1）特种设备安全。法律有《特种设备安全法》。

（2）交通安全。法律有《道路交通安全法》《铁路法》《海上交通安全法》《民用航空法》。

（3）核安全。法律有《核安全法》《放射性污染防治法》。

（4）矿山安全。法律有《矿山安全法》。

（5）生态安全。法律有《环境保护法》。

（6）建筑施工安全。行政法规有《建筑工程安全生产管理条例》。

（7）水库大坝安全。法律有《水法》，行政法规有《水库大坝安全管理条例》。

（8）石油天然气管道安全。法律有《石油天然气管道保护法》。

四、《安全生产法》管辖原则

《安全生产法》的效力所解决的是一个国家的安全生产法律法规在什么地域、什么空域和对什么人适用的问题，涉及发生在本国领域内以及发生在本国领域外的安全生产管理的效力，解决的是属地管辖、属人管辖、保护管辖、普遍管辖的适用条件以及管辖权冲突与保留等问题，涉及属地管辖原则、属人管辖原则等。

1. 《安全生产法》的属地管辖原则

（1）《安全生产法》的属地管辖原则。属地管辖原则即以地域为标准，凡是在我国领域内从事生产经营活动的安全生产，无论是中国人，还是外国人，都适用我国的《安全生产法》。反之，在我国领域外的，都不适用我国的《安全生产法》。这是建立在我国的国家主权原则基础上的。

属地管辖原则的"地"是指地域，即领域。属地管辖原则明确：一是在我国领域内的生产经营活动的安全生产，除法律有特别规定的以外，适用《安全生产法》；二是在我国船舶或者航空器内的生产经营活动的安全生产，适用《安全生产法》；三是安全生产违法行为或有意向发生在我国领域内的，就认为是在我国领域内的生产经营活动的安全生产。

（2）遵循属地管辖原则处理安全生产事务应注意的问题。遵循属地管辖原则，可以明确生产安全事故的调查处理以及安全生产相关案件处理的两个方面的问题。

1）在我国领陆、领水、领空和其他领域发生的安全生产相关事故由我国进行调查处理，因其引起的安全生产相关事件由我国处理。领陆是指我国国境线以内的陆地以及陆地以下的底土。领水包括内水、领海及其海床和底土。领空是指领陆、领水之上的空气空间，但不包括外层空间。其他管辖领域包括：毗连区、专属经济区、大陆架等。比如，按照在我国领陆、领水、领空和其他领域发生的生产安全事故调查处理由我国管辖，由其引起的安全生产相关事件由我国解释，可以明确在我国领水或其他领域行驶的外国船舶的生产安全事故、在我国领空里飞行的外国航天器的生产安全事故都应由我国进行事故调查处理，由其引起的安全生产相关事件属于我国管辖。

2）关于生产安全事故的调查处理，法律有特别规定的除外。"除外"有以下三种情况：

①不适用我国安全生产的除外。包括享有外交特权和豁免权的外国人引起的生产安全事故涉及的责任问题，可以通过外交途径解决。但是，享有外交特权和豁免权的外国人在我国领陆、领水、领空和其他领域引起的安全生产相关事件仍应由我国进行调查处理。

②香港特别行政区、澳门特别行政区和台湾地区除外。我国在香港设立了香港特别行政区、在澳门设立了澳门特别行政区，实行特别行政区的制度，发生在香港、澳门的生产安全事故分别由其特别行政区政府或者其指定的机构、按照特别行政区相关法律规定的生产安全事故调查程序进行调查处理。我国台湾地区的生产安全事故由台湾地区按照其相关规定进行调查处理。

③国际条约有规定的除外。我国加入了很多国际组织，这些国际组织制定了一些国际条约，如果我国加入了某个国际组织并签署了相应的国际条约，就应该遵守由全国人大常委会批准的国际条约。国际海事、国际民航运输等国际海运船舶、国际合作钻井平台、国际民航、国际列车、国际汽车上发生的生产安全事故，我国应该按照已经签署的国际水域、国际空域或国际其他领域的条约，或者与相关国家签订的协定确定管辖，没有条约或者协定的按照惯例确定管辖。

（3）在"浮动领土"安全生产事务的处理。在"浮动领土"发生的生产安全事故由我国政府调查处理，由其引起的安全生产相关事件由我国管辖，适用我国的《安全生产法》。所谓"浮动领土"是指我国的船舶、钻井平台、航天器以及我国驻外使领馆等。包括以下两种情况：

1）在我国船舶上。我国船舶包括在我国登记的船舶、钻井平台；悬挂我国国旗、国徽等我国标志的船舶、钻井平台；事实上属于我国国家的船舶、钻井平台；属于我国公民法人的船舶、钻井平台；事实上归我国国民所有的船舶、钻井平台。

2）在我国航空器上。我国航空器包括在我国登记的航空器、飞艇、热气球；悬挂我国国旗、国徽等我国标志的航空器、飞艇、热气球；事实上属于我国国家的航空器、飞艇、热气球；属于我国公民法人的航空器、飞艇、热气球；事实上归我国国民所有的航空器、飞艇、热气球。

(4) 在我国使领馆内安全生产事务的处理。我国使领馆包括我国驻外大使馆、总领事馆、领事馆。在我国使领馆,安全生产相关事件的全部或者部分发生在我国领域内的,由我国政府依据事件等级确定调查处理部门。"安全生产相关事件的全部"是指安全生产相关事件的过程都在我国领域内。"安全生产相关事件的部分"是指有以下一种情景或者几种情景:

1)安全生产相关事件的部分过程在我国领域内。如飞机在我国起火失控,飞行到邻国发生爆炸事故。

2)安全生产相关事件的部分载体属于我国。如我国的航天器与国外的航天器相撞,发生生产安全事故。

3)安全生产相关事件载体是我国与其他国家共同拥有的。如在我国公司与外国公司共同拥有的海上钻井平台发生生产安全事故。

4)全部或者部分安全生产相关事件的后果在我国领域内。如国外飞机在我国空域外失事,飞机残骸落入我国领域内。

安全生产相关违法的全部或者部分发生在我国领域内,由我国管辖,适用我国的安全生产法。"安全生产相关违法的全部"是指安全生产相关违法行为的全过程、全部行为、全部后果。"安全生产相关违法的部分"是指有以下一种情景或者几种情景:

1)安全生产相关违法行为的预备阶段或者其一部分发生在我国领域内。

2)安全生产相关违法行为的实施阶段或者其一部分发生在我国领域内。

3)安全生产相关违法结果有一部分发生在我国领域内。

4)共同安全生产相关违法行为的预备阶段或者其一部分发生在我国领域内。

5)共同安全生产相关违法行为的实施阶段或者其一部分发生在我国领域内。

6)共同安全生产相关违法结果有一部分发生在我国领域内。

2.《安全生产法》的属人管辖原则

(1)《安全生产法》的属人管辖原则。属人管辖原则是建立在本国人应保证对本国法律的忠诚和服从的基础上的。属人管辖原则是以违法人国籍作为判断《安全生产法》适用的依据,是指国家对于具有本国国籍的人的管辖,不论有关的行为发生在何处,都适用本国的《安全生产法》。这样的管辖,还扩大到国家对于具有本国国籍的法人、航空器、船舶和外太空发射物及其所载乘人员、载有物资等的管辖。

(2)遵循属人管辖原则处理安全生产事务应注意的问题。《安全生产法》的属人管辖原则的"人"是指本国人,也包括具有本国国籍的法人、航空器、船舶和外太空发射物及其所载人员。对于《安全生产法》的属人管辖原则的解释为：

1）对于我国人员在我国领域外发生的安全生产相关事件，依据我国的《安全生产法》进行调查处理。例如，针对生产安全事故的调查处理，一般的做法是：发生的一般事故、较大事故、重大事故、特别重大事故分别由我国县级人民政府、地（市）级人民政府、省（区）级人民政府和国务院组织调查处理，一般事故可以委托发生事故的单位组织调查处理。

2）我国人员在我国领域外的安全生产相关违法可以适用我国的《安全生产法》的有以下几种情况：

①对于非我国国家工作人员的普通公民，在我国领域外的安全生产相关违法，我国有管辖权。

②国家工作人员在我国领域外的安全生产相关违法，我国有管辖权。可能涉及在我国领域外安全生产相关违法的国家工作人员，包括以下几种的我国公民：国家机关中从事公务的人员；在国有企业事业单位从事公务的人员；在各社会团体从事公务的人员；被委派到非国有企业、事业单位、社会团体从事公务的人员；其他在国家机关、国有企业、事业单位、社会团体从事公务的人员；其他依照法律从事公务的人员。

第五节 安全生产法学及其基本内容

一、安全生产法学

随着安全生产法治进程的发展，研究《安全生产法》的人员日渐增多，逐步出现了以研究《安全生产法》为中心内容的学科。按照学术上通用做法，本教材将研究《安全生产法》、教育培养安全生产法学人才称为安全生产法学。

早在1992年，我国就将安全法学列入学科名录，赋予其学科地位。于1992年颁布实施的国家标准《学科分类及代码》（GB/T 13745—1992）中，确定安全法学为法学专业中部门法学的二级学科，同时确定为安全科学技术（现安全科学与工程）专业中安全学的二级学科，学科代码分别是820.3080、620.2040。从学科分类目录中可知，安全法学分属或横跨安全科学与工程专业和法学专业两大学科。

2009年，修订的《学科分类与代码》（GB/T 13745—2009），同样确定安全法学为法学专业中部门法学的二级学科，同时确定为安全科学技术专业中安全社会科学学科的二级学科，学科代码分别是820.3080、620.2110。

需要说明的是，安全法学与安全生产法学的内涵是不同的。此外，虽然我国确定了安全法学的名称，但是安全一词的含义非常广泛，不仅适用于生产领域，而且广泛应用于国家安全、生态安全、经济安全、环境安全、政治安全、信息安全等多个领域。因此，国家标准《学科分类与代码》中所确定安全法学的安全的范围问题，成为建立安全法学理论体系至关重要的问题，也是需要安全法学研究的问题。本书涉及的安全法学，特指安全生产法学。

二、安全生产法学的基本内容

安全生产法学的基本任务是明确有关《安全生产法》的理论与实践，包括：

（1）《安全生产法》的起源与发展，《安全生产法》的概念、特征与作用等安全生产法学基础。

（2）安全生产法律法规体系及其安全生产的法律、法规、规范性文件的关系以及安全生产法部门的特征。

（3）安全生产主干法（基干法）的结构、主要内容以及安全生产法律制度。

（4）安全生产准入制度、安全生产责任制度、监督管理制度、事故应急处置和事故调查制度等安全生产制度及其关系。

（5）安全生产法治的发展历程以及不同发展阶段的法治特点和特征。

（6）《安全生产法》的立法、执法、司法、普法、守法及其关系。

（7）安全生产违法、犯罪及其处罚、法律责任裁定。

（8）国外职业安全健康法治及其发展历程，以及与我国《安全生产法》的比对等。

三、安全生产法学的研究对象及范围

安全生产法学的研究对象及范围应该包括安全生产法学的所有内容，当然不同发展阶段有属于该阶段的主要研究内容。现阶段，安全生产法学的研究对象及范围主要包括：

（1）安全生产法学的基本原理，包括安全生产法学的定义、特征、作用、价值、法源、法理、功能等。

（2）安全生产法学的产生、变化、发展阶段及各发展阶段的特征。

（3）安全生产的法律、行政法规、地方法规、规范性文件和标准构成的安全生产法律法规体系的结构、框架、不同层级法律的关系。

（4）安全生产的法律、法规、规范性文件的立法、执法、司法、普法、守法及其关系。

（5）安全生产的规划制度、监督管理制度、奖励制度、责任追究制度、作业操作规程、费用提取使用制度、条件准入制度、考核持证上岗制度、教育培训制度、安全设施"三同时"制度、安全评价制度、安全设施设计审查制度等法律制度及其关系。

（6）安全生产法律部门的特点和特征，以及与其他法律部门的关系。

（7）《安全生产法》的责任主体、监督管理、权利和义务、法律责任及其关系。

（8）安全生产法律部门下的交通安全法、矿山安全法、危险化学品（危险货物）安全法、建筑施工安全法、核安全法的结构、框架、主要内容、法律制度及其关系以及与安全生产主干法（基干法）的关系。

（9）中国特色社会主义安全生产法律特点、立法的先进性、法律制度的优越性，以及与国外职业安全健康法的比较。

（10）《安全生产法》及其法律制度的制修订需求、实施前和实施后的安全生产绩效评估的理论、方法和指标体系等。

本 章 小 结

本章介绍了安全、安全生产、《安全生产法》及其特征等安全生产基本概念，简要介绍了立法与安全生产立法、安全生产立法机关、执法与安全生产执法、安全生产执法部门、司法、法治、诉讼与公益诉讼、执法文书、行政执法部门、行政执法人员、立法程序、普法规划、生产安全事故、责任主体与安全生产责任主体、安全生产监察与安全生产监督管理、《安全生产法》的效力等安全生产法学基础知识，阐述了《安全生产法》的调整事项及特殊领域安全生产的法律适用、《安全生产法》管辖原则、安全生产法学及其基本内容、安全生产法学的研究对象及范围等内容。

复习思考题

1. 简要说明什么是安全、安全生产？
2. 简述安全生产法的概念，安全生产法有哪些特征？
3. 简述立法、执法、司法、法治的基本概念。

4. 什么是普法规划？简述"七五"普法规划、"八五"普法规划。
5. 什么是生产安全事故？按照生产安全事故造成后果的严重性，可将生产安全事故分为哪几个等级？
6. 什么是法的效力？什么是《安全生产法》的效力？简述《安全生产法》的三大效力。
7. 简述《安全生产法》的调整事项及特殊领域安全生产的法律适用。
8. 安全生产法学的基本内容有哪些？
9. 安全生产法学的研究对象及范围是什么？

第二章 中国安全生产法律体系

本章学习目标

1. 了解法律体系、中国特色社会主义法律体系及其构成，我国现行的安全生产的法规、规章、强制性标准，以及有关国际公约等基础知识。

2. 熟悉我国《宪法》《刑法》《劳动法》《劳动合同法》《安全生产法》《矿山安全法》《道路交通安全法》《海上交通安全法》《消防法》《特种设备安全法》《突发事件应对法》《工会法》等安全生产相关法律。

3. 掌握安全生产法律体系及其基本框架、特征，以及安全生产法律关系。

第一节 中国特色社会主义法律体系

一、法律体系

1. 法律体系的概念

在国家建立以后，为了规范人（行为人）的各种行为，使国家管理下的人（行为人）按照国家意志从事经济活动和社会活动，需要按照统治阶级的意愿制定人（行为人）必须遵循的法律。这些法律中，有规范经济活动的法律，有规范社会活动的法律，也有规范司法行为的法律。这些法律的总和，就构成了国家的法律体系。

法学中，法律体系是指由一个国家现行的、按照不同的法律部门分类组合的，全部的法律规范按照一定的原则和要求，根据不同法律规范的调整对象和调整方法，划分为若干法律门类，并由这些法律门类及其包括的不同法律规范形成的一个系统化、体系化、有机联系的统一整体。一个独立的主权国家都有属于自己国家、具有本国特色的法律体系。

撇开生硬、古板的法学词语，用通俗的语言描述，法律体系可以概括地解释为：

（1）法律体系包括一个国家的、全部的现行法律规范。

（2）法律体系是由一个国家全部、现行法律规范分类组合而成的。

（3）法律体系是一个国家全部现行法律规范有机联系的统一整体。

2. 法学界三大法律体系简介

在法学界，除中国特色社会主义法律体系以外，形成自身特点、有自己法理法源并得到法学界公认的还有三大法律体系，分别为：大陆法系、英美法系和伊斯兰法系。

（1）大陆法系。大陆法系是指法国、德国、意大利等欧洲大陆国家采用的法律体系。采用大陆法律体系的国家，对重要的部门法要制定法典，而对于一般法律则制定单行法律规范，法典和单行法律规范共同构成较为完整的成文法体系。大陆法系的基本结构建立在公法和私法的分类基础上。公法包括宪法、行政法、刑法以及诉讼法。私法包括民法和商法，统称为民商法。一般法典化的成文法体系包括宪法、行政法、民法、商法、刑法、民事诉讼法、刑事诉讼法等。

（2）英美法系。英美法系是指以英国普通法为基础发展起来，在美国、加拿大、印度等国家使用的法律体系。采用英美法系的国家，注重法典的延续性，以判例法为主要的法律形式，一般不倾向法典形式。英美法系制定的法一般是单行的法律和法规。英美法系的基本结构是建立在普通法和衡平法的分类基础上。普通法是代表审判机关的法律，即以审判机关审判过程中形成的判例作为以后审判的依据，并将其固定下来，形成所谓的判例法。衡平法是为了弥补普通法的不足，在普通法不能覆盖、存在法律缺失的情况下所使用的法律，是对普通法的补充。当然，在需要确定社会共同遵守的规则、规范时，也需要制定单行法律规范，但这些法律规范会被纳入具有延续性的法典中。

（3）伊斯兰法系。伊斯兰法系是指在公元7世纪到9世纪，在阿拉伯哈里发国家形成的法律，包含了穆斯林宗教、社会、家庭等各方面的法律规范。从社会学和法学的角度看，该法律体系的法律具有宗教和道德规范的性质，与伊斯兰教教义有密切联系，是每个伊斯兰教徒需要遵守的基本生活准则和行为准则，而对于非穆斯林教徒不具约束力。但是，在以伊斯兰教为国教的国家，一旦将有关伊斯兰教的宗教和道德规范性质的要求确定为法律，普通公民（包括进入其法律管辖范围的非本国人员）就必须遵守。伊斯兰法系内容极为广泛，一般私法比重大于公法。人们把伊斯兰教作为国教和多数居民信奉伊斯兰教的国家称为伊斯兰国家，伊斯兰国家基本都是实施伊斯兰法系的国家。

二、中国特色社会主义法律体系概述

1. 中国特色社会主义法律体系的基本内容

中国特色社会主义法律体系是自成一体的法律体系，有别于三大法律法系。

2011年10月，在国务院新闻办公室发布的《中国特色社会主义法律体系》白皮书中明确指出，依法治国，建设社会主义法治国家，是中国共产党领导人民治理国家的基本方略。形成中国特色社会主义法律体系，保证国家和社会生活各方面有法可依，是全面落实依法治国基本方略的前提和基础，是中国发展进步的制度保障。60多年来，特别是改革开放30多年来，中国共产党领导中国人民制定宪法和法律，经过各方面坚持不懈的共同努力，到2010年底，一个立足中国国情和实际、适应改革开放和社会主义现代化建设需要，集中体现中国共产党和中国人民意志，以宪法为统帅，以宪法相关法、民法商法等多个法律部门的法律为主干，由法律、行政法规、地方性法规等多个层次法律规范构成的中国特色社会主义法律体系已经形成，国家经济建设、政治建设、文化建设、社会建设以及生态文明建设的各个方面实现了有法可依。

2. 中国特色社会主义法律体系的基本特征

中国特色社会主义法律体系是在中国共产党领导下，适应中国特色社会主义建设事业的历史进程逐步形成的，是中国特色社会主义伟大事业的重要组成部分，是全面实施依法治国基本方略、建设社会主义法治国家的基础，是中华人民共和国成立以来，特别是改革开放以来经济社会发展实践经验的制度化、法律化的集中体现，具有十分鲜明的中国特色社会主义特征。

（1）体现了中国特色社会主义的本质要求。中国特色社会主义法律体系所包括的全部法律规范、确立的各项法律制度，必须有利于巩固和发展社会主义制度，体现人民共同意志、维护人民根本利益、保障人民当家作主的本质要求。这是中国特色社会主义法律体系的重大特点，也是以公有制为基础的中国特色社会主义法律体系与以私有制为基础的资本主义法律体系的本质区别。制定和实施法律都要从中国特色社会主义的本质要求出发，维护广大人民群众的根本意志和长远利益，适应中国的国情、民情，保障广大人民群众的获得感、幸福感和安全感。

(2) 体现了改革开放和社会主义现代化建设的时代要求。中国特色社会主义法律体系是与改革开放大时代相伴而生、相互促进的，具有鲜明的时代特征。一方面，改革开放和现代化建设为中国特色社会主义法律体系构建提供了内在需求和动力，提供了实践基础和经验。另一方面，中国特色社会主义法律体系的构建，为改革开放和现代化建设提供了法治环境，充分发挥了促进、规范、指引和保障的作用，较好地处理了法律的稳定性和改革变动性的关系。在法治保障上，肯定已有成功做法、巩固已有改革开放成果，及时将成功的做法和好的成果写入法律，变为社会共同遵守的准则，同时为进一步改革开放留下空间。中国特色社会主义法律体系既有较好的继承性，也有时代的先进性。

(3) 体现了结构内在统一而又多层次的科学要求。我国是统一的、多民族的社会主义国家。中国特色社会主义法律体系在结构上表现为统一而又多层次的特征，全国人大及其常委会制定法律，国务院制定行政法规，地方人大及其常委会依据法定权限制定地方性法规，国务院组成部门依据法定权限制定行政规章和强制性标准。这样的立法体制，决定了各法律构成部分在法律体系中的地位、作用和效力。

(4) 体现了继承中国法制文化优秀传统和借鉴人类法制文明成果的文化要求。中国特色社会主义法律体系的构建，立足于基本国情，从实际出发，坚持将传承历史优秀传统、借鉴人类文明成果和进行制度创新有机结合起来，充分体现在文化上的先进性、包容性和广泛性。第一，继承了中华法制文化中的优秀成分，包罗中华民族优秀法治；第二，适应了改革开放和现代化建设需要的制度创新；第三，充分吸收了人类法制文明的成果。概括而言，中国特色社会主义法律体系是在继承发扬我国优秀的法律文化传统、借鉴吸收人类法制文明成果的基础上，形成的符合我国国情、顺应时代潮流、解决我国事情的法律体系。

(5) 体现了动态、开放、与时俱进的发展要求。经过多年的努力，目前国家经济、政治、文化、社会生活的各个方面总体上做到了有法可依。但是，社会发展进步的历史史实告诉我们，社会实践是法律的基础，法律是对实践不断发展的总结。人类实践是永无止境的，中国特色社会主义法律体系也必须与时俱进、不断创新，不断适应新理念、发现新情况、启迪新思想、解决新问题中完善和充实。这就决定了中国特色社会主义法律体系的动态性、开放性、发展性。中国特色社会主义法律体系体现了动态、开放、与时俱进的发展要求，这正是中国特色社会主义法律体系永葆先进性的根本所在。

第二节 中国特色社会主义法律体系的构成

一、中国特色社会主义法律体系的基本构成

中国特色社会主义法律体系以宪法为统帅，法律是主干，行政法规和地方性法规是对国家法律的细化和补充，政府行政规章解决政府行政中的问题，强制性标准具有技术性法规的作用，也是对法律、法规的进一步细化和补充。法律、行政法规和地方性法规具有不同效力，都是中国特色社会主义法律体系的有机组成部分，共同构成一个完整的、统一的、系统的、多层次的、科学的法律体系。

1. 《宪法》

宪法是国家的根本大法，是特定社会、政治、经济和思想文化条件综合作用的产物，集中反映各种政治力量的实际对比关系，确认统治集团获得的成果，实现统治阶级需要的民主政治，规定国家的根本任务和根本制度（包括社会制度、国家制度的原则和国家政权的组织），明确公民的基本权利和义务等内容。宪法适用于国家的每一个公民和任何组织。宪法在中国特色社会主义法律体系中具有最高的法律效力，一切法律、行政法规、地方性法规的制定都必须以宪法为依据，遵循宪法的基本原则，不得与宪法相抵触。

《宪法》是我国的根本大法，在中国特色社会主义法律体系中居于统帅地位，是国家长治久安、民族团结、经济发展、社会进步和人民安居乐业的根本保障。

2. 法律

法律是中国特色社会主义法律体系的主干。我国宪法规定，全国人大及其常委会行使国家立法权。全国人大及其常委会制定的法律，是中国特色社会主义法律体系的主干，解决的是国家发展中带有根本性、全局性、稳定性和长期性的问题，是国家法治的基础，行政法规和地方性法规不得与法律相抵触。《安全生产法》《特种设备安全法》等都属于法律。

3. 行政法规

行政法规是中国特色社会主义法律体系的重要组成部分。国务院根据宪法和法律，制定行政法规。这是国务院履行宪法和法律赋予的职责的重要形式。行政法规可以就执行法律的规定和履行国务院行政管理职权的事项作出规定，同时对应当由全国人大及其常委会制定法律的事项，国务院可以根据全国人大及其常委会的授权

决定先行制定行政法规。行政法规在中国特色社会主义法律体系中具有重要地位，是将法律规定的相关制度具体化，是对法律的细化和补充。《危险化学品安全监管条例》《建筑工程安全生产管理条例》等属于行政法规。

4. 地方性法规

地方性法规也是中国特色社会主义法律体系的一个重要组成部分。根据宪法和法律，省、自治区、直辖市和较大的市的人大及其常委会可以制定地方性法规。这是人民依法参与国家事务管理、促进地方经济社会发展的重要途径和形式。《北京市安全生产条例》《河北省安全生产条例》等属于地方性法规。

二、中国特色社会主义法律体系的部门

在中国特色社会主义法律体系中，把所有的法律规范，按照其调整的特定社会关系和调整方法，划分为若干法律部门。《中国特色社会主义法律体系》白皮书明确，在宪法统帅下，当前中国特色社会主义法律体系共包含宪法及相关法、民法商法、行政法、经济法、社会法、刑法、诉讼与非诉讼程序法等7个法律部门。

1. 宪法及相关法

宪法及相关法是与宪法相配套、直接保障宪法实施和国家政权运作等方面的法律规范，调整国家政治关系，主要包括：国家机构的产生、组织、职权和基本工作原则方面的法律，民族区域自治制度、特别行政区制度、基层群众自治制度等方面的法律，维护国家主权、领土完整、国家安全、国家标志象征方面的法律，保障公民基本政治权利方面的法律。

2. 民法商法

民法商法包括民法和商法。民法是调整平等主体的公民之间、法人之间、公民和法人之间的财产关系和人身关系的法律规范，遵循民事主体地位平等、意思自治、公平、诚实信用等基本原则。商法调整商事主体之间的商事关系，遵循民法的基本原则，同时秉承保障商事交易自由、等价有偿、便捷安全等原则。

3. 行政法

行政法是关于行政权的授予、行政权的行使以及对行政权的监督的法律规范，调整的是行政机关与行政管理相对人之间因行政管理活动发生的关系，遵循职权法定、程序法定、公正公开、有效监督等原则，既保障行政机关依法行使职权，又注重保障公民、法人和其他组织的权利。

4. 经济法

经济法是调整国家从社会整体利益出发,对经济活动实行干预、管理或者调控所产生的社会经济关系的法律规范。经济法为国家对市场经济进行适度干预和宏观调控提供法律手段和制度框架,防止市场经济的自发性和盲目性所导致的弊端。经济法包括6个方面:

(1) 有关宏观调控方面的法律。
(2) 有关规范市场秩序和竞争规则方面的法律。
(3) 有关扩大对外开放和促进对外经济贸易发展方面的法律。
(4) 有关促进重点产业振兴和发展方面的法律。
(5) 有关自然资源保护和合理开发利用方面的法律。
(6) 有关经济活动规范化、标准化方面的法律。

5. 社会法

社会法是调整劳动关系、社会保障、社会福利和特殊群体权益保障等方面的法律规范,遵循公平和谐和国家适度干预原则,通过国家和社会积极履行责任,对劳动者、失业者、丧失劳动能力的人以及其他需要扶助的特殊人群的权益提供必要的保障,维护社会公平,促进社会和谐。社会法主要包括两个方面:一是有关劳动关系、劳动保障和社会保障方面的法律;二是有关特殊社会群体权益保障方面的法律。

6. 刑法

刑法是规定犯罪与刑罚的法律规范。刑法通过规范国家的刑罚权,惩罚犯罪,保护人民,维护社会秩序和公共安全,保障国家安全。

7. 诉讼与非诉讼程序法

诉讼与非诉讼程序法是规范解决社会纠纷的诉讼活动与非诉讼活动的法律规范。诉讼法律制度是规范国家司法活动、解决社会纠纷的法律规范,非诉讼程序法律制度是规范仲裁机构或者人民调解组织解决社会纠纷的法律规范。

第三节 安全生产法律体系的内涵与框架

一、安全生产法律体系

安全生产法律体系是指我国现行的、不同安全生产法律规范形成的、全部安全生产法律法规有机联系的统一整体。也就是说,安全生产法律体系是一个包含安全生产的多个层次立法、多种法律制度和多项内容法律规范的综合性体系。

二、安全生产法律体系的特征

安全生产法律体系是中国特色社会主义法律体系的重要组成部分，具有中国特色社会主义法律体系特征的一般性，也有其特殊性。

1. 安全生产法律规范的调整对象和阶级意志具有统一性

加强安全生产工作，保障人民生命和财产安全，预防和减少生产安全事故，促进经济可持续健康发展，是党和国家的根本宗旨。

国家所有的安全生产立法，均体现了工人阶级领导下的最广大人民群众的最根本利益，都要以马克思列宁主义、毛泽东思想、邓小平理论、"三个代表"重要思想、科学发展观、习近平新时代中国特色社会主义思想为指导，应当以人为本，坚持人民至上、生命至上，把保护人民生命安全摆在首位，树牢安全发展理念，坚持"安全第一、预防为主、综合治理"的安全生产方针，从源头上防范化解重大安全风险，有利于推动安全生产管理模式向事前预防转型。

安全生产法律规范是为巩固社会主义经济基础和上层建筑服务的，它是工人阶级乃至国家意志的反映，是由人民民主专政的政权性质所决定的。生产经营活动中所发生的各种社会关系，需要通过一系列的法律规范加以调整。不论安全生产法律规范有何种内容和形式，它们所调整的安全生产领域的社会关系，都要统一服从服务于总体国家安全观、服从服务于统筹发展和安全、服从服务于建设更高水平平安中国。

2. 安全生产法律规范的内容和形式具有多样性

安全生产贯穿于生产经营活动的各个行业领域和各个方面，各种社会关系非常复杂。这就需要针对不同生产经营单位的不同特点，针对各种突出的安全生产问题，制定相应的内容不同、形式不同的安全生产法律规范，调整各级人民政府、各类生产经营单位、公民之间以及社会各方面之间在安全生产领域中产生的社会关系。这个特点决定了安全生产立法的内容和形式各不相同，它们所反映和解决的问题也是不同的。

3. 安全生产法律规范的相互关系具有系统性

安全生产法律体系是由母系统与若干个子系统共同组成的。从具体安全生产法律规范上看，它是单独、自成系统的。从法律体系上看，各个法律规范又是与母体系不可分割的组成部分。安全生产法律规范的层级、内容和形式虽然有所不同，但是，它们之间存在着相互依存、相互联系、相互衔接、相互协调的辩证统一关系。

三、安全生产法律体系的基本框架

安全生产法律体系的框架即法律体系的主体架构。我国安全生产法律体系的形成过程，是先有框架后有体系，先初步形成体系再不断健全完善。但是，为了适应新时代、新发展格局的要求，安全生产法律体系尚需进一步研究和探索。下面从上位法与下位法、普通法与特殊法、综合性法与单行法3个方面，阐述我国安全生产法律体系的基本框架。

1. 从法的不同层级上，可以分为上位法与下位法

法的层级不同，其法律地位和效力也不同。上位法是指法律地位、法律效力高于其他相关法的立法。下位法相对于上位法而言，是指法律地位、法律效力低于相关上位法的立法。不同的安全生产法对同一类或者同一个安全生产行为作出不同法律规定的，以上位法的规定为准，适用上位法的规定。上位法没有规定的，可以适用下位法。下位法的数量一般多于上位法。

（1）安全生产法律是上位法。法律是安全生产法律体系中的上位法，居于整个体系的最高层级，其法律地位和效力高于行政法规、地方性法规、部门规章、地方政府规章等下位法。我国现行的安全生产综合法、主干法（基干法）是《安全生产法》，现行的安全生产相关专门法律有《消防法》《道路交通安全法》《海上交通安全法》《矿山安全法》等。此外，与安全生产综合法处于相同法律层级的安全生产相关专门法律主要有《劳动法》《职业病防治法》《工会法》《矿产资源法》《铁路法》《公路法》《民用航空法》《港口法》《建筑法》《煤炭法》《电力法》《突发事件应对法》等。

（2）安全生产行政法规是安全生产法律的下位法。安全生产行政法规的法律地位和法律效力低于有关安全生产的法律，高于地方性安全生产法规。国家现行的安全生产法规很多，如行政法规有《安全生产许可证条例》《危险化学品安全管理条例》《建设工程安全生产管理条例》《煤矿安全监察条例》等，地方性安全生产法规有《河南省安全生产条例》等各省（自治区、直辖市）的安全生产条例。

（3）安全生产规章是安全生产法规的下位法。国务院有关部门依照安全生产法律、行政法规的规定或者国务院的授权制定发布的安全生产规章的法律地位和法律效力低于法律、行政法规，是安全生产的法律、法规的下位法；但是，它们高于地方政府规章，是地方政府规章的上位法。

（4）强制性安全生产标准是安全生产规章的下位法。我国重视安全生产标准的制修订工作，特别是党的十八大以来，安全生产标准化工作发展迅速。据不完全

统计，国家及各行业领域颁布的涉及安全生产的国家标准近1 500项，各类行业领域安全生产相关标准有几千项。

我国安全生产方面的国家强制性标准和行业强制性标准，均属于法定强制性安全生产标准，属于具有法定强制力的安全生产标准。《安全生产法》有关条款明确要求，生产经营单位必须执行安全生产国家标准或者行业标准，通过法律的规定赋予了国家标准和行业标准强制执行的效力。

将强制性安全生产标准纳入安全生产法律体系的重要组成部分，是贯彻实施安全生产发展的重要手段和技术支撑。党和政府始终重视安全生产标准化工作，随着经济的发展和社会的进步，安全生产标准受到广泛关注，政府有关部门相继采取了一系列措施加强安全生产标准化工作，在预防生产安全事故方面发挥了重要作用，取得了明显成效。

强制性安全生产标准的法律地位和法律效力低于安全生产规章，是安全生产规章的下位法。

2. 从同一层级的法的效力上，可以分为普通法与特殊法

我国的安全生产法是多年来针对不同的安全生产问题制定的，相关法律规范对一些安全生产问题的规定有所差别。有的侧重解决一般性的安全生产问题，有的侧重或者专门解决某一领域、某一个方面特殊性的安全生产问题。因此，在安全生产法律体系同一层级的安全生产法律中，安全生产法律规范有普通法与特殊法之分。

安全生产普通法与安全生产特殊法之间相辅相成，缺一不可。这两类法律规范的调整对象和适用范围各有侧重。安全生产普通法是适用于安全生产领域中普遍存在的基本性、普遍性、共性问题的法律规范，它们适用于解决某一领域、某一方面存在的基本性、普遍性、共性的法律问题，不适用于解决某一领域、某一方面存在的特殊性、专业性的法律问题。安全生产特殊法是适用于某一（些）安全生产领域或者某一（些）方面存在的特殊性、专业性问题的法律规范，它们比普通法更专业、更具体、更具有可操作性。

《安全生产法》是安全生产领域的普通法，它所确定的安全生产理念、方针、原则和基本法律制度普遍适用于生产经营活动的各个领域。但是，对于消防安全、道路交通安全、铁路交通安全、水上交通安全和民用航空安全等领域存在的特殊问题，其他有关专门法律另有规定的，则应适用专门法律即特殊法，如《消防法》《道路交通安全法》《铁路法》《海上交通安全法》《民用航空法》与《铁路安全管理条例》《民用航空安全保卫条例》等。据此，在同一层级的安全生产法对同一类问题的法律适用上，应当遵循适用特殊法优于适用普通法的原则。

3. 从法的内容上，可以分为综合性法与单行法

安全生产问题错综复杂，相关法律规范的内容也十分丰富。从安全生产法所确定的适用范围和具体法律规范看，可以将我国安全生产法分为综合性法与单行法。安全生产综合性法不受法律规范层级的限制，而是将各个层级的综合性法律规范作为整体来看待，适用于安全生产的主要领域或者某一领域的主要方面。安全生产单行法的内容只涉及某一领域或者某一方面的安全生产问题，适用于某一领域或者某一方面的安全生产。

在一定条件下，综合性法与单行法的区分是相对的。《安全生产法》属于安全生产领域的综合性法律，其内容涵盖了安全生产领域的主要方面、基本问题和具有普遍性的问题。相对《安全生产法》，《矿山安全法》是单独适用于矿山安全生产的单行法律。但是，就矿山安全生产的整体而言，《矿山安全法》又是综合性法，针对各矿种安全生产的法则是矿山安全立法的单行法。如《煤炭法》既是煤炭工业的综合性法，又是安全生产和矿山安全的单行法。再如《煤矿安全监察条例》既是煤矿安全监察的综合性法规，又是《安全生产法》和《矿山安全法》的单行法规和配套法规。

第四节 安全生产法律

法律是由全国人大或全国人大常委会审议通过，以国家主席签署主席令公布，面向全国施行的。安全生产法律以《宪法》为根本法，奠定了安全生产领域的立法基础。目前，涉及安全生产的相关法律见表2-1。

表2-1　　　　　　　　　安全生产法律

法律名称	施行时间	修订时间
《宪法》	1982-12-4	1988-4-12；1993-3-29；1999-3-15；2004-3-14；2018-3-11
《刑法》	1997-10-1	1997-3-14；2001-8-31；2001-12-29；2002-12-28；2005-2-28；2006-6-29；2009-2-28；2011-2-25；2015-8-29；2017-11-4；2020-12-26
《劳动法》	1995-1-1	2009-8-27；2018-12-29
《劳动合同法》	2008-1-1	2013-07-01
《安全生产法》	2002-11-1	2009-8-27；2014-12-1；2021-9-1
《矿山安全法》	1993-5-1	2009-8-27

续表

法律名称	施行时间	修订时间
《煤炭法》	1996-12-1	2009-8-27；2011-4-22；2013-6-29；2016-11-7
《矿产资源法》	1986-10-1	1996-8-29；2009-8-27
《道路交通安全法》	2004-5-1	2007-12-29；2011-4-22；2021-4-29
《海上交通安全法》	1984-1-1	2016-11-7；2021-4-29
《铁路法》	1991-5-1	2009-8-27；2015-4-24
《民用航空法》	1996-3-1	2009-8-27；2015-4-24；2016-11-7；2017-11-4；2018-12-29；2021-4-29
《建筑法》	1998-3-1	2011-4-22；2019-4-23
《消防法》	1998-9-1	2008-10-28；2019-4-23；2021-4-29
《石油天然气管道保护法》	2010-10-1	
《特种设备安全法》	2014-1-1	
《突发事件应对法》	2007-11-1	
《工会法》	1992-4-3	2001-10-27；2009-8-27；2021-12-24

下面，介绍几部与安全生产关系比较密切的法律。

一、《宪法》

现行《宪法》于1982年12月4日第五届全国人大第五次会议通过。《宪法》涉及安全生产的规定主要有：

(1) 第四十二条：国家通过各种途径，创造劳动就业条件，加强劳动保护，改善劳动条件，并在发展生产的基础上，提高劳动报酬和福利待遇。

(2) 第四十二条：国家对就业前的公民进行必要的劳动就业训练。

(3) 第四十三条：国家发展劳动者休息和休养的设施，规定职工的工作时间和休假制度。

(4) 第四十五条：中华人民共和国公民在年老、疾病或者丧失劳动能力的情况下，有从国家和社会获得物质帮助的权利。国家发展为公民享受这些权利所需要的社会保险、社会救济和医疗卫生事业。

(5) 第四十八条第2款：国家保护妇女的权利和利益，实行男女同工同酬，培养和选拔妇女干部。

二、《刑法》

从 1997 年至今，全国人大常委会已审议通过了 11 个《刑法》修正案，2020 年 12 月 26 日，第十三届全国人大常委会第二十四次会议通过《刑法修正案（十一）》，对刑法作出修改、补充，2021 年 3 月 1 日起施行。2006 年 6 月 29 日审议通过的《刑法修正案（六）》加大了对安全生产事故责任人的刑事处罚力度。《刑法修正案（十一）》针对强令违章冒险作业罪，拒不整改重大事故隐患，未经审批擅自开展高危生产作业活动，以及提供虚假证明文件等涉及生产安全突出问题对刑法相关条款作出修改完善。

《刑法》中涉及安全生产的内容主要是关于生产经营单位及其有关人员构成犯罪所应承担的刑事责任，如重大飞行事故罪（第一百三十一条）、铁路运营安全事故罪（第一百三十二条）、交通肇事罪（第一百三十三条）、重大责任事故罪（第一百三十四条）、重大劳动安全事故罪（第一百三十五条）、危险物品肇事罪（第一百三十六条）、工程重大安全事故罪（第一百三十七条）、教育设施重大安全事故罪（第一百三十八条）、消防责任事故罪（第一百三十九条）、不报谎报安全事故罪（第一百三十九条）、强令违章冒险作业罪（第一百三十四条）等。

三、《劳动法》

中国境内的企业、个体经济组织和与之形成劳动关系的劳动者，都适用《劳动法》。国家机关、事业组织、社会团体和与之建立劳动合同关系的劳动者，依照《劳动法》执行。其中第六章"劳动安全卫生"明确了获得劳动安全卫生保护的权利，从制度、设施、劳动防护用品、操作规程、健康检查等方面对劳动者安全卫生保护的权利进行了规范。

四、《劳动合同法》

中国境内的企业、个体经济组织、民办非企业单位等组织与劳动者建立劳动关系，订立、履行、变更、解除或者终止劳动合同，适用《劳动合同法》。《劳动合同法》第四条规定，用人单位应当依法建立和完善劳动规章制度，保障劳动者享有劳动权利、履行劳动义务。用人单位在制定、修改或者决定有关劳动安全卫生等直接涉及劳动者切身利益的规章制度或者重大事项时，应当经职工代表大会或者全体职工讨论，提出方案和意见，与工会或者职工代表平等协商确定。

五、《安全生产法》

《安全生产法》自2002年11月1日起施行，确立了安全生产监督管理、生产经营单位安全生产保障、生产经营单位主要负责人安全生产责任、从业人员安全生产权利和义务、生产安全事故应急救援和调查处理、生产安全事故责任追究等基本制度。该法分别于2009年、2014年、2021年进行了修改，进一步强化了企业安全生产主体责任和政府安全生产监管责任，加大了对安全生产违法违规行为的惩戒力度。

《安全生产法》适用于中国境内从事生产经营活动的所有单位，明确了生产经营单位负责、职工参与、政府监管、行业自律和社会监督的安全生产工作机制，也规定了安全生产方面的基本制度。主要的安全生产基本制度如下：

1. 安全生产监督管理制度

该制度主要内容包括：各级人民政府及其安全生产监督管理部门以及其他有关部门各自的安全生产监督管理职责、社会基层组织和新闻媒体进行安全生产监督的权利和义务等。

2. 生产经营单位安全保障制度

该制度主要内容包括：生产经营单位的安全生产条件、安全管理机构及其人员配置、安全投入、从业人员安全资格、安全条件论证和安全评价、建设工程"三同时"、安全设施的设计审查和竣工验收、安全技术装备管理、生产经营场所安全管理、社会工伤保险等。

3. 生产经营单位负责人安全生产责任制度

该制度主要内容包括：生产经营单位主要负责人和其他负责人、安全生产管理人员的资格及其在安全生产工作中的主要职责。

4. 从业人员安全生产权利和义务制度

该制度主要内容包括：生产经营单位的从业人员在生产经营活动中的基本权利和义务，以及应当承担的法律责任。

5. 安全生产中介服务制度

该制度主要内容包括：从事安全评价、评估、检测、检验、咨询服务等工作的安全生产中介机构和安全专业技术人员的法律地位、任务和责任。

6. 安全生产责任追究制度

该制度主要内容包括：安全生产的责任主体，安全生产责任的确定和责任形式，追究安全生产责任的机关、依据、程序和安全生产法律责任。

7. 生产安全事故应急和处理制度

该制度主要内容包括：生产安全事故应急预案的制定、事故应急体系的建立、事故报告、事故调查处理的原则和程序、事故责任的追究、事故信息报告和发布等。

六、《矿山安全法》

《矿山安全法》适用于中国领域和中国管辖的其他海域从事矿产资源开采活动。该法要求矿山企业必须具有保障职业安全健康的设施，建立健全安全管理制度，采取有效措施改善职工劳动条件，加强矿山安全管理工作。

七、交通安全法律

《道路交通安全法》适用于中国境内的车辆驾驶人、行人、乘车人以及与道路交通活动有关的单位和个人。《海上交通安全法》适用于在中国沿海水域航行、停泊和作业的一切船舶、设施和人员以及船舶、设施的所有人、经营人。

八、《消防法》

《消防法》的立法目的是"为了预防火灾和减少火灾危害，加强应急救援工作，保护人身、财产安全，维护公共安全"。明确"任何单位和个人都有维护消防安全、保护消防设施、预防火灾、报告火警的义务。任何单位和成年人都有参加有组织的灭火工作的义务"。该法对火灾预防、消防组织、灭火救援、监督检查以及法律责任等进行了详细规定。

九、《特种设备安全法》

《特种设备安全法》适用于特种设备的生产（包括设计、制造、安装、改造、修理）、经营、使用、检验、检测和特种设备安全的监督管理，对特种设备的生产、经营、使用、检验、检测、监督管理以及事故应急救援与调查处理等方面均提出了安全方面的要求。

十、《突发事件应对法》

《突发事件应对法》的立法目的是"为了预防和减少突发事件的发生，控制、减轻和消除突发事件引起的严重社会危害，规范突发事件应对活动，保护人民生命财产安全，维护国家安全、公共安全、环境安全和社会秩序。"该法对突发事件的预防与应急准备、监测与预警、应急处置与救援、事后恢复与重建、法律责任等进行了规定。

十一、《工会法》

《工会法》对工会组织、工会的权利和义务、基层工会组织、工会的经费与财产以及法律责任进行了规定。《工会法》明确指出:"维护职工合法权益是工会的基本职责""工会通过平等协商和集体合同制度,协调劳动关系,维护企业职工劳动权益""工会依照法律规定通过职工代表大会或者其他形式,组织职工参与本单位的民主决策、民主管理和民主监督"。

第五节 安全生产行政法规

行政法规是国务院根据宪法和法律,按照法定程序制定的履行行政职责的规范性文件的总称,它的效力次于法律。目前与安全生产相关的行政法规较多,表2-2列出了重要的安全生产相关行政法规。

表2-2 安全生产相关法规

法规名称	施行时间	修订时间	适用范围
《民用航空安全保卫条例》	1996-7-6	2011-1-8	适用于民用航空活动以及与民用航空活动有关的单位和个人
《矿山安全法实施条例》	1996-10-30		适用于从事矿山生产资源开采活动
《煤矿安全监察条例》	2000-12-1	2013-7-18	适用于煤矿安全监督检查的全过程
《危险化学品安全管理条例》	2002-3-15	2011-3-2; 2013-12-7	适用于危险化学品生产、储存、使用、经营和运输的安全管理
《使用有毒物品作业场所劳动保护条例》	2002-5-12		适用于作业场所使用有毒物品可能产生职业中毒危害的劳动保护
《内河交通安全管理条例》	2002-8-1	2011-1-8; 2017-3-1; 2019-3-2	适用于内河通航水域从事航行、停泊和作业以及与内河交通安全有关的活动
《突发公共卫生事件应急条例》	2003-5-9	2011-1-8	适用于突然发生,造成或者可能造成社会公众健康严重损害的重大传染病疫情、群体性不明原因疾病、重大食物和职业中毒以及其他严重影响公众健康的事件

续表

法规名称	施行时间	修订时间	适用范围
《特种设备安全监察条例》	2003-6-1	2009-1-24	适用于特种设备生产（含设计、制造、安装、改造、维修）、使用、检验检测及其监督检查
《工伤保险条例》	2004-1-1	2010-12-20	适用于企业、事业单位、社会团体、民办非企业单位、基金会、律师事务所、会计师事务所等组织和有雇工的个体工商户工伤保险办理、缴纳、赔付
《安全生产许可证条例》	2004-1-13	2013-7-18；2014-7-29	适用于矿山企业、建筑施工企业和危险化学品、烟花爆竹、民用爆炸物品生产企业
《建设工程安全生产管理条例》	2004-2-1		适用于从事建设工程的新建、扩建、改建和拆除等有关活动及实施对建设工程安全生产的监督管理
《道路交通安全法实施条例》	2004-5-1	2017-10-7	适用于车辆驾驶人、行人、乘车人以及与道路交通活动有关的单位和个人
《易制毒化学品管理条例》	2005-11-1	2014-7-29；2016-2-6；2018-9-18	适用于易制毒化学品的生产、经营、购买、运输和进口、出口
《烟花爆竹安全管理条例》	2006-1-21	2016-2-6	适用于烟花爆竹的生产、经营、运输和燃放
《民用爆炸物品安全管理条例》	2006-9-1	2014-7-29	适用于民用爆炸物品的生产、销售、购买、进出口、运输、爆破作业和储存以及硝酸铵的销售、购买
《生产安全事故报告和调查处理条例》	2007-6-1		适用于生产经营活动中发生的造成人身伤亡或者直接经济损失的生产安全事故的报告和调查处理，不适用于环境污染事故、核设施事故、国防科研生产事故的报告和调查处理
《铁路交通事故应急救援和调查处理条例》	2007-9-1	2012-11-9	适用于铁路机车车辆在运行过程中与行人、机动车、非机动车、牲畜及其他障碍物相撞，或者铁路机车车辆发生冲突、脱轨、火灾、爆炸等影响铁路正常行车的铁路交通事故的应急救援和调查处理
《城镇燃气管理条例》	2011-3-1	2016-2-6	适用于城镇燃气发展规划与应急保障、燃气经营与服务、燃气使用、燃气设施保护、燃气安全事故预防与处理及相关管理活动

续表

法规名称	施行时间	修订时间	适用范围
《电力安全事故应急处置和调查处理条例》	2011-9-1		适用于电力生产或者电网运行过程中发生的影响电力系统安全稳定运行或者影响电力正常供应的事故（包括热电厂发生的影响热力正常供应的事故）
《女职工劳动保护特别规定》	2012-4-28		适用于政府机关、企业、事业单位、社会团体、个体经济组织以及其他社会组织等用人单位及其女职工
《铁路安全管理条例》	2014-1-1		适用于铁路建设质量安全、铁路专用设备质量安全、铁路线路安全、铁路运营安全、监督检查等

第六节　安全生产规章

部门规章是国务院各部委署局等根据法律和行政法规的规定，在本部门的权限范围内制定和发布的调整本部门范围内的行政管理关系，并不与宪法、法律和行政法规相抵触的法律规范。主要形式是规定、办法等。

根据《立法法》的规定，部门规章之间、部门规章与地方政府规章之间具有同等效力。安全生产领域的部门规章很多，表2-3列出了部分安全生产部门规章。

表2-3　　　　　　　　　安全生产相关部门规章

部门规章名称	发布部门	施行时间
《水路危险货物运输规则（第一部分）水路包装危险货物运输规则》	交通部	1996-12-01
《气瓶安全监察规定》	国家质量监督检验检疫总局	2003-6-1
《安全生产违法行为行政处罚办法》	国家安全生产监督管理总局	2003-7-1
《煤矿安全监察员管理办法》	国家安全生产监督管理总局	2003-8-1
《煤矿安全监察行政处罚办法》	国家安全生产监督管理总局	2003-8-15
《煤矿建设项目安全设施监察规定》	国家安全生产监督管理总局	2003-8-15
《船舶载运危险货物安全监督管理规定》	交通部	2004-1-1
《安全评价机构管理规定》	国家安全生产监督管理总局	2005-1-1
《特种设备作业人员监督管理办法》	国家质量监督检验检疫总局	2005-7-1
《生产经营单位安全培训规定》	国家安全生产监督管理总局	2006-3-1

续表

部门规章名称	发布部门	施行时间
《非药品类易制毒化学品生产、经营许可办法》	国家安全生产监督管理总局	2006-4-15
《海洋石油安全生产规定》	国家安全生产监督管理总局	2006-5-1
《尾矿库安全监督管理规定》	国家安全生产监督管理总局	2006-6-1
《民用爆炸物品销售许可实施办法》	国家安全生产监督管理总局	2006-9-1
《安全生产标准制修订工作细则》	国家安全生产监督管理总局	2006-11-1
《注册安全工程师管理规定》	国家安全生产监督管理总局	2007-3-1
《安全生产检测检验机构管理规定》	国家安全生产监督管理总局	2007-4-1
《安全生产行政复议规定》	国家安全生产监督管理总局	2007-11-1
《安全生产培训管理办法》	国家安全生产监督管理总局	2008-1-1
《安全生产事故隐患排查治理暂行规定》	国家安全生产监督管理总局	2008-2-1
《建筑起重机械安全监督管理规定》	建设部	2008-6-1
《中央企业安全生产监督管理暂行办法》	国务院国有资产监督管理委员会	2008-9-1
《游艇安全管理规定》	交通运输部	2009-1-1
《消防监督检查规定》	公安部	2009-5-1
《建设工程消防监督管理规定》	公安部	2009-5-1
《非煤矿矿山企业安全生产许可证实施办法》	国家安全生产监督管理总局	2009-6-8
《生产安全事故信息报告和处置办法》	国家安全生产监督管理总局	2009-7-1
《防治煤与瓦斯突出规定》	国家安全生产监督管理总局	2009-8-1
《安全生产监管监察职责和行政执法责任追究的暂行规定》	国家安全生产监督管理总局	2009-10-1
《冶金企业安全生产监督管理规定》	国家安全生产监督管理总局	2009-11-1
《煤矿防治水规定》	国家安全生产监督管理总局	2009-12-1
《海洋石油安全管理细则》	国家安全生产监督管理总局	2009-12-1
《特种作业人员安全技术培训考核管理规定》	国家安全生产监督管理总局	2010-7-1
《安全生产行政处罚自由裁量适用规则（试行）》	国家安全生产监督管理总局	2010-10-1
《煤矿领导带班下井及安全监督检查规定》	国家安全生产监督管理总局	2010-10-7
《金属非金属地下矿山企业领导带班下井及监督检查暂行规定》	国家安全生产监督管理总局	2010-11-15
《金属与非金属矿产资源地质勘探安全生产监督管理暂行规定》	国家安全生产监督管理总局	2011-1-1

续表

部门规章名称	发布部门	施行时间
《建设项目安全设施"三同时"监督管理办法》	国家安全生产监督管理总局	2011-2-1
《小型露天采石场安全管理与监督检查规定》	国家安全生产监督管理总局	2011-7-1
《危险化学品重大危险源监督管理暂行规定》	国家安全生产监督管理总局	2011-12-1
《危险化学品生产企业安全生产许可证实施办法》	国家安全生产监督管理总局	2011-12-1
《企业安全生产费用提取和使用管理办法》	财政部 国家安全生产监督管理总局	2012-2-14
《危险化学品输送管道安全管理规定》	国家安全生产监督管理总局	2012-3-1
《内河交通事故调查处理规定》	交通运输部	2012-3-14
《煤层气地面开采安全规程（试行）》	国家安全生产监督管理总局	2012-4-1
《危险化学品建设项目安全监督管理办法》	国家安全生产监督管理总局	2012-4-1
《煤矿安全培训规定》	国家安全生产监督管理总局	2012-7-1
《危险化学品登记管理办法》	国家安全生产监督管理总局	2012-8-1
《烟花爆竹生产企业安全生产许可证实施办法》	国家安全生产监督管理总局	2012-8-1
《危险化学品经营许可证管理办法》	国家安全生产监督管理总局	2012-9-1
《安全生产监管监察部门信息公开办法》	国家安全生产监督管理总局	2012-11-1
《港口危险货物安全管理规定》	交通运输部	2013-2-1
《危险化学品安全使用许可证实施办法》	国家安全生产监督管理总局	2013-5-1
《道路危险货物运输管理规定》	交通运输部	2013-7-1
《工贸企业有限空间作业安全管理与监督暂行规定》	国家安全生产监督管理总局	2013-7-1
《化学品物理危险性鉴定与分类管理办法》	国家安全生产监督管理总局	2013-9-1
《非煤矿山外包工程安全管理暂行规定》	国家安全生产监督管理总局	2013-10-1
《烟花爆竹经营许可实施办法》	国家安全生产监督管理总局	2013-12-1
《食品生产企业安全生产监督管理暂行规定》	国家安全生产监督管理总局	2014-3-1
《道路运输车辆动态监督管理办法》	公安部 国家安全生产监督管理总局	2014-7-1
《生产安全事故罚款处罚规定（试行）》	国家安全生产监督管理总局	2015-5-1
《民用爆炸物品安全生产许可实施办法》	国家安全生产监督管理总局	2015-6-30
《金属非金属矿山建设项目安全设施目录（试行）》	国家安全生产监督管理总局	2015-7-1
《煤矿重大生产安全事故隐患判定标准》	国家安全生产监督管理总局	2015-12-3

续表

部门规章名称	发布部门	施行时间
《煤矿企业安全生产许可证实施办法》	国家安全生产监督管理总局	2016-4-1
《生产安全事故应急预案管理办法》	国家安全生产监督管理总局	2016-7-1
《煤矿安全规程》	国家安全生产监督管理总局	2016-10-1
《公路水运工程安全生产监督管理办法》	交通运输部	2017-8-1
《冶金企业和有色金属企业安全生产规定》	国家安全生产监督管理总局	2018-3-1
《煤矿安全培训规定》	国家安全生产监督管理总局	2018-3-1
《烟花爆竹生产经营安全规定》	国家安全生产监督管理总局	2018-3-1
《安全评价检测检验机构管理办法》	应急管理部	2019-5-1
《煤矿重大事故隐患判定标准》	应急管理部	2020-1-1
《工贸企业粉尘防爆安全规定》	应急管理部	2021-9-1
《特种设备事故报告和调查处理规定》	国家市场监督管理总局	2022-3-1

第七节 安全生产标准

中国标准化工作实行统一管理与分工负责相结合的管理体制。国务院标准化行政主管部门统一管理全国标准化工作，国务院有关行政主管部门根据行业领域管理或者监督管理职责，分工负责管理本部门、本行业领域的标准化工作。国务院建立标准化协调机制，统筹推进标准化重大改革，研究标准化重大政策，对跨部门、跨领域、存在重大争议标准的制定和实施进行协调。

全国安全生产标准化技术委员会（TC288）成立于2006年6月16日，是原国家安全生产监督管理总局（现应急管理部）、国家标准化管理委员会领导下的从事安全生产标准化工作的全国性技术组织。秘书处挂靠中国安全生产科学研究院。全国安全生产标准化技术委员会下设煤矿安全、非煤矿山安全、化学品安全、烟花爆竹安全、粉尘防爆、涂装作业、防尘防毒、工贸、冶金等分技术委员会。

《安全生产法》明确了安全生产标准化工作的管理体制。第十二条明确规定，国务院有关部门按照职责分工负责安全生产强制性国家标准的项目提出、组织起草、征求意见、技术审查。国务院应急管理部门统筹提出安全生产强制性国家标准的立项计划。国务院标准化行政主管部门负责安全生产强制性国家标准的立项、编号、对外通报和授权批准发布工作。国务院标准化行政主管部门、有关部门依据法定职责对安全生产强制性国家标准的实施进行监督检查。

根据《标准化法》，标准包括国家标准、行业标准、地方标准、团体标准和企业标准；国家标准分为强制性标准、推荐性标准；强制性标准的全部或者部分条款必须强制执行；国家鼓励采用推荐性标准；对保障人身健康和生命财产安全、国家安全、生态环境安全以及满足经济社会管理基本需要的技术要求，应当制定强制性国家标准。

一、国家标准

国家标准是在全国范围内统一的技术要求。职业安全国家标准主要由国家市场监督管理总局、中国国家标准化管理委员会发布。强制性国家标准的代号为"GB"，推荐性国家标准的代号为"GB/T"。

二、行业标准

行业标准是对没有国家标准而又需要在全国范围内统一制定的标准，是对国家标准的补充。安全生产的标准代号为"AQ"。同时电力、地质矿产、建筑、煤炭、石油、化工、冶金、钢铁等领域的行业标准中也会或多或少地涉及安全生产的内容。

三、地方标准

地方标准是省（自治区、直辖市）根据地方标准化工作的需要制定发布的，仅在本省（自治区、直辖市）行政区范围内有效的标准。地方标准对安全生产管理、条件、对策措施等管理和技术的要求，不得低于国家标准和行业标准。地方标准代号由大写汉语拼音"DB"加上省（自治区、直辖市）行政区划代码的前面两位数字。

《北京市地方标准管理办法》（京质监发〔2018〕87号，北京市质量技术监督局，2018年9月30日）第四条明确规定，地方标准应当制定政府职责范围内的公益类标准，重点制定社会管理和公共服务领域的地方标准；第五条规定，制定地方标准应当有利于科学合理利用资源，推广科学技术成果，提高经济效益、社会效益、生态效益，做到技术上先进、经济上合理，与有关国家标准、行业标准、地方标准相协调。如：北京市地方标准《住宅厨卫排气道系统应用技术标准》的标准号为DB11/T 1979—2022，其中："DB"是指地方标准，"11"是地方标准的北京市行政区划代码，"T"是指推荐性标准，"1979"是专业栏目和标准顺序号，

"2022"是标准发布年份。

四、团体标准

团体标准是由团体按照团体确立的标准制定程序自主制定发布，由社会自愿采用的标准。团体标准一般由具有法人资格，且具备相应专业技术能力、标准化工作能力和组织管理能力的学会、协会、商会、联合会和产业技术联盟等社会团体发布。

团体标准编号依次由团体标准代号、社会团体代号、团体标准顺序号和年代号组成。团体标准编号方法为T/×××××—××××，其中："T"是指团体标准代号，而后的三位数字"×××"是社会团体代号，再后边的三位数字"×××"是团体标准顺序号，最后的四位数字"××××"是标准发布年份。

五、企业标准

企业标准是由企业内部需要协调统一的技术要求、管理要求和工作要求制定的标准。国家鼓励企业制定严于国家标准和行业标准的企业标准。企业标准由企业制定，由企业法定代表人或法定代表人授权的主管领导批准发布。企业标准一般以"Q"作为企业标准的开关。

第八节 安全生产相关国际公约

国际劳工组织（ILO）、世界卫生组织（WHO）、国际海事组织等国际组织制定的劳工公约、安全公约虽不包括在中国法律体系内，但如果经全国人大常委会审议、中国政府批准的国际公约，其各项规定就已通过法定程序纳入了我国相关法律，以便这些公约在我国贯彻实施。截至2021年，我国已经承认和批准了26项国际劳工公约，其中3项已经废止，见表2-4。

表2-4　　　　中国政府已批准的国际劳工公约

公约名称	公约发布时间	公约号	我国批准加入时间
《（农业）结社权公约》	1921年	11	1934-4-27
《（工业）每周休息公约》	1921年	14	1934-5-17
《（海上）未成年人体检公约》	1921年	16	1936-12-2
《（事故赔偿）同等待遇公约》	1925年	19	1934-4-27

续表

公约名称	公约发布时间	公约号	我国批准加入时间
《海员协议条款公约》	1926年	22	1936-12-2
《海员遣返公约》	1926年	23	1936-12-2
《制订最低工资确定办法公约》	1928年	26	1930-5-5
《(船运货物)标明重量公约》	1929年	27	1931-6-24
《(码头工人)事故预防公约》(修订)	1932年	32	1935-11-30
《(妇女)井下作业公约》	1935年	45	1936-12-2
《最后条款修正公约》	1946年	80	1947-8-4
《同酬公约》	1951年	100	1990-11-2
《(就业和职业)歧视公约》	1958年	111	2006-1-12
《就业政策公约》	1964年	122	1997-12-17
《最低就业年龄公约》	1973年	138	1999-4-28
《三方协商促进国际劳工标准实施公约》	1976年	144	1990-11-2
《劳动行政管理条约》	1978年	150	2002-3-7
《职业安全和卫生及工作环境公约》	1981年	155	2007-1-25
《(残疾人)职业康复和就业公约》	1983年	159	1998-2-2
《建筑业安全和卫生公约》	1988年	167	2002-3-7
《工作场所安全使用化学品公约》	1990年	170	1995-1-11
《禁止和立即行动消除最恶劣形式的童工劳动公约》	1999年	182	2002-8-8
《海事劳工公约》	2006年	MLC,2006	2015-11-12

本章小结

本章介绍了法律体系、中国特色社会主义法律体系以及中国特色社会主义法律体系的构成；阐述了安全生产法律体系及其基本框架、特征，以及安全生产法律关系；简要介绍了安全生产的法律、法规、规章、强制性标准、国际公约等基础知识，以及《宪法》《刑法》《劳动法》《劳动合同法》《安全生产法》《矿山安全法》《道路交通安全》《海上交通安全法》《消防法》《特种设备安全法》《突发事件应对法》《工会法》等法律。

复习思考题

1. 简述法律的概念，举例说明目前有哪些涉及安全生产的法律。
2. 什么是法律体系？什么是中国特色社会主义法律体系？
3. 简述中国特色社会主义法律体系的基本构成以及法律部门。
4. 安全生产法律体系的概念和特征是什么？
5. 简述我国安全生产法律体系的基本框架。
6. 什么叫安全生产法律关系？
7. 安全生产标准包括哪几个方面的基本内容？
8. 举例说明重要的安全生产相关行政法规和部门规章。
9. 什么是国际公约？举例说明有哪些与安全生产有关的主要国际公约。
10. 安全生产通用法律法规和标准与安全生产专门法律法规和标准的区别与联系是什么？

第三章 《安全生产法》

本章学习目标

1. 了解《安全生产法》的立法过程、立法目的与指导思想,以及《安全生产法》规定的安全生产监督管理主体的权力与职责、需要获得国家规定资质条件的中介机构的要求。

2. 熟悉《安全生产法》规定的生产经营单位相关人员资格要求,安全生产相关人员的教育培训内容与要求,从业人员的权利与义务,安全生产类协会组织的从业内容,安全生产违法行为行政处罚的决定机关。

3. 掌握生产经营的主要负责人的安全生产职责,安全生产管理机构的设置和职责,从业人员的安全生产基本权利,以及安全生产违法行为的责任主体。

第一节 《安全生产法》的立法过程

《安全生产法》是我国第一部全面规范安全生产的专门法律,是我国安全生产法律体系的主体法,是各类生产经营单位及其从业人员实现安全生产所必须遵循的行为准则,是各级人民政府及其有关部门进行监督管理和行政执法的法律依据,是制裁各种安全生产违法行为的有力武器。《安全生产法》的颁布实施,对全面强化我国安全生产法治建设,激发全社会对公民生命权的珍视和保护,提高全社会的安全生产法律意识,规范生产经营单位的安全生产行为,强化安全生产监督管理,预防和减少生产安全事故,促进经济发展和保持社会稳定具有重大的现实意义和深远的历史影响。

一、颁布出台

安全生产，事关人民群众生命财产安全、国民经济持续快速健康发展和社会稳定大局。《安全生产法》自提出立法建议到出台，走过了 20 多年的历程。《安全生产法》于 2002 年 6 月 29 日第九届全国人民代表大会常务委员会第二十八次会议通过，自 2002 年 11 月 1 日公布施行，是我国安全生产法制进程中新的里程碑，它标志着我国安全生产法制建设进入了一个新阶段。

1. 立法背景

《安全生产法》的制定，是由我国的生产力发展水平和安全生产水平决定的。改革开放以来，在党中央、国务院的领导下，我国的安全生产状况逐步好转。但是，在 20 世纪末 21 世纪初，安全生产形势依然严峻，重特大事故连续发生。为了加强安全生产监督管理，遏制事故，减少人民生命和财产损失，保证社会主义现代化建设的顺利进行，党中央、国务院坚持安全第一的方针，采取了安全生产专项整治特别是加强法制建设等重大举措，为实现安全生产的稳定好转创造了更好的法制环境。《安全生产法》正是在这种条件下制定出台的。

在 20 世纪末 21 世纪初，安全生产的情况如下：

（1）继续坚持"安全第一，预防为主"的方针。我国是人民民主专政的社会主义国家，人民当家作主，人民的利益高于一切。中华人民共和国成立以来，党中央、全国人大和国务院十分重视安全生产工作，提出了"安全第一，预防为主"的安全生产方针，被生产经营单位、企业员工和社会所接受并贯彻落实。

（2）安全生产状况总体好转。这一时期，党中央、国务院把安全生产提到前所未有的高度，相继作出了一系列重大决策。各地区、各部门认真贯彻落实党中央、国务院的重大决策，采取有力措施，治理安全生产上的重大隐患，遏制重特大事故的发生，扭转地区和行业事故多发的局面，促使全国安全生产形势趋于好转。2001 年，全国伤亡事故上升速度减缓，一些重点行业事故大幅度下降。如全国煤矿事故死亡 5 670 人，比上年减少 400 多人。2000 年全国共发生特大事故 134 起、死亡 2 489 人，比 1999 年减少 37 起、少死亡 1 042 人。

（3）安全生产形势仍然严峻。经过安全专项整治，虽然安全生产状况有所好转但很不稳定，重大重特大事故时有发生，安全生产形势依然十分严峻。一方面，伤亡事故和死亡人数居高不下，一些行业呈上升趋势。2001 年，全国发生各类事故 1 000 629 起、死亡 130 491 人，事故起数同比上升 20.5%，死亡人数上升 10.4%。另一方面，一次死亡 30 人以上的特大恶性事故仍时有发生。1999 年全国共发生15起,其中煤矿8起、道路交通4起、水上交通1起、非煤矿山1起、非矿山企业1起。重特大事故连续发生,人员伤亡惨重,经济损失巨大。

2. 立法过程

(1) 法律草案的提出。《安全生产法》从提出立法建议到出台,走过了20多年的漫长历程。早在1981年,原国家劳动总局就提出制定《劳动保护法》。此后,原劳动部又将法名改为《职业安全卫生法》,继续组织起草工作。1998年,原劳动部负责的安全生产综合管理职能划归国家经贸委。国家经贸委经过调研论证,将法名改为《职业安全法》,并于1999年将该法草案正式报国务院审议。2001年初,国务院决定设立国家安全生产监督管理局(简称国家安全监管局),负责全国安全生产的综合监督管理。国家安全生产监督管理局组建后,把尽快制定《安全生产法》作为重点工作。根据国务院立法工作计划的要求,国家安全监管局成立了起草领导小组和起草工作小组,集中力量组织起草《安全生产法》,做了大量艰苦细致的调研、论证、起草和修改工作。

(2) 法律草案的审议。2001年11月21日,国务院第四十八次常务会议审议通过了《安全生产法(草案)》,国务院总理签署议案,将草案提请全国人大常委会审议。2001年12月24日至29日,第九届全国人大常委会第二十五次会议对《安全生产法(草案)》进行了初审。2002年4月24日至28日和6月24日至29日,第九届全国人大常委会第二十七次、第二十八次会议对《安全生产法(草案)》先后进行了第二次审议和第三次审议。

(3)《安全生产法》公布。根据全国人大常委会和全国人大财经委员会的审议意见,以及各地、各有关部门及专家的意见,全国人大法律委员会和全国人大常委会法制工作委员会对《安全生产法(草案)》的若干重大问题进行了反复研究论证和认真修改。在2002年6月29日举行的第九届全国人大常委会第二十八次会议的全体会议上,出席会议的121位常委会组成人员,以118票赞成、1票弃权、2票反对的表决结果,通过了《安全生产法》,当天国家主席签发第八十八号主席令予以公布,于2002年11月1日起施行。

二、《安全生产法》的修正

1. 第一次修正

2009年8月27日,第十一届全国人大常委会第十次会议审议通过《关于修改部分法律的决定》,进行了《安全生产法》第一次修正,于2009年8月27日实施。此次修正,修改的内容很少。

2. 第二次修正

（1）修改背景。2002年制定的《安全生产法》施行十余年来，对预防和减少生产安全事故，保障人民群众生命财产安全发挥了重要作用。但是，由于我国正处于工业化快速发展进程中，安全生产基础仍然比较薄弱，安全生产责任不落实、安全防范和监督管理不到位、违法生产经营建设行为屡禁不止等问题仍较为突出，生产安全事故易发多发。社会各界强烈要求加强安全生产工作，加大对违法非法行为的处罚力度，认真吸取教训，筑牢科学管理的安全防线；坚持以人为本、安全发展理念，创新安全管理模式，落实企业主体责任，提升监管执法和应急处置能力；坚持预防为主、标本兼治，健全各项制度。

从经济条件、社会环境、法治环境、发展理念和做好安全生产工作的现实要求等方面，都需要对《安全生产法》进行修改。

（2）修改过程。2011年12月，国家安监总局向国务院报送了《安全生产法修正案（送审稿）》。国务院法制办多次征求国务院有关部门、部分地方人民政府、各类企业、有关行业协会、研究机构和专家的意见，进行实地调研，通过互联网向社会公开征求意见，会同国家安监总局等部门对送审稿反复研究、修改，对有关问题多次协调，形成了《安全生产法修正案（草案）》。

2014年1月15日，《安全生产法修正案（草案）》在国务院第36次常务会议讨论通过。2014年8月31日，第十二届全国人大常委会第十次会议审议通过《关于修改〈安全生产法〉的决定》，进行了第二次修正，于2014年12月1日施行。此次修正，修改内容较多。

3. 第三次修正

（1）修正背景。党的十八大以来，党中央要求统筹发展和安全，以新安全格局保障新发展格局，坚持人民至上、生命至上，树牢安全发展理念，严格落实安全生产责任制，完善安全监管体制，强化风险防控，从根本上消除事故隐患，切实维护好人民群众生命财产安全。安全生产领域出现了很多行之有效的做法、机制和制度。特别是随着我国进入新发展阶段，人民群众对美好生活向往的强烈需求，新发展理念、新发展格局对安全生产工作提出了更高的要求，安全生产工作出现新特点、新规律，主要表现在以下三个方面：

第一，由于我国仍处在工业化、城镇化持续推进过程中，各类事故隐患和安全风险交织叠加，生产安全事故易发多发，实际工作中还面临着生产经营单位主体责任落实不力、政府监管体制机制不完善、安全生产工作基础薄弱等问题。此外，在新的形势下，出现了平台经济等新兴行业、领域的生产经营方式，需要对这类生产经营单位的主体责任进行明确和规范。

第二，2016年12月中共中央、国务院印发《关于推进安全生产领域改革发展的意见》，规定了新的安全生产工作的指导思想、基本原则、制度措施、安全风险评估与论证机制，提出安全生产责任保险制度。2017年11月党的十九大明确，树立安全发展理念，弘扬生命至上、安全第一的思想，健全公共安全体系，完善安全生产责任制，坚决遏制重特大安全事故，提升防灾减灾救灾能力。这些都需要写入《安全生产法》。

第三，2018年，我国进行了机构改革，原国家安监总局的职责划入挂牌成立的应急管理部，有关具有安全生产监督管理职责的部门及其职责有了变化，需要依法固化。

（2）修正过程。国家安监总局于2017年5月起草了《安全生产法（送审稿）》初稿，经国务院法制办同意，按照立法程序征求国务院有关部门、部分中央企业和地方安全监管监察部门的意见，并通过官网向社会公开征求意见。在此基础上，形成了《安全生产法修正案（修正草案）》初稿。

2020年11月25日，国务院第一百一十五次常务会议审议通过《安全生产法（修正草案）》。2021年1月20日至24日，第十三届全国人大常委会第二十五次会议对《安全生产法》进行了第一次审议。同年6月6日至10日，第十三届全国人大常委会第二十九次会议对《安全生产法》进行了第二次审议，10日进行了表决，以160票赞成、4票弃权通过了关于修改《安全生产法》的决定。6月10日，国家主席签署第八十八号主席令予以公布，自2021年9月1日起施行。

第二节 《安全生产法》的立法目的与指导思想

一、《安全生产法》的立法目的

立法目的是制定一部法律的宗旨和需要实现的目标。《安全生产法》作为我国安全生产领域的基本法、综合性法律，其立法目的主要体现在加强安全生产工作、防止和减少生产安全事故、保障人民群众生命和财产安全、促进经济社会持续发展等方面。

1. 加强安全生产工作

安全生产就是为了避免和减少在生产经营活动中发生造成人员伤害和财产损失的事故，为有效消除或控制危险和有害因素而采取一系列措施，使生产经营过程在符合规定的条件下进行，保证从业人员的人身安全与健康、设备和设施免受损坏、环境免遭破坏，保证生产经营活动得以顺利进行。

但是，生产经营单位为了追求利益最大化，在生产经营活动中往往为了营利的，片面追求经济利益，忽视从业人员和公众的生命安全和身体健康，从而引发安全生产事故，造成人员伤害和财产损害。

因此，为了加强安全生产工作，需要适时修订《安全生产法》，通过依法强制生产经营单位落实安全生产主体责任，强制政府及其部门落实安全生产监督管理责任，促使社会各方面负起监督责任，从而维护社会公共安全利益，保障人民群众的生命财产安全和身体健康，保护社会公共财产和各类组织财产的安全，确保全国和生产经营单位的生产经营活动持续安全健康发展。

2. 防止和减少生产安全事故

生产经营单位在生产经营活动（包括与生产经营有关的活动）中突然发生事故，难免造成人员伤亡、设备设施损坏或者其他损失，造成生产经营活动暂时中止或永远终止。

在生产经营活动中，从业人员处于室内、室外、井下、高空、高温等不同的环境和场所，使用不同的机器设备和工具，进行采掘、砌筑、切屑、冲压、浇铸、焊接、切割、装配、爆破、驾驶吊装等不同的作业活动。许多作业活动都存在某些可能会对人身和财产安全造成损害的危险因素。如果在生产经营活动中对各种潜在的危险因素缺乏认识，或者没有采取有效的预防、控制措施，这种潜在的危险就会造成诸如触电、淹溺、灼烫、火灾、坠落坍塌、冒顶片帮、透水、爆炸、中毒、窒息等事故。

因此，预防和减少事故发生，成为生产经营活动中最重要的主题。虽然有些事故还难以做到完全避免，但是，通过加大投入，依法加强安全生产管理和监督管理，可以最大限度地减少生产安全事故的发生和降低损失。

《安全生产法》坚持预防和减少事故发生的立法目的，就是从法律制度上规范生产经营单位的安全生产行为、保障安全生产措施，以国家强制力防止和减少事故。

3. 保障人民群众生命和财产安全

安全生产是关系人民群众生命财产安全的大事。这就要求生产经营单位始终把安全生产放在重中之重的位置，始终把保障人民群众生命财产安全放在首位，进一步牢固树立人民至上生命至上的理念，严格落实全员安全生产责任制，绝不能以牺牲人的生命为发展的代价。通过立法，强化生产经营单位的主体责任，重视安全生产,防止和减少生产安全事故,最根本的目的还是保障人民群众的生命和财产安全,维护社会稳定,保证社会主义现代化建设的顺利进行。

4. 促进经济社会持续健康发展

安全是发展的前提,发展是安全的保障。加强安全生产工作,是为了统筹生产与安全,是为了促进生产,从而促进经济社会持续健康发展。

搞好安全工作,改善劳动条件,可以调动职工的生产积极性;减少职工伤亡,可以减少劳动力的损失;减少财产损失,可以增加企业效益,无疑会促进生产的发展;生产必须安全,是因为安全是生产的前提条件,没有安全就无法生产。安全生产与经济社会发展应当同步,要促进经济的健康发展,只有加强基础建设,加强责任落实,加强依法监管,全面推进安全生产各项工作,持续降低事故,有效防范和遏制重特大事故,促进安全生产状况持续稳定好转,才能保障经济社会全面协调、可持续健康发展,这是安全生产法的重要立法目的之一。

二、指导思想

1. 安全生产工作坚持中国共产党的领导

《安全生产法》第三条明确"安全生产工作坚持中国共产党的领导"。中国特色社会主义最本质的特征是中国共产党领导,中国特色社会主义制度的最大优势是中国共产党领导。安全生产事关人民群众生命和财产安全,必须发挥我国的制度优势,坚持党对安全生产工作的全面领导。

(1)《宪法》总纲规定"中国共产党领导是中国特色社会主义最本质的特征"。将安全生产工作坚持中国共产党的领导写入《安全生产法》是落实《宪法》的规定。

(2)当前,我国工业化、城镇化持续推进,生产经营规模不断扩大,传统和新型生产经营方式并存,各类事故隐患和安全风险交织叠加,生产安全事故易发多发的特点仍然比较明显。针对这些新情况和新问题,必须坚持党中央统揽全局、协调各方,持续推动安全生产领域改革发展取得新进展。

(3)从实践看,坚持党的领导,是我国安全生产形势持续向好的决定性因素。将安全生产工作坚持中国共产党的领导写入《安全生产法》,有利于统筹推进安全生产系统治理,有利于全面提升我国安全生产整体水平。

2. 安全生产工作的基本理念

我国经济社会发展进入新时代,安全生产工作的理念不断发展、丰富和完善。党的十九届五中全会提出,坚持人民至上、生命至上,把保护人民生命安全摆在首位，全面提高公共安全保障能力。修改安全生产法，是贯彻落实党中央要求，结合近年来安全生产理念的发展，对有关规定作了进一步完善。

（1）将"安全生产工作应当以人为本，坚持人民至上、生命至上，把保护人民生命安全摆在首位"写入《安全生产法》。以人为本就是以人的生命安全和身体健康为本。生产经营单位在生产经营活动中，要做到以人为本，就要以尊重职工、爱护职工、维护职工的人身安全为出发点，以消灭生产经营活动中的潜在隐患为主要目的，不断改善劳动环境和工作条件，真正做到工作为了人、工作依靠人，绝不能以牺牲人的生命作为代价发展经济。当人的生命安全和身体健康与生产经营单位经济效益、财产保护面临冲突时，首先应当考虑人的生命健康，而不是考虑经济效益和财产利益。

（2）将"树牢安全发展理念"写入《安全生产法》。发展是安全的基础和保障，安全是发展的前提和条件。血的教训表明，诸多事故都是"重发展轻安全、重效益轻安全"种下的苦果。发展理念上的失向、失序、失衡，往往是最大的风险隐患。

2020年4月，习近平总书记就安全生产工作作出重要指示时强调，各级党委和政府务必把安全生产摆到重要位置，树牢安全发展理念，绝不能只重发展不顾安全。安全发展理念要求在安全生产工作中坚持统筹兼顾，协调发展，正确处理安全生产与经济社会发展、安全生产与速度质量效益的关系，坚持把安全生产放在重要位置，促进区域、行业领域的科学、安全、可持续发展，绝不能以牺牲人的生命健康换取一时的发展。要自觉坚持安全发展，使经济社会发展切实建立在安全保障能力不断增强、劳动者生命安全和身体健康得到切实保障的基础上，确保人民群众平安幸福地享有经济发展和社会进步的成果。

第三节　监督管理主体的权力与职责

一、政府对安全生产的监督检查

《安全生产法》第三条规定，安全生产工作实行管行业必须管安全、管业务必须管安全、管生产经营必须管安全，强化和落实生产经营单位主体责任与政府监管责任，建立生产经营单位负责、职工参与、政府监管、行业自律、社会监督的机制。第六十二条规定，县级以上地方各级人民政府应当根据本行政区域内的安全生产状况，组织有关部门按照职责分工，对本行政区域内容易发生重大生产安全事故的生产经营单位进行严格检查。

为了切实加强安全生产监督检查,保障安全生产,应当赋予县级以上地方各级人民政府在安全生产监督检查中相应的责任。因此,县级以上地方各级人民政府在安全生产监督管理中的一个重要职责就是根据本行政区域内的安全生产状况,组织有关部门对容易发生重大生产安全事故的生产经营单位进行监督检查,及时处理发现的事故隐患。

二、负有安全生产监督管理职责的部门对安全生产的监督管理

负有安全生产监督管理职责的部门,包括应急管理部门和交通运输、住房和城乡建设、水利、民航等其他有关部门,具体承担对安全生产监督管理的职责。为了充分发挥负有安全生产监督管理职责的部门的作用,保证负有安全生产监督管理职责的部门严格、规范地依法履行监督管理职责,《安全生产法》从多个方面对负有安全生产监督管理职责的部门的监督管理工作作出规定。

1. 对安全生产事项实施准入许可

《安全生产法》第六十三条规定,负有安全生产监督管理职责的部门依照有关法律、法规的规定,对涉及安全生产的事项需要审查批准(包括批准、核准、许可、注册、认证、颁发证照等,下同)或者验收的,必须严格依照有关法律、法规和国家标准或者行业标准规定的安全生产条件和程序进行审查;不符合有关法律、法规和国家标准或者行业标准规定的安全生产条件的,不得批准或者验收通过。对未依法取得批准或者验收合格的单位擅自从事有关活动的,负责行政审批的部门发现或者接到举报后应当立即予以取缔,并依法予以处理。对已经依法取得批准的单位,负责行政审批的部门发现其不再具备安全生产条件的,应当撤销原批准。这是对负有安全生产监督管理职责的部门应当严格依法审批涉及安全生产的事项并及时进行监督检查的原则性规定。

负有安全生产监督管理职责的部门依照《安全生产法》和其他有关法律、法规的规定,负责对生产经营单位涉及安全生产的事项进行审查批准和验收以及进行监督检查,对生产经营单位涉及安全生产的事项严格进行审查并及时进行监督检查,从而保障生产经营单位具备相应的安全生产条件,从根本上防止生产安全事故,具有至关重要的作用。

2. 对作业现场进行监督检查

《安全生产法》第六十五条规定,应急管理部门和其他负有安全生产监督管理职责的部门依法开展安全生产行政执法工作,对生产经营单位执行有关安全生产的

法律、法规和国家标准或者行业标准的情况进行监督检查，行使以下职权：

（1）进入生产经营单位进行检查，调阅有关资料，向有关单位和人员了解情况。

（2）对检查中发现的安全生产违法行为，当场予以纠正或者要求限期改正；对依法应当给予行政处罚的行为，依照本法和其他有关法律、行政法规的规定作出行政处罚决定。

（3）对检查中发现的事故隐患，应当责令立即排除；重大事故隐患排除前或者排除过程中无法保证安全的，应当责令从危险区域内撤出作业人员，责令暂时停产停业或者停止使用相关设施、设备；重大事故隐患排除后，经审查同意，方可恢复生产经营和使用。

（4）对有根据认为不符合保障安全生产的国家标准或者行业标准的设施、设备、器材以及违法生产、储存、使用、经营、运输的危险物品予以查封或者扣押，对违法生产、储存、使用、经营危险物品的作业场所予以查封，并依法作出处理决定。监督检查不得影响被检查单位的正常生产经营活动。

3. 对生产经营单位实施分级分类监管

生产经营单位所处的行业、领域各不相同，安全风险情况千差万别，为了保证监督检查的针对性和有效性，《安全生产法》第六十二条规定，应急管理部门应当按照分类分级监督管理的要求，制订安全生产年度监督检查计划，并按照年度监督检查计划进行监督检查，发现事故隐患，应当及时处理。

（1）对生产经营单位进行分类分级监管。对生产经营单位实施分类分级监管，就是按照生产经营单位所处行业、领域和安全风险的等级大小实施分类分级监管，对高危行业生产经营单位实施重点监管，按照安全风险等级进行分级监管。所谓分类，是指根据生产经营单位的危险性质的不同，划分不同的行业或者领域类别。可根据《国民经济行业分类与代码》（GB/T 4754—2017）或者按照《生产安全事故统计调查制度》进行分类。所谓分级，是指根据生产经营单位存在的可能发生安全事故的风险程度，对其进行等级评估，确定事故风险等级。

（2）制订安全生产监督检查计划并按照计划实施监督检查。负有安全生产监督管理职责的部门要制订安全生产年度监督检查计划，并按照年度监督检查计划进行监督检查，发现事故隐患，应当及时处理。在编制年度监督检查计划时，首先明确层级职责，其次科学确定重点检查企业，最后聚焦执法检查重点事项。要深入贯彻落实习近平总书记指出的"着力抓重点、抓关键、抓薄弱环节"重要指示精神，瞄准重大事故隐患去检查，致力于发现问题、研究问题、解决问题。

4. 规范监督检查的行为

为了保证负有安全生产监督管理职责的部门依法履行职责,《安全生产法》从多个方面进行了规范。

(1) 生产经营单位对安全生产监督检查人员履行职责应当予以配合。《安全生产法》第六十六条规定,生产经营单位对负有安全生产监督管理职责的部门的监督检查人员(以下统称安全生产监督检查人员)依法履行监督检查职责,应当予以配合,不得拒绝、阻挠。这是对生产经营单位应当配合安全生产监督检查人员依法履行监督检查职责的规定。

(2) 安全生产监督检查人员应当忠于职守、坚持原则、秉公执法。《安全生产法》第六十七条规定,安全生产监督检查人员应当忠于职守,坚持原则,秉公执法。这是对安全生产监督检查人员应当具备的道德素质和执行监督检查任务时应当履行的义务的规定。

(3) 安全生产监督检查人员监督检查时应当出示有效证件、保守技术秘密和业务秘密。《安全生产法》第六十六条规定,安全生产监督检查人员执行监督检查任务,应当出示有效行政执法证件,并保守生产经营单位的有关技术秘密和业务秘密。这是安全生产监督检查人员执行监督检查任务时必须遵守的规范。

(4) 安全生产监督检查人员监督检查时应当作出记录并签字。《安全生产法》第六十八条规定,安全生产监督检查人员应当将检查的时间、地点、内容、发现的问题及其处理情况,作出书面记录,并由检查人员和被检查单位的负责人签字;被检查单位的负责人拒绝签字的,检查人员应当将情况记录在案,并向负有安全生产监督管理职责的部门报告。这是对检查情况的书面记录和签字的要求。

5. 政府部门的监督检查应当互相配合

《安全生产法》第六十九条规定,负有安全生产监督管理职责的部门在监督检查中,应当互相配合,实行联合检查;确需分别进行检查的,应当互通情况,发现存在的安全问题应当由其他有关部门进行处理的,应当及时移送其他有关部门并形成记录备查,接受移送的部门应当及时进行处理。

(1) 监督检查应当互相配合、实行联合检查。根据我国现行有关法律法规的规定,交通运输、住建、公安、水利、民航等多个部门负有安全生产监督管理的职责;同时,我国的安全生产监督管理体制是综合监管与专项监管相结合,这就要求各部门在各司其职、各负其责的基础上,树立整体观、全局观,积极、主动地在检查的时间、地点、内容等方面进行必要的统一和协调,为实行联合检查创造必要的条件,做到协调配合,齐抓共管。

（2）监督检查应当互通情况。按照"三管三必须"的要求，负有安全生产监督管理职责的各部门应对本部门管理的行业领域的安全生产情况进行监督检查。同时，由于新时代生产要素的高度融合和密切相关，很多情况下生产经营活动难以完全归属一个部门。因此，各部门的安全生产监督检查应该信息共享。

6. 对存在重大事故隐患拒不执行处罚决定的生产经营单位实施行政强制执行

《安全生产法》第七十条规定，负有安全生产监督管理职责的部门依法对存在重大事故隐患的生产经营单位作出停产停业、停止施工、停止使用相关设施或者设备的决定，生产经营单位应当依法执行，及时消除事故隐患。生产经营单位拒不执行，有发生生产安全事故的现实危险的，在保证安全的前提下，经本部门主要负责人批准，负有安全生产监督管理职责的部门可以采取通知有关单位停止供电、停止供应民用爆炸物品等措施，强制生产经营单位履行决定。通知应当采用书面形式，有关单位应当予以配合。负有安全生产监督管理职责的部门依照前款规定采取停止供电措施，除有危及生产安全的紧急情形外，应当提前二十四小时通知生产经营单位。生产经营单位依法履行行政决定、采取相应措施消除事故隐患的，负有安全生产监督管理职责的部门应当及时解除前款规定的措施。

《安全生产法》作出上述规定的目的，就是为了避免生产经营单位拒不执行重大事故隐患的处罚而导致事故的发生。

第四节　生产经营单位的职责与义务

一、主要负责人的安全生产职责

生产经营单位的主要负责人是保障本单位安全生产的关键人员，是安全生产第一责任人，对本单位的安全生产全面负责。

1. 全面负责的职责

《安全生产法》第五条规定，生产经营单位的主要负责人是本单位安全生产第一责任者，对本单位的安全生产工作全面负责。

2. 组织事故抢救的职责

《安全生产法》第五十条规定，生产经营单位发生生产安全事故时，单位的主要负责人应当立即组织抢救，并不得在事故调查处理期间擅离职守。具体来说，发生事故时生产经营单位主要负责人要做到两点：一是立即组织抢救，尽量减少人员伤亡和财产损失，防止事故扩大；二是必须坚守岗位，积极配合事故调查，不得在事故调查处理期间擅离职守。

3. 具体履行七项职责

《安全生产法》第二十一条详细规定生产经营单位主要负责人具体履行以下七项职责：

（1）建立健全并落实本单位全员安全生产责任制，加强安全生产标准化建设。只有建立健全并实施全员安全生产责任制，明确安全责任，分工负责，才能形成比较完整有效的安全管理体系，激发职工的安全责任感，严格执行安全生产法律、法规和标准，防患于未然，防止和减少事故，为安全生产创造良好的安全环境。安全生产标准化是搞好安全生产工作的基础，涉及人、财、物等多个因素，只有落实到主要负责人身上，才能有效推进和加强安全生产标准化建设。

（2）组织制定并实施本单位安全生产规章制度和操作规程。党和国家关于安全生产的方针、政策、法律、法规及政府部门有关安全生产的规定，只有通过各项安全生产规章制度才能真正落到实处，落实到基层，落实到每个职工身上。操作规程是生产经营单位针对某一具体工艺、工种、岗位所制定的具体规章制度，形式种类很多。制定并实施安全生产规章制度和操作规程是保障生产经营单位安全生产的重要措施，主要负责人必须抓好这项工作。

（3）组织制订并实施本单位安全生产教育和培训计划。从业人员的安全素质如何，直接关系到生产经营单位的安全生产。加强从业人员的安全生产教育和培训、提高从业人员的安全素质至关重要。作为生产经营单位主要负责人要组织制订安全生产教育和培训计划，并切实保证计划的有效实施。

（4）保证本单位安全生产投入的有效实施。安全生产投入是保障生产经营单位安全生产的重要基础。生产经营单位的主要负责人应保证安全生产工作所必要的投入，保证投入切实用到实处，保证安全投入收到实际效果。

（5）组织建立并落实安全风险分级管控和隐患排查治理双重预防工作机制，督促、检查本单位的安全生产工作，及时消除生产安全事故隐患。建立并落实安全风险分级管控和隐患排查治理双重预防工作机制，是保障生产经营单位安全生产的重要措施。生产经营单位的主要负责人要组织建立并落实安全风险分级管控和隐患排查治理双重预防工作机制，及时消除事故隐患。

（6）组织制定并实施本单位的生产安全事故应急救援预案。作为生产经营单位的主要负责人，要根据本单位安全生产状况，组织有关部门和人员认真评估本单位可能出现的生产安全事故，制定出符合实际、操作性强的生产安全事故应急救援预案。事故应急救援预案要定期进行演练，根据情况组织修订，保证预案的针对性和可操作性。一旦事故发生，要按照事故应急救援预案中确定的救援方案立即开展各项工作。

（7）及时、如实报告生产安全事故。生产经营单位发生事故，现场人员应当立即报告生产经营单位有关负责人，有关负责人应当立即向生产经营单位主要负责人报告。主要负责人接到事故报告后，应当迅速采取有效措施，组织抢救，防止事故扩大，减少人员伤亡和财产损失，同时按照国家有关法律法规的规定及时、如实地报告有关人民政府及其安全生产监督管理部门和有关部门。不得隐瞒不报、谎报或者拖延不报，不得故意破坏事故现场、毁灭有关证据；出现上述情况，构成犯罪的，将追究刑事责任。

二、安全生产管理机构的设置和职责

安全生产管理机构是生产经营单位专门负责安全生产监督管理的内设机构，其工作人员是专职安全生产管理人员。《安全生产法》对安全生产管理机构的设置及职责提出了明确的要求。

1. 安全生产管理机构的设置

按照统筹发展和安全的要求，对于生产经营单位规模较小或者安全风险较低生产经营单位，可以不设立专门的安全生产管理机构，由专职或者兼职安全生产管理人员负责安全生产工作。

《安全生产法》第二十四条规定，矿山、金属冶炼、建筑施工、运输单位和危险物品的生产、经营、储存、装卸单位，应当设置安全生产管理机构或者配备专职安全生产管理人员。前款规定以外的其他生产经营单位，从业人员超过一百人的，应当设置安全生产管理机构或者配备专职安全生产管理人员；从业人员在一百人以下的，应当配备专职或者兼职的安全生产管理人员。

2. 安全生产管理机构以及安全生产管理人员的职责

为了发挥安全生产管理机构以及安全生产管理人员的作用，保证其依法履行职责，《安全生产法》第二十五条明确了安全生产管理机构以及安全生产管理人员的七项职责。

（1）组织或者参与拟订本单位安全生产规章制度、操作规程和生产安全事故应急救援预案。安全生产管理机构是本单位具体负责安全生产管理事务的部门，是贯彻落实有关安全生产方针、政策、法律、法规、标准以及规章制度等事项的具体执行者，对本单位的安全生产状况最了解、最熟悉。因此，安全生产管理机构有职责和义务，按照主要负责人的安排，负责组织或者参与拟订本单位安全生产规章制度和操作规程、生产安全事故应急救援预案。

(2) 组织或者参与本单位安全生产教育和培训,如实记录安全生产教育和培训情况。通过安全生产教育和培训使从业人员贯彻落实安全生产法律、法规、标准、规章制度和操作规程,提高安全素质和操作技能,有效防控生产安全事故。安全生产管理机构应按照主要负责人的安排,负责组织拟订本单位的安全生产教育和培训计划,与本单位培训部门组织开展本单位的安全生产教育和培训工作。同时,应当如实记录本单位安全生产教育和培训情况,及时掌握安全生产教育和培训的实效等情况。

(3) 组织开展危险源辨识和评估,督促落实本单位重大危险源的安全管理措施。开展危险源辨识和评估是从源头防范化解安全生产风险、搞好安全生产工作的重要措施。生产经营单位安全生产管理机构以及安全生产管理人员应当根据本单位的安全生产状况,制定危险源辨识和评估方案,组织有关业务部门开展危险源辨识和评估,根据评估结果,对危险源实行分级管控。对重大危险源应当登记建档,采取有效的防护措施,定期进行检查、检测、评估。

(4) 组织或者参与本单位应急救援演练。开展应急救援演练是提高应急能力、检验生产安全事故应急预案有效性的重要途径。安全生产管理机构应当根据本单位的情况,组织本单位的应急救援演练,制定应急演练方案,精心组织实施,确保应急救援演练取得效果。

(5) 检查本单位的安全生产状况,及时排查生产安全事故隐患,提出改进安全生产管理的建议。安全生产管理机构以及安全生产管理人员应当根据本单位生产经营特点、风险分布、危害因素的种类和危害程度等情况,制订本单位安全生产工作计划,明确检查对象、任务和频次,检查本单位的安全生产情况,巡查、检查作业场所、设备、设施的事故隐患。在巡查、排查过程中,发现在安全生产管理、技术、装备、人员等方面存在问题,应急及时提出改进的建议。

(6) 制止和纠正违章指挥、强令冒险作业、违反操作规程的行为。从多年来发生的生产安全事故来看,造成事故发生的主要原因之一是人的不安全行为,尤其是违章指挥、强令从业人员冒险作业、违反操作规程的行为。安全生产管理机构以及安全生产管理人员必须负起责任,敢于制止和纠正任何人(包括分管负责人、主要负责人)的违章指挥、强令冒险作业、违反操作规程的行为。

(7) 督促落实本单位安全生产整改措施。按照"管生产经营必须管安全"的原则,落实安全生产整改措施应当由相关业务部门负责。安全生产管理机构以及安全生产管理人员应当督促有关业务部门认真落实安全生产整改措施,对不按照规定落实安全生产整改措施的,应当及时向本单位主要负责人报告。

3. 生产经营单位可以设置专职安全生产分管负责人

为了强化生产经营单位专职安全生产管理人员的地位和权力,《安全生产法》第二十五条规定,生产经营单位可以设置专职安全生产分管负责人,协助本单位主要负责人履行安全生产管理职责。

实践中,矿山、危险化学品生产等高危生产经营单位,由于其安全风险大,尽管主要负责人负责本单位的全面安全生产工作,但更多的精力是抓本单位的生产经营活动,而分管安全生产的副职因分管范围大也往往力不从心。为此,部分高危生产经营单位尝试设专职安全总监,协助主要负责人主抓安全生产工作。同时,安全总监享受分管副职待遇,取得了很好效果。对此,《安全生产法》作出了授权规定。

三、生产经营单位相关人员资格要求

1. 主要负责人和安全生产管理人员的能力资格

生产经营单位主要负责人和安全生产管理人员的履职能力和知识水平是保障本单位安全生产的关键。《安全生产法》第二十七条从两个方面对此作出了规定:

(1)对于一般生产经营单位,其主要负责人和安全生产管理人员必须具备与本单位所从事的生产经营活动相应的安全生产知识和管理能力。

(2)危险物品的生产、经营、储存、装卸单位以及矿山、金属冶炼、建筑施工运输单位的主要负责人和安全生产管理人员,应当由主管的负有安全生产监督管理职责的部门对其安全生产知识和管理能力考核合格。

2. 注册安全工程师的配备

为了充分发挥注册安全工程师在安全生产工作中的作用,《安全生产法》第二十七条规定,危险物品的生产、储存、装卸单位以及矿山、金属冶炼单位应当有注册安全工程师从事安全生产管理工作。鼓励其他生产经营单位聘用注册安全工程师从事安全生产管理工作。

3. 特种作业人员的资格许可

国家对特种作业人员实行严格的许可准入制度。《安全生产法》第三十条规定,生产经营单位的特种作业人员必须按照国家有关规定经专门的安全作业培训,取得相应资格,方可上岗作业。这里讲的专门培训,是指由有关主管部门组织的专门针对特种作业人员的培训,不论在内容上还是在时间上,都不同于普通从业人员的安全培训,具有较强的针对性,以保证特种作业人员达到规定的要求。特种作业

人员的考核由有关主管部门负责组织，对考核合格的，颁发相应的资格证书。未经专门安全培训并取得资格证书就上岗作业的，将依法给予行政处罚。

四、相关人员的教育培训

1. 从业人员的安全生产教育和培训

从业人员的安全素质和技能如何，直接关系到生产经营单位的安全生产水平状况，而教育培训是提高其安全素质和技能最有效手段。因此，为了提高从业人员安全素质，《安全生产法》第二十八条规定，生产经营单位应当对从业人员进行安全生产教育和培训，保证从业人员具备必要的安全生产知识，熟悉有关的安全生产规章制度和安全操作规程，掌握本岗位的安全操作技能，了解事故应急处理措施，知悉自身在安全生产方面的权利和义务。未经安全生产教育和培训合格的从业人员，不得上岗作业。生产经营单位应当建立安全生产教育和培训档案，如实记录安全生产教育和培训的时间、内容、参加人员以及考核结果等情况。

2. 采用新工艺、新技术、新材料和使用新设备的安全教育和培训

生产经营单位对采用的新工艺、新技术、新材料或者使用新设备，必须了解、掌握其安全技术特性，对该工艺、技术的原理、操作规程有清楚的把握，了解该材料、设备的构成、性质。对从业人员来说，新工艺、新技术、新材料和新设备是新的、陌生的，如果仍按照老知识、老方法去操作就会出问题，就可能引发生产安全事故。为此，《安全生产法》第二十九条明确规定、生产经营单位采用新工艺、新技术、新材料或者使用新设备，必须了解、掌握其安全技术特性，采取有效的安全防护措施，并对从业人员进行专门的安全生产教育和培训。

此外，根据《安全生产法》第二十八条的规定，生产经营单位建立的安全生产教育和培训档案应当包括采用新工艺、新技术、新材料或者使用新设备的人员进行专门培训的时间、内容以及考核结果等情况。

3. 实习学生的安全生产教育和培训

学生参加实习，既是理论与实践相结合的途径，也是提高学生实际操作能力的有效方法，更是学生今后走向社会、适应社会的重要之路。但是，长久以来没有相应的学生在实习阶段的安全教育，特别是实习场所的安全防护的规定。为此，《安全生产法》第二十八条规定、生产经营单位接收中等职业学校、高等学校学生实习的，应当对实习学生进行相应的安全生产教育和培训，提供必要的劳动防护用品。学校应当协助生产经营单位对实习学生进行安全生产教育和培训。

4. 被派遣劳动者的安全生产教育和培训

根据《劳动合同法》的规定，被派遣劳动者不是生产经营单位的从业人员，但其又被生产经营单位所使用。被派遣劳动者的安全素质和技能直接影响生产经营单位的安全生产工作。为此，《安全生产法》第二十八条规定，生产经营单位使用被派遣劳动者的，应当将被派遣劳动者纳入本单位从业人员统一管理，对被派遣劳动者进行岗位安全操作规程和安全操作技能的教育和培训。劳务派遣单位应当对被派遣劳动者进行必要的安全生产教育和培训。

第五节　从业人员的权利与义务

一、从业人员的安全生产基本权利

《安全生产法》第六条规定，生产经营单位的从业人员有依法获得安全生产保障的权利，并应当依法履行安全生产方面的义务。各类生产经营单位的所有制性质、规模、所属行业或领域、作业条件和管理方式多种多样。由于不可能穷尽从业人员所有的安全生产权利作出规定，所以《安全生产法》主要规定了各类从业人员享有的有关安全生产和人身安全的最重要、最基本的权利。

1. 获得安全保障、工伤保险和民事赔偿的权利

（1）获得安全保障的权利。《安全生产法》第五十二条规定，生产经营单位与从业人员订立的劳动合同，应当载明有关保障从业人员劳动安全、防止职业危害的事项，以及依法为从业人员办理工伤保险的事项。生产经营单位不得以任何形式与从业人员订立协议，免除或者减轻其对从业人员因生产安全事故伤亡依法应承担的责任。

（2）获得工伤保险和民事赔偿的权利。工伤保险是社会保险的组成部分。《安全生产法》第五十一条规定，生产经营单位必须依法参加工伤保险，为从业人员缴纳保险费。工伤保险制度既有利于分散生产经营单位的生产经营风险，又可以为从业人员提供一定的保障。从业人员因生产安全事故受到伤害的，如果经过工伤认定构成工伤，可以依法享有相应的工伤保险待遇。

为了确保从业人员在因生产安全事故受到伤害的情况下可以获得充分的救济，《安全生产法》第五十六条规定，因生产安全事故受到损害的从业人员，除依法享有工伤保险外，依照有关民事法律尚有获得民事赔偿的权利的，有权提出赔偿要求。

2. 知晓危险因素、防范措施和应急措施的权利

生产经营单位，特别是从事矿山开采、建筑施工、危险物品的生产储存等高危生产经营单位往往存在较高的风险，存在危险性大的作业场所，从业人员受到人身伤亡的可能大。因此，《安全生产法》作出了相应的规定：

（1）第四十一条规定，生产经营单位应当建立健全并落实生产安全事故隐患排查治理制度，采取技术、管理措施，及时发现并消除事故隐患。事故隐患排查治理情况应当如实记录，并通过职工大会或者职工代表大会信息公示栏等方式向从业人员通报。其中，重大事故隐患排查治理情况应当及时向负有安全生产监督管理职责的部门和职工大会或者职工代表大会报告。

（2）第四十四条规定，生产经营单位应当教育和督促从业人员严格执行本单位的安全生产规章制度和安全操作规程；并向从业人员如实告知作业场所和工作岗位存在的危险因素、防范措施以及事故应急措施。

（3）第五十三条规定，生产经营单位的从业人员有权了解其作业场所和工作岗位存在的危险因素、防范措施及事故应急措施。

3. 有对本单位的安全生产工作提出意见和建议的权利

生产经营单位的从业人员既是本单位安全生产需要保护的对象，也是本单位安全生产工作的参与者。因此，《安全生产法》第六条规定，生产经营单位的从业人员有依法获得安全生产保障的权利，并应当依法履行安全生产方面的义务。第七条规定，工会依法对安全生产工作进行监督。生产经营单位的工会依法组织职工参加本单位安全生产工作的民主管理和民主监督，维护职工在安全生产方面的合法权益。生产经营单位制定或者修改有关安全生产的规章制度，应当听取工会的意见。为了进一步发挥从业人员在安全生产工作方面的作用，《安全生产法》第五十三条规定，生产经营单位的从业人员有权了解其作业场所和工作岗位存在的危险因素、防范措施及事故应急措施，有权对本单位的安全生产工作提出建议。

4. 有对本单位的安全生产工作中存在的问题提出批评、检举和控告的权利

从业人员是生产经营单位的主人，他们对安全生产情况尤其是安全管理中的问题和事故隐患最为了解。只有依靠他们并且赋予他们必要的安全生产监督权和自我保护权，才能有效保障从业人员的人身安全和健康。

为了充分发挥从业人员的参与、监督本单位安全生产工作的积极性、主动性，《安全生产法》第五十四条规定，从业人员有权对本单位安全生产工作中存在的问题提出批评、检举、控告。生产经营单位不得因从业人员对本单位安全生产工作提出批评、检举、控告而降低其工资、福利等待遇或者解除与其订立的劳动合同。

5. 有拒绝违章指挥和强令冒险作业的权利

赋予从业人员拒绝违章指挥和强令冒险作业的权利，不仅是为了保护从业人员的人身安全，也是为了警示生产经营单位负责人和管理人员必须照章指挥，也是避免从业人员因拒绝违章指挥和强令冒险作业而受到打击报复。

《安全生产法》第五十四条规定，从业人员有权拒绝违章指挥和强令冒险作业。生产经营单位不得因从业人员拒绝违章指挥、强令冒险作业而降低其工资、福利等待遇或者解除与其订立的劳动合同。

6. 有紧急情况下的停止作业和紧急撤离的权利

由于生产经营场所不可避免地存在自然的和人为的危险因素，对这些因素不严格管控就可能发生事故。因此，《安全生产法》第五十五条规定，从业人员发现直接危及人身安全的紧急情况时，有权停止作业或者在采取可能的应急措施后撤离作业场所。生产经营单位不得因从业人员在紧急情况下停止作业或者采取紧急撤离措施而降低其工资、福利等待遇或者解除与其订立的劳动合同。

二、从业人员的安全生产义务

作为法律关系内容的权利和义务是对等的。从业人员依法享有权利，同时也必须履行相应义务。《安全生产法》赋予了从业人员安全生产权利的同时，也设定了从业人员安全生产义务。

1. 履行遵章守规、服从管理的义务

《安全生产法》第五十七条规定，从业人员在作业过程中，应当严格落实岗位安全责任，遵守本单位的安全生产规章制度和操作规程，服从管理，正确佩戴和使用劳动防护用品。

依据《安全生产法》和其他有关法律、法规和规章的规定，生产经营单位必须制定本单位安全生产的规章制度和操作规程。从业人员必须严格落实岗位安全责任，尽职尽责，依照安全生产规章制度和操作规程进行生产经营作业，服从管理。生产经营单位的从业人员不服从管理，违反安全生产规章制度和操作规程的，由生产经营单位给予批评教育，依照有关规章制度给予处分；造成重大事故，构成犯罪的，依照《刑法》有关规定追究刑事责任。

2. 履行正确佩戴和使用劳动防护用品的义务

在实际工作中，由于部分从业人员缺乏安全知识，认为佩戴和使用劳动防护用品没有必要，不按规定佩戴和使用劳动防护用品，由此引发的人身伤害时有发生。

因此，《安全生产法》第五十七条规定，从业人员在作业过程中，应当严格落实岗位安全责任,遵守本单位的安全生产规章制度和操作规程,服从管理,正确佩戴和使用劳动防护用品。提供、使用劳动防护用品是保护从业人员安全和健康所采取的必不可少的辅助措施。对于生产经营单位来讲,要按照规定充足发放提供劳动防护用品,不得任意削减;作为从业人员来讲,要按照有关规定正确佩戴和使用劳动防护用品。未正确佩戴和使用劳动防护用品的从业人员,不得上岗作业。

3. 履行接受培训、掌握安全生产技能的义务

从业人员的安全生产意识和安全技能的高低,直接关系到生产经营活动的安全可靠性。提高从业人员的素质,直接关系到生产经营单位的安全生产。

为此,《安全生产法》第五十八条规定,从业人员应当接受安全生产教育和培训,掌握本职工作所需的安全生产知识,提高安全生产技能,增强事故预防和应急处理能力。

从业人员应该学习安全知识,熟练掌握安全生产技能,具有排查不安全因素和事故隐患及处置突发事故的能力。

4. 履行发现事故隐患或者其他不安全因素及时报告的义务

从业人员在生产经营一线,在作业现场发现事故隐患和不安全因素并及时报告,对及时处理事故隐患、避免事故极其重要。

因此,《安全生产法》第五十九条规定,从业人员发现事故隐患或者其他不安全因素,应当立即向现场安全生产管理人员或者本单位负责人报告;接到报告的人员应当及时予以处理。

三、被劳动派遣者的安全生产权利和义务

为了保障被劳动派遣者在安全生产方面的权利和义务,《安全生产法》第六十一条规定,生产经营单位使用被派遣劳动者的,被派遣劳动者享有本法规定的从业人员的权利,并应当履行本法规定的从业人员的义务。也就是说,被劳动派遣者与生产经营单位的从业人员一样,享有从业人员所规定的安全生产知情权等六项权利,同时履行相应的四项义务。

第六节 其他责任主体的职责与义务

一、协会组织

规范、强化、引导协会组织的安全生产社会报务,是促进安全生产工作的重要

手段。为了发挥协会组织在安全生产方面的作用,《安全生产法》第十四条规定,有关协会组织依照法律、行政法规和章程,为生产经营单位提供安全生产方面的信息、培训等服务,发挥自律作用,促进生产经营单位加强安全生产管理。

1. 为生产经营单位提供安全生产方面的信息、培训等服务

协会组织为会员单位提供服务,是一项重要职责。协会组织的会员主要来自本行业、领域从事生产经营活动的单位及个人。协会组织熟悉、了解本行业、领域生产经营活动的技术、管理、工艺、流程等知识,掌握大量的信息、技术等资源。

协会组织是行业、领域的领头组织,大多数生产经营单位,特别是高危行业生产经营单位都是其会员,应当广泛利用这些优势,向会员中的生产经营单位提供安全生产方面的服务。

协会组织要充分发挥其自身优势,积极收集、汇总、分析相关方面的信息,并通过便利的方式及时向会员企业提供。在培训方面,协会组织既可以提供平台,也可以直接组织或者协助会员单位开展培训,特别是推广有关安全生产新技术、新装备、新工艺的培训。

2. 发挥自律作用,加强会员管理,帮助、促进生产经营单位加强安全生产管理

协会组织要加强自律管理,提高会员的凝聚力,包括组织生产经营单位签订自律公约,建立投诉、举报信息系统,制定行业内部的奖惩制度,建立诚信体系、曝光安全生产领域的违法违规行为,对会员单位实行评级制度等。协会组织要建立健全自我约束内部机制,促进会员单位加强安全生产管理;可以拓展渠道向会员以外的单位提供相应的服务,共同促进生产经营单位提高安全技术、装备、管理水平。

在推进法治社会建设中,协会组织起着十分重要的作用。协会组织无论是提供服务还是发挥自律作用,都应当依照法律、行政法规和规章的规定进行。

二、一般安全生产中介机构

安全生产中介机构包括从事安全评价认证、检测、检验、培训、咨询等技术、管理服务的机构,依法开展中介服务,提供合法、真实的结论。《安全生产法》第十五条规定,依法设立的为安全生产提供技术、管理服务的机构,依照法律、行政法规和执业准则,接受生产经营单位的委托,为其安全生产工作提供技术、管理服务。生产经营单位委托安全生产服务机构提供安全生产技术、管理服务的,保证安全生产的责任仍由本单位负责。

安全生产中介机构的职责是按照有关法律、法规的规定和生产经营单位安全生

产工作的需要，进行安全评价，开展安全管理体系认证，对有关设施、设备性能进行检验、检测，为政府及其部门的安全生产监督管理提供支撑。随着社会主义市场经济体制的建立和完善以及政府职能的进一步转变，越来越多的安全生产技术服务工作将转而由专门的中介机构承担，而且有关安全评价、认证、检测、检验的工作，性质上要保证客观性、公正性，应当由既独立于政府有关主管部门，又独立于接受安全评价、认证、检测、检验的单位以外的第三方中介机构来做，这也是国际通行的做法。

此外，安全生产管理中的许多工作，专业性和技术性较强，需要由具有专业知识和丰富经验的专业人员来完成。实践中，很多生产经营单位由于缺乏专业人员，也希望能从社会上聘请安全生产中介机构为他们提供有关安全生产技术、管理服务。为此，《安全生产法》对安全生产中介机构作出了相应规定。

三、需要获得国家规定资质条件的中介机构

为了提高中介机构的服务条件和能力，确保安全生产服务质量，我国对从事有关安全评价、认证、检测、检验工作中介机构，实施依法取得相应的资质的制度。《安全生产法》第七十二条规定，承担安全评价、认证、检测、检验的机构应当具备国家规定的资质条件，并对其作出的安全评价、认证、检测、检验结果的合法性、真实性负责。资质条件由国务院应急管理部门会同国务院有关部门制定。承担安全评价、认证、检测、检验职责的机构应当建立并实施服务公开和报告制度，不得租借资质、挂靠、出具虚假报告。

1. 安全评价、认证、检测、检验是安全生产工作的重要环节

安全评价是指对生产经营单位的有关安全生产条件是否符合有关法律、法规和国家标准或者行业标准所提出的综合性意见。安全认证是指根据生产经营单位申请，由有关机构对其安全生产条件是否达到一定的要求进行的证明，并发给其证书或者标志。安全检验、检测，主要是指通过一定的技术手段，对与安全生产有关的设施、设备的质量、性能或者某些物质的成分、含量等指标、参数所进行的验证测量等。在生产经营活动中，安全评价、认证、检测、检验发挥着越来越重要的作用。安全评价、认证、检测、检验报告（证明）是负有安全生产监督管理职责的部门对生产经营单位履行安全生产职责的重要参考。

2. 承担安全评价、认证、检测、检验的机构属于服务性的中介机构，其主要职责是接受有关生产经营单位或者负有安全生产监督管理职责的部门的委托，进行相应的安全评价、认证、检测、检验等技术服务工作，承担安全评价、认证、检

测、检验职责的机构应当建立并实施服务公开和报告制度,并按照规定要求及时公开服务内容和报告

随着政府职能的转变,安全评价、认证、检测、检验报告的评审、备案工作,逐渐由政府部门负责转变为由生产经营单位负责,政府部门把对安全评价、认证、检测、检验报告的评审结果作为安全生产监督检查时的参考,或者作为有关安全生产事项审批、决策的依据。

3. 政府部门对安全评价、认证、检测、检验等服务性中介机构进行监督管理

政府部门和社会要对中介机构进行监督,中介机构之间也要互相监督,确保中介机构的安全生产服务活动依法依规进行。资质认可机关要加强对安全生产中介服务机构的监督检查,监督检查其是否建立并实施公开和报告制度,是否依法公开相关事项,是否真实报告活动情况。

第七节 法律责任

一、安全生产违法行为的责任主体

依照《安全生产法》的规定,享有安全生产权利、负有安全生产义务和承担法律责任的社会组织和公民是安全生产违法行为的责任主体,主要有四种类型。

1. 有关人民政府和负有安全生产监督管理职责的部门及其领导人、负责人

《安全生产法》明确,各级地方人民政府和负有安全生产监督管理职责的部门对其管辖行政区域和职权范围内的安全生产工作进行监督管理。监督管理既是法定职权,又是法定职责。如果由于有关地方人民政府和负有安全生产监督管理职责的部门的领导人和负责人未履行法定职责,导致生产安全事故发生或者其他重大损失,执法机关将依法追究因其失职、渎职和负有领导责任的行为所应承担的法律责任。

2. 生产经营单位及其负责人、有关主管人员

《安全生产法》对生产经营单位的安全生产行为作出了明确规定,生产经营单位必须依法从事生产经营活动,否则将负法律责任。《安全生产法》第二十一条规定了生产经营单位主要负责人应负的七项安全生产职责。第二十四条对生产经营单位的安全生产管理机构或者配备专职安全生产管理人员作出了规定。第二十五条、第二十六条对安全生产管理机构以及安全生产管理的职责作出了规定。按照"三管三必须"的规定,生产经营单位的主要负责人、其他负责人和安全生产管理人员都有安全生产职责,如果没有依法履行职责、出现违法行为,将被追究法律责任。

3. 生产经营单位的其他从业人员

从业人员直接从事生产经营活动,是各种事故隐患和不安全因素的第一知情者和直接受害者。所以,《安全生产法》在赋予从业人员安全生产权利的同时,明确了其必须履行的安全生产义务。第五十七条规定,从业人员在作业过程中,应当严格落实岗位安全责任,遵守本单位的安全生产规章制度和操作规程,服从管理,正确佩戴和使用劳动防护用品。从业人员如果违反安全生产有关规定导致重大、特别重大事故,必须承担相应的法律责任。

4. 安全生产中介服务机构和安全生产专业服务人员

《安全生产法》第十五条规定,依法设立的为安全生产提供技术、管理服务的机构,依照法律、行政法规和执业准则,接受生产经营单位的委托为其安全生产工作提供技术、管理服务。第七十二条规定,承担安全评价、认证、检测、检验职责的机构应当具备国家规定的资质条件,并对其作出的安全评价、认证、检测、检验结果的合法性、真实性负责。

从事安全生产评价、认证、检测、检验等工作的机构和工作人员,必须具有资格才能为生产经营单位提供服务。如果专业机构及其工作人员对其承担的安全评价、认证、检测、检验事项出具虚假证明,将视其情节轻重,追究其行政责任、民事责任和刑事责任。

二、安全生产违法行为行政处罚的决定机关

安全生产违法行为行政处罚的决定机关即安全生产行政执法主体,是指法律、法规授权履行法律实施职权和负责追究有关法律责任的国家行政机关。《安全生产法》是安全生产领域的基本法律,因此其实施涉及多个行政机关,也就是说,在现行的安全生产监督管理体制下,《安全生产法》的执法主体不是一个而是多个,具体而言有4种类型的行政执法主体。

1. 县级以上人民政府

《安全生产法》第一百一十五条规定,予以关闭的行政处罚,由负有安全生产监督管理职责的部门报请县级以上人民政府按照国务院规定的权限决定。这就是说,关闭的行政处罚的执法主体只能是县级以上人民政府,其他部门无权决定此项行政处罚。县级以上人民政府如果未依法履行予以关闭的职责,造成生产安全事故或者其他重大损失,将承担法律责任。

2. 县级以上人民政府应急管理部门

《安全生产法》第十条规定,国务院应急管理部门依照本法,对全国安全生产

工作实施综合监督管理；县级以上地方各级人民政府应急管理部门依照本法，对本行政区域内安全生产工作实施综合监督管理。第一百一十五条规定，本法规定的行政处罚，由应急管理部门和其他负有安全生产监督管理职责的部门按照职责分工决定。应急管理部门有权依据《安全生产法》的规定作出处罚决定。

3. 县级以上人民政府其他负有安全生产监督管理职责的部门

《安全生产法》第十条规定，国务院交通运输、住房和城乡建设、水利、民航等有关部门依照本法和其他有关法律、行政法规的规定，在各自的职责范围内对有关行业、领域的安全生产工作实施监督管理；县级以上地方各级人民政府有关部门依照本法和其他有关法律、法规的规定，在各自的职责范围内对有关行业、领域的安全生产工作实施监督管理。第一百一十五条规定，本法规定的行政处罚，由应急管理部门和其他负有安全生产监督管理职责的部门按照职责分工决定；其中，根据本法第九十五条、第一百一十条、第一百一十四条的规定应当给予民航、铁路、电力行业的生产经营单位及其主要负责人行政处罚的，也可以由主管的负有安全生产监督管理职责的部门进行处罚。其他负有安全生产监督管理职责的部门，如公安、交通运输、住房城乡建设等部门，根据其职责分工，在其负责的有关行业、领域内有权依据《安全生产法》的规定作出处罚决定。

4. 公安机关

《安全生产法》第一百一十条规定，生产经营单位的主要负责人在本单位发生生产安全事故时，不立即组织抢救或者在事故调查处理期间擅离职守或者逃匿的，给予降级、撤职的处分，并由应急管理部门处上一年年收入百分之六十至百分之一百的罚款；对逃匿的处十五日以下拘留；构成犯罪的，依照刑法有关规定追究刑事责任。生产经营单位的主要负责人对生产安全事故隐瞒不报、谎报或者迟报的，依照前款规定处罚。拘留是限制人身自由的行政处罚，由公安机关实施。为了保证对限制人身自由的行政处罚执法主体的一致性，《安全生产法》第一百一十五条规定，给予拘留的行政处罚由公安机关依照治安管理处罚的规定决定。对违反《安全生产法》有关规定需要予以拘留的，公安机关以外的其他部门、单位和公民，都无权擅自实施。

三、违反《安全生产法》的行政责任

1. 违反《安全生产法》的行政责任主体

分析《安全生产法》，可以归纳出违反该法的行政责任主体包括：

（1）县级以上人民政府。

（2）负有安全生产监督管理职责的部门的工作人员。

（3）有关地方人民政府及其直接负责的主管人员和其他直接责任人员。

（4）负有安全生产监督管理职责的部门及其直接负责的主管人员和其他直接责任人员。

（5）承担安全评价、认证、检测、检验职责的机构及其直接负责的主管人员和其他直接责任人员。

（6）生产经营单位。

（7）生产经营单位的决策机构、主要负责人或者个人经营的投资人。

（8）生产经营单位的其他负责人和安全生产管理人员。

（9）生产经营单位的直接负责的主管人员和其他直接责任人员。

（10）生产经营单位的从业人员。

（11）生产安全事故的责任人。

2. 负有安全生产监督管理职责的部门的工作人员不依法履行审批和监督管理职责，应当承担的行政责任

"负有安全生产监督管理职责的部门工作人员"是指国务院应急管理部门、县级以上地方各级人民政府负责安全生产监督管理的部门，以及依照法律、法规的规定负有安全生产监督管理职责的国务院和县级以上地方人民政府其他有关部门的工作人员。安全生产监督管理职责部门工作人员，应当按照法律、法规所赋予的职权，认真履行职责，忠于职守，坚持原则，秉公执法。对违反法律规定，不依法履行安全生产监督管理职责的，将依法追究其法律责任。

根据《安全生产法》第九十条规定，负有安全生产监督管理职责的部门的工作人员，有下列行为之一的，给予降级或者撤职的处分：

（1）对不符合法定安全生产条件的涉及安全生产的事项予以批准或者验收通过的；

（2）发现未依法取得批准、验收的单位擅自从事有关活动或者接到举报后不予取缔或者不依法予以处理的；

（3）对已经依法取得批准的单位不履行监督管理职责，发现其不再具备安全生产条件而不撤销原批准或者发现安全生产违法行为不予查处的；

（4）在监督检查中发现重大事故隐患，不依法及时处理的。负有安全生产监督管理职责的部门的工作人员有前款规定以外的滥用职权、玩忽职守、徇私舞弊行为的，依法给予处分。

3. 生产经营单位的主要负责人未履行《安全生产法》规定的安全生产管理职

责，应当承担的行政责任

《安全生产法》第九十四条规定，生产经营单位的主要负责人未履行本法规定的安全生产管理职责的，责令限期改正，处二万元以上五万元以下的罚款；逾期未改正的，处五万元以上十万元以下的罚款，责令生产经营单位停产停业整顿。生产经营单位的主要负责人有前款违法行为，导致发生生产安全事故的，给予撤职处分。生产经营单位的主要负责人依照前款规定受撤职处分的，自受处分之日起，五年内不得担任任何生产经营单位的主要负责人；对重大、特别重大生产安全事故负有责任的，终身不得担任本行业生产经营单位的主要负责人。

根据《安全生产法》第九十五条规定，生产经营单位的主要负责人未履行本法规定的安全生产管理职责，导致发生生产安全事故的，由应急管理部门依照下列规定处以罚款：

（1）发生一般事故的，处上一年年收入百分之四十的罚款；

（2）发生较大事故的，处上一年年收入百分之六十的罚款；

（3）发生重大事故的，处上一年年收入百分之八十的罚款；

（4）发生特别重大事故的，处上一年年收入百分之一百的罚款。

4. 生产经营单位的其他负责人和安全生产管理人员未履行《安全生产法》规定的安全生产管理职责，应当承担的行政责任

《安全生产法》第九十六条规定，生产经营单位的其他负责人和安全生产管理人员未履行本法规定的安全生产管理职责的，责令限期改正，处一万元以上三万元以下的罚款；导致发生生产安全事故的，暂停或者吊销其与安全生产有关的资格，并处上一年年收入百分之二十以上百分之五十以下的罚款；构成犯罪的，依照刑法有关规定追究刑事责任。

5. 生产经营单位未按照规定设立安全生产管理机构、配备安全生产管理人员及对有关人员未按照规定进行教育、培训和考核，应当承担的行政责任

《安全生产法》第九十七条规定，生产经营单位有下列行为之一的责令限期改正，处十万元以下的罚款；逾期未改正的，责令停产停业整顿，并处十万元以上二十万元以下的罚款，对其直接负责的主管人员和其他直接责任人员处二万元以上五万元以下的罚款：

（1）未按照规定设置安全生产管理机构或者配备安全生产管理人员、注册安全工程师的；

（2）危险物品的生产、经营、储存、装卸单位以及矿山、金属冶炼、建筑施工、运输单位的主要负责人和安全生产管理人员未按照规定经考核合格的；

（3）未按照规定对从业人员、被派遣劳动者、实习学生进行安全生产教育和培训，或者未按照规定如实告知有关的安全生产事项的；

（4）未如实记录安全生产教育和培训情况的；

（5）未将事故隐患排查治理情况如实记录或者未向从业人员通报的；

（6）未按照规定制定生产安全事故应急救援预案或者未定期组织演练的；

（7）特种作业人员未按照规定经专门的安全作业培训并取得相应资格，上岗作业的。

6. 生产经营单位的从业人员不服从管理，违章操作应承担的行政责任

根据《安全生产法》第一百零七条规定，生产经营单位的从业人员不落实岗位安全责任，不服从管理，违反安全生产规章制度或者操作规程的，由生产经营单位给予批评教育，依照有关规章制度给予处分；构成犯罪的，依照刑法有关规定追究刑事责任。

本 章 小 结

本章简要介绍了《安全生产法》的立法过程和立法目的与指导思想；阐述了《安全生产法》规定的监督管理主体的权力与职责，生产经营单位的职责与义务，从业人员的权利与义务，以及协会组织、中介机构等主体的安全生产职责与义务；详细介绍了安全生产违法行为的责任主体及其职责，安全生产违法行为行政处罚的决定机关，以及违反《安全生产法》的行政责任。

复习思考题

1. 简述我国《安全生产法》的立法过程，目前经过了几次主要修正。
2. 简述《安全生产法》的立法目的、指导思想。
3. 简述《安全生产法》中对负有安全生产监督管理职责的部门的监督管理工作职责作出哪些相关规定。
4. 简述《安全生产法》中对承担安全评价、认证、检测、检验的机构应当具备的资质条件的相关规定。
5. 简述《安全生产法》中对生产经营单位的主要负责人的安全生产职责的相关规定。
6. 简述《安全生产法》中对生产经营单位主要负责人和安全生产管理人员、

注册安全工程师配备、特种作业人员等资格要求。

7. 简述《安全生产法》中对安全生产相关人员的教育培训内容与要求。

8. 简述《安全生产法》中对各类从业人员的安全生产基本权利和义务的相关规定。

9. 简述《安全生产法》中对安全生产类协会组织的从业内容的相关规定。

10. 安全生产违法行为行政处罚的决定机关即安全生产行政执法主体。简述按照《安全生产法》相关规定，有哪 4 种类型的行政执法主体。

第四章 安全生产基本法律制度

本章学习目标

1. 了解安全生产基本法律制度、安全生产准入制度、安全生产责任制度、生产经营单位安全保障制度、从业人员安全生产权利保障制度、安全生产社会服务制度的概念及其特征。

2. 熟悉安全生产基本法律制度、安全生产准入制度、安全生产责任制度、政府安全生产监管责任、生产经营单位安全保障制度、从业人员安全生产权利保障制度、安全生产社会服务制度等的种类以及实施目的、意义和要求。

3. 掌握我国安全生产工作的指导思想、方针和工作机制,以及安全生产"三同时"制度、特种作业人员资格许可制度、全员安全生产责任制、主要负责人第一责任人责任、部门安全生产监督管理责任、生产经营单位安全保障制度、生产经营单位安全生产的组织保障、安全生产管理机构的设置、安全生产费用提取制度、从业人员安全生产权利和义务、危险作业现场安全管理、重大危险源管理、从业人员安全生产教育和培训的主要内容。

第一节 安全生产基本法律制度概述

一、安全生产工作的指导思想、方针和机制

安全生产工作的指导思想、方针、原则和机制是立法价值取向和制度构建的重要基础,并随着经济社会不断发展而发展、充实和完善。

1. 安全生产工作的指导思想

（1）坚持中国共产党的领导。坚持中国共产党的领导，是我国安全生产形势持续向好的决定性因素。当前，我国工业化、城镇化持续推进，生产经营规模不断扩大，传统和新型生产经营风险并存，各类事故隐患和安全风险交织叠加，生产安全事故易发多发的特点仍然比较明显。只有坚持党的领导，坚决贯彻落实党中央关于安全生产工作的各项方针政策和决策部署，才能统筹推进安全生产系统治理，大力提升我国安全生产整体水平。

（2）坚持以人为本，坚持人民至上、生命至上，把保护人民生命安全摆在首位。保障广大人民群众生命安全和健康权益是所有安全生产工作的核心，推进全面依法治安，做好各项安全生产工作的根本目的是依法保障人民权益。以人为本，就是要以人民生命安全和健康为本。坚持人民至上、生命至上，就是要把保护人民生命安全摆在首位，统筹好发展和安全，把"发展决不能以牺牲人的生命为代价"作为一条不可逾越的红线。

（3）坚持统筹发展和安全，树牢安全发展理念。安全是发展的前提和条件，"安全生产是民生大事"。血的教训表明，诸多事故都是"重发展轻安全、重效益轻安全"种下的苦果。安全发展理念要求在安全生产工作中坚持统筹兼顾，协调发展，正确处理安全生产与经济社会发展、安全生产与速度质量效益的关系，坚持把安全生产放在重要位置，促进区域、行业领域的科学、安全、可持续发展。要自觉坚持安全发展，使经济社会发展建立在安全保障能力不断增强、劳动者生命安全和身体健康得到切实保障的基础上。

2. 安全生产方针

安全生产应当坚持"安全第一、预防为主、综合治理"的方针，从源头上防范化解重大安全风险。这一方针是开展安全生产工作总的指导方针，是长期安全生产实践的经验总结。

（1）安全第一。安全第一是坚持人民至上、生命至上发展理念在安全工作中的具体体现。所谓"安全第一"是指在生产经营活动中，在处理保证安全与实现生产经营活动的其他各项目标的关系上，要始终把安全特别是从业人员和其他人员的人身安全放在首要的位置，实行"安全优先"的原则。在确保安全的前提下，努力实现生产经营的其他目标，当安全生产工作与其他生产经营活动发生冲突与矛盾时，其他活动要服从安全生产工作，绝不能以牺牲人的生命安全和健康为代价换取发展和效益。

（2）预防为主。预防为主是指从源头上防范化解重大安全风险，谋事在先，尊重科学，总结规律，采取有效的事前控制措施，做到防患于未然，将事故消灭在萌芽状态。根据事故致因理论，只要思想重视，预防措施得当，绝大部分事故是可以避免的。

（3）综合治理。综合治理是指安全生产法律关系的各方主体综合运用法律、经济、行政等手段，从发展规划、行业管理、安全投入、科技进步、经济政策、教育培训、安全文化等方面着手，建立安全生产长效机制。具体来说，综合治理包括治理主体、治理手段两个层面的系统工作，治理主体层面要做到生产经营单位、政府、社会等各方主体齐抓共管，治理手段层面要做到综合运用法律、行政、经济等多层次的治理措施。

3. 安全生产工作机制

安全生产工作机制是指安全生产工作各方主体的工作职责、运行程序、工作规则的有机联系和有效运转形成的工作格局。经过不断发展和完善，我国安全生产工作已经建立起生产经营单位负责、职工参与、政府监管、行业自律和社会监督相结合的工作机制。

（1）生产经营单位负责。生产经营单位负责即生产经营单位应当落实安全生产主体责任，严格遵守和执行安全生产法律法规、规章制度和技术标准，依法依规加强安全生产，加大对安全生产的资金、物资、技术、人员的投入保障力度，健全安全管理机构，改善安全生产条件，加强对从业人员的培训，确保安全生产。

（2）职工参与。职工参与即职工有权对本单位的安全生产工作提出建议，对本单位安全生产工作中存在的问题有权提出批评、检举和控告，有权拒绝违章指挥和强令冒险作业。要通过安全教育，提高广大职工的自我保护意识和安全生产技能，充分发挥工会、共青团、妇联组织的作用，依法维护和落实生产经营单位职工对安全生产的参与权与监督权，鼓励职工监督举报各类事故隐患。

（3）政府监管。政府监管即政府依法对安全生产工作实施监督管理，切实履行监督管理部门的安全生产管理和监督职责。要健全完善安全生产综合监督管理与行业监督管理相结合的工作机制，制订并实施安全生产规划，建立完善安全考核机制，依法加强对生产经营单位的监督检查。

（4）行业自律。行业协会组织依照法律法规和章程规范等规定，实现各个行业领域的自我约束、自我管理、自我提高。行业协会组织是为政府及其部门、生产经营单位提供服务、咨询、沟通、监督、协调的社会组织，属于社团法人，具有非政府性、独立性、自治性、公益性等特征。

（5）社会监督。社会监督即公民、法人及其他社会组织对生产经营单位存在的安全问题和事故隐患、政府及其部门的安全生产监督管理工作进行监督。社会监督是一种重要的外部监督形式,对保障安全生产具有重要作用。任何单位或者个人对事故隐患或安全生产违法行为,均有权向负有安全生产监督管理职责的部门报告或者举报。负有安全生产监督管理职责的部门应当建立举报制度,公开举报电话、信箱或者电子邮件地址等网络举报平台,受理有关安全生产的举报。居民委员会、村民委员会发现其所在区域内的生产经营单位存在事故隐患或者安全生产违法行为时,应当向当地人民政府或者有关部门报告。新闻、出版、广播等单位对违反安全生产法律法规的行为有舆论监督的权利。

二、安全生产基本法律制度的概念和特征

1. 法律制度的概念

法律制度是指在法律原则指导下由一系列共同的法律规则组成的,调整某一方面法律关系的有序规则体系。法律规则是规定法律上的权利、义务、责任的准则、标准,或是赋予某种事实状态以法律意义的指示、规定。法律规则是构成法律的主要元素。法律原则是法律的基础性真理、原理或者为其他法律要素提供基础或本源的综合性原则或出发点。

2. 安全生产基本法律制度

安全生产基本法律制度是根据安全生产的任务和目的,以安全生产法学基本原则为指导而建立的具有重要作用的法律制度,是由安全生产法律规则组成的相互配合、相互联系的特定体系。

我国以《安全生产法》为主体的安全生产法律体系确立了安全生产准入、安全生产责任制、生产经营单位保障、安全生产监督管理、从业人员安全生产权利和义务、安全生产社会服务、事故报告和调查处理、事故应急救援处置等基本法律制度,这些法律制度涵盖了安全生产工作的各个环节,形成了层层递进的安全生产基本法律制度体系。

第二节 安全生产准入制度

一、安全生产准入制度概述

1. 安全生产准入制度的概念

重特大事故的发生,不但会造成重大人员伤亡和经济重大损失,也会产生较大

社会负面影响。为从源头上防范化解重大安全风险,通过各项安全生产法律规范,我国确立了安全生产的准入制度。

安全生产准入制度是指在法律一般禁止的情况下,行政主体通过许可、核准、批准、认证、检验、审批、登记等形式依法赋予特定的行政相对人从事安全生产相关生产经营活动或者实施某种行为的权利或者资格的制度。

2. 安全生产准入制度的作用

安全生产准入制度的主要目的是从源头上防范化解重大安全风险,目标是构建集规划设计、重点行业领域、工艺设备材料、特殊场所、人员素质"五位一体"的源头管控和安全准入制度体系,对于贯彻落实"安全第一、预防为主、综合治理"的方针具有重要作用。

(1) 有利于实现关口前移,改变安全生产工作的被动局面。随着经济社会发展,各类安全生产的风险日益增加,坚持预防为主,实现安全生产治理模式向事前预防转型是统筹发展与安全的最有效途径。长期以来,有的行业领域建设项目在项目规划审批、行业准入等环节对安全生产方面考虑较少,为后期生产经营活动带来重大安全风险、埋下事故隐患,也给后期的安全生产工作造成很大困难。只有实现关口前移,在项目规划、审批、建设阶段明确安全生产相关条件和要求,才能做到防患于未然。

(2) 有利于督促生产经营单位建立健全本单位安全管理机构和各项安全生产规章制度。安全生产准入制度要求生产经营单位在开展生产经营活动之前,要配齐本单位安全管理机构,建立健全各项安全生产规章制度,未达到要求的不得开展生产经营活动。实践证明,凡是配齐了安全生产管理机构,建立健全了各项安全生产规章制度的生产经营单位,各级领导重视安全生产工作,切实贯彻执行党的安全生产方针、政策和国家安全生产法律规范,积极采取措施,改善劳动条件,生产安全事故就会减少。反之,就会职责不清、相互推诿,安全生产工作无人负责、无法进行,生产安全事故就会不断发生。

(3) 有利于督促生产经营单位加大安全投入保障力度、改善安全生产条件。安全生产投入是生产经营单位实现安全发展的前提,是做好安全生产工作的基础,安全生产投入总体上包括资金、物资、技术、人员等方面的投入。安全准入制度对生产经营单位开展生产经营活动所需要的安全投入提出了明确要求,为生产经营单位安全生产工作的正常开展奠定了良好的基础。

3. 安全生产准入制度的主要内容

(1) 明确规划设计安全生产准入要求。因规划设计把关不严,造成严重后果,这方面的案例很多、教训极其深刻。

1）加强规划设计的安全生产评估。把安全风险管控纳入经济和社会发展规划、区域开发规划、城乡总体规划，实行重大安全风险"一票否决"。组织开展安全风险评估和防控风险论证，明确重大危险源清单。要加强规划设计间的统筹和衔接，确保安全生产工作与经济社会发展同规划、同设计、同实施、同考核。

2）科学规划城乡安全生产保障布局。随着我国城镇化进程加快，长期积累的安全生产矛盾正在集中显现，部分城区与工业区相向发展形成粘连，尤其是城乡建设中安全规划不到位的问题日益凸显，安全防护距离不符合相关标准，形成了新的隐患。为此，各地区城乡规划布局、设计、建设、管理等各项工作必须严把安全关，科学设定安全防护距离、紧急避难场所和应急救援能力布局，同时要求明确安全管控责任部门及责任人。

（2）严格重点行业领域安全生产准入。近年来，重点行业领域因安全生产行政审批把关不严，直接或间接导致事故发生的案例屡见不鲜，血的教训极其深刻，必须牢记，确保安全准入标准不降低。

1）实施安全生产许可制度。国家对矿山企业、建筑施工企业和危险化学品、烟花爆竹、民用爆炸物品生产企业实行安全生产许可制度。企业未取得安全生产许可证的，不得从事生产经营活动。

2）实施建设项目安全设施"三同时"制度。生产经营单位是建设项目安全设施建设的责任主体，建设项目安全设施必须与主体工程同时设计、同时施工、同时投入生产和使用，安全设施投资应当纳入建设项目概算。

3）严格审批重点行业领域建设项目。近年来，我国安全生产事故总量呈下降趋势，但矿山、危险化学品等仍然是事故隐患较多、安全风险较高的重点行业领域。为遏制重特大事故，在项目审批过程中，应把安全生产作为前置条件，从源头上严格按照法律法规及相关标准要求，从严审批这些行业领域的建设项目。

（3）强化生产工艺、技术、设备和材料安全生产准入

1）实施高危设备产品安全生产准入制度。生产经营单位使用的危险物品的容器、运输工具，以及涉及人身安全、危险性较大的海洋石油开采特种设备和矿山井下特种设备，必须按照国家有关规定，由专业生产单位生产，并经具有专业资质的检测、检验机构检测、检验合格，取得安全使用证或者安全标志，方可投入使用。检测、检验机构对检测、检验结果负责。

2）强制淘汰不符合安全生产标准的工艺技术装备和材料。国家对严重危及生

产安全的工艺、设备实行淘汰制度，具体目录由国务院应急管理部门会同国务院有关部门制定并公布。法律、行政法规对目录的制定另有规定的，适用其规定。省、自治区、直辖市人民政府可以根据本地区实际情况制定并公布具体目录，对前款规定以外的危及生产安全的工艺、设备予以淘汰。

3) 加强关键技术工艺设备材料安全生产保障。海因里希事故致因理论认为，事故的直接原因是物的不安全状态和人的不安全行为。企业有关部门应从工程设计、设备制造、原材料采购、建设施工等各个环节严格把关，严禁不合格设备、配件、材料等进入生产装置，严防新建项目出现"先天性"不足。同时还应坚持对设备的更新改造，提升安全技术水平，并对设备进行定时检验检测，以便及时有效地消除设备运行过程中的不安全因素。

（4）完善从业人员安全素质准入制度。提高高危行业领域从业人员安全素质准入条件。从文化程度、专业素质、年龄、身体状况等方面对高危行业领域关键岗位人员实施职业安全准入，明确高危行业领域企业负责人、安全管理人员和特种作业人员的安全生产知识和能力素质要求。建立健全生产安全事故重大责任人员职业和行业禁入制度，对被追究刑事责任的生产经营者依法实施相应的职业禁入，对事故负有重大责任的社会服务机构和人员依法实施相应的行业禁入。

（5）建立特殊场所安全管控制度。在高风险作业场所从事作业的人员越多，风险点也就越多，发生事故的概率也就越大。为此，对高风险作业场所、人员密集场所实施人员数量管控和风险管控，严格控制单位空间作业人数，严格管控人员密集场所人流密度。实行大型经营性活动备案制度和人员密集型作业场所安全预警制度。

综上所述，目前我国安全生产法律规范从规划、建设、设备产品、人员素质、特殊场所风险管控等方面确定了我国的安全生产准入制度。具体包括建设项目安全设施"三同时"、安全生产许可、主要负责人和安全生产管理人员安全生产知识和管理能力考核、特种作业人员资格、特种设备安全标志等制度。

二、安全生产"三同时"制度

1. 安全生产"三同时"制度及其主要内容

（1）安全生产"三同时"制度的相关概念。安全生产"三同时"是指为加强建设项目安全管理，预防和减少生产安全事故，保障从业人员生命和财产安全，国家对生产建设项目的安全设施实施"三同时"制度，即生产经营单位新建、改建、扩建工程建设项目的安全设施必须与主体工程同时设计、同时施工、同时投入生产和使用。安全设施投资应当纳入建设项目概算。

建设工程项目是指为完成依法立项的新建、改建、扩建的各类工程（土木工程、建筑工程及安装工程等）而进行的、有起止日期的、达到规定要求的一组相互关联的受控活动组成的特定过程，包括规划、立项、勘察、设计、施工、试运行、竣工验收和移交等。

建设工程项目安全设施是指生产经营单位在生产经营活动中用于预防生产安全事故的设备、设施、装置、构（建）筑物和其他技术措施的总称。

建设项目概算，也称设计概算。建设项目概算需要具备初步设计或扩大初步设计图纸，通过计算项目建设费用确定工程造价。编制建设项目概算要注意不能漏项、缺项或重复计算，标准要符合定额或规范。

（2）安全生产"三同时"制度的相关法律规范。"三同时"制度是我国安全生产实践中长期坚持的一项制度。1978年，《中共中央关于认真做好劳动保护工作的通知》就明确提出，凡新建、改建、扩建的工矿企业和革新、挖潜的工程项目，都必须有保证安全生产和消除有毒有害物质的设施，这些设施要与主体工程同时设计、同时施工、同时投产，不得削减。后来，党中央、国务院在有关安全生产的文件中多次强调建设项目安全设施必须坚持"三同时"制度。并在相关法律中予以明确，如《安全生产法》第三十一条规定，生产经营单位新建、改建、扩建工程项目的安全设施，必须与主体工程同时设计、同时施工、同时投入生产和使用。《劳动法》第五十三条规定，新建、改建、扩建工程的劳动安全卫生设施必须与主体工程同时设计、同时施工、同时投入生产和使用。《矿山安全法》第七条规定，矿山建设工程的安全设施必须和主体工程同时设计、同时施工、同时投入生产和使用。

2. 安全生产"三同时"制度的实施

（1）设计阶段。生产经营单位在编制建设项目投资计划和财务计划时，应将安全设施所需投资一并纳入计划，同时编报。建设项目的设计单位在编制建设项目设计时，应同时按照有关法律、法规、国家标准或者行业标准以及设计规范，编制安全设施的设计文件。

安全设施的设计不得随意降低安全设施的标准。设计人、设计单位应当保证安全设施的设计质量。应当严格按照技术标准和合同约定进行设计，加强设计过程的质量控制，保证设计文件符合国家现行的有关法律、法规、工程设计技术标准和合同的规定，设计文件的深度应当满足相应设计阶段的技术要求，设计质量必须满足工程质量、安全需要并符合设计规范的要求。设计人、设计单位对因安全设施设计问题造成的后果负责。

矿山、金属冶炼建设项目和用于生产、储存、装卸危险物品的建设项目同其他建设项目相比危险性更大。这些项目在可行性研究阶段要按照国家规定进行安全预评价，建设项目的安全设施设计应当报经有关部门审查，审查部门主要审查安全设施的设计是否符合有关法律、法规、规章、国家标准或者行业标准的规定等；只有符合规定，经审查同意后方可施工。

（2）施工阶段。生产经营单位应当要求具体从事建设项目施工的单位严格按照安全设施的施工图纸和设计要求施工。安全设施与主体工程应同时进行施工，安全设施的施工不得偷工减料，降低建设质量。

在建设项目的勘察、设计质量都没有问题的前提下，整个项目的质量状况最终决定于施工质量。一般来讲，施工单位应当围绕四个方面进行施工管理：

1）安全设施的施工必须按照设计编制施工组织设计或方案，否则不准开工；

2）开工前必须编制分工计划，逐级向下进行施工组织设计交底，同时对有关部门和专业人员进行横向交底，并有相应的交底记录；

3）加强施工全过程控制，分别针对基础施工、结构施工和装修三个阶段，进行施工组织设计实施情况的中间检查；

4）工程完成时，必须及时按原安全设施设计作出技术总结，并上报原审批单位。

对于施工原因造成的质量问题，施工单位承担全部责任。

（3）验收阶段。建设项目的安全设施的验收是指安全设施已经按照设计要求完成全部施工任务，准备交付建设单位投入生产和使用时，由建设单位对该安全设施是否符合设计要求和工程质量标准进行的检查、考核工作。这是安全设施建设全过程的最后一道程序，是对安全设施质量控制的最后一个重要环节。

项目施工完成后，在生产设备调试阶段，应同时对安全设施进行调试和校核，并对其效果进行评价。建设项目验收时，应同时对安全设施进行验收。验收的内容，主要是安全设施是否与主体工程同时建成，是否严格按照批准的设施进行施工，工程质量是否符合法律、法规、安全规程和技术标准的要求等。

建设单位必须认真负责，严格按照有关规定对其安全设施进行验收。对于未经验收或者经验收但不合格的安全设施，建设单位不得将其投入生产和使用。否则，建设单位将承担相应的法律责任。负有安全生产监督管理职责的部门应当加强对验收活动和验收结果的监督检查。

验收后，安全设施应当与主体工程同时投入生产和使用。

三、安全生产许可

安全生产许可是指国家对矿山、建筑施工和危险化学品、烟花爆竹、民用爆炸物品生产等危险性较大的生产企业实行行政许可制度，企业未取得安全生产许可证的，不得从事生产活动。

1. 安全生产许可的实施主体

按照法律法规的相关规定，以及各相关部门职责分工，目前应急管理部门负责危险化学品、烟花爆竹生产企业安全生产许可证的颁发和管理，矿山安全监管部门负责矿山企业安全生产许可证的颁发和管理，建设主管部门、民用爆炸物品行业主管部门分别负责建筑施工企业、民用爆炸物品生产企业安全生产许可证的颁发和管理。

2. 安全生产许可的一般性条件

企业取得安全生产许可证，应当具备下列安全生产条件：

（1）建立、健全安全生产责任制，制定完备的安全生产规章制度和操作规程。

（2）安全投入符合安全生产要求。

（3）设置安全生产管理机构，配备专职安全生产管理人员。

（4）主要负责人和安全生产管理人员经考核合格。

（5）特种作业人员经有关业务主管部门考核合格，取得特种作业操作资格证书。

（6）从业人员经安全生产教育和培训合格。

（7）依法参加工伤保险，为从业人员缴纳保险费。

（8）厂房、作业场所和安全设施、设备、工艺符合有关安全生产法律、法规、标准和规程的要求。

（9）有职业危害防治措施，并为从业人员配备符合国家标准或者行业标准的劳动防护用品。

（10）依法进行安全评价。

（11）有重大危险源检测、评估、监控措施和应急预案。

（12）有生产安全事故应急救援预案、应急救援组织或者应急救援人员，配备必要的应急救援器材、设备。

（13）法律、法规规定的其他条件。

3. 安全生产许可的实施程序

安全生产许可涉及当事人的权益，必须依照严格的程序实施。

（1）公开申请事项和要求。安全生产许可证颁发管理机关应当将申请领取安全生产许可证的时间、地点、机关和应当提交的文件、资料向社会公布，使申请人能够了解有关申办事项的具体要求，以便及时申请取得许可。

（2）企业依法提出申请。企业依法向安全生产许可证颁发管理机关提出申请，是颁发安全生产许可证的前提，即安全生产许可是依法申请的行政行为，无申请不发证。企业应当按照安全生产许可证颁发管理机关公示的要求，依照法定的时间、地点、方式提出申请。

（3）受理申请及审查。接到申请人关于安全生产许可的申请后，安全生产许可证颁发管理机关应当及时审查申请人提交的材料是否齐全，材料不齐全的应当一次性告知申请人需要补齐的内容，材料齐全的应当依法受理。受理申请后，应当依法对企业的申请材料和安全生产条件进行审查。

（4）决定和公告。经审查符合安全生产许可的条件的，安全生产许可证颁发管理机关应当决定颁发安全生产许可证并向社会公告。经审查不符合安全生产许可的条件的，应当决定不予颁发安全生产许可证，书面通知企业并说明理由。

（5）延期和注销。安全生产许可证的有效期一般为3年。许可期限届满前，企业需要继续从事许可范围内的生产经营活动的，应当于法定期限内向安全生产许可证颁发管理机关提出延期申请，经批准延期的可以继续从事许可范围内的生产经营活动。许可期限届满未申请延期或出现其他的法定注销情形的，安全生产许可证颁发管理机关应当依法注销企业的安全生产许可证。

（6）暂扣和吊销。安全生产许可证颁发管理机关应当加强对取得安全生产许可证的企业的监督检查，发现其不再具备法律规定的安全生产条件的，应当暂扣或者吊销安全生产许可证。

四、特种作业人员资格许可

1. 特种作业人员资格许可制度

特种作业是指容易发生事故，对操作者本人、他人的安全健康及设备、设施的安全可能造成重大危害的作业。特种作业人员包括直接从事电工、焊接、高处作业、矿山安全作业、石油天然气安全作业等特种作业的作业人员。生产经营单位的特种作业人员必须按照国家有关规定，经专门的安全作业培训，取得相应资格，方可上岗作业。

2. 特种作业人员的范围

根据有关法律法规的规定，特种作业包括：

（1）电工作业，即对电气设备进行运行、维护、安装、检修、改造、施工、调试等作业（不含电力系统进网作业）。

（2）焊接与热切割作业，即运用焊接或者热切割方法对材料进行加工的作业（不含《特种设备安全监察条例》规定的有关作业）。

（3）高处作业，即专门或经常在坠落高度基准面 2 m 及以上有可能坠落的高处进行的作业。

（4）制冷与空调作业，即对大中型制冷与空调设备运行操作、安装与修理的作业。

（5）煤矿安全作业。

（6）金属非金属矿山安全作业。

（7）石油天然气安全作业。

（8）冶金（有色）生产安全作业。

（9）危险化学品安全作业，即从事危险化工工艺过程操作及化工自动化控制仪表安装、维修、维护的作业。

（10）烟花爆竹安全作业，即从事烟花爆竹生产、储存中的药物混合、造粒、筛选、装药、筑药、压药、搬运等危险工序的作业。

（11）原国家安全生产监督管理总局认定的其他作业。

直接从事以上特种作业的从业人员，就是特种作业人员。

3. 特种作业人员的要求

特种作业人员应当符合以下条件：

（1）年满 18 周岁，且不超过国家法定退休年龄。

（2）经社区或者县级以上医疗机构体检健康状况合格，并无妨碍从事相应特种作业的器质性心脏病、癫痫病、美尼尔氏症、眩晕症、癔病、震颤麻痹症、精神病、痴呆症以及其他疾病和生理缺陷；根据《中华人民共和国应急管理部公告》（2018 年第 12 号），申请办理特种作业操作证时，申请人不再提交体检证明，改为个人健康书面承诺。

（3）具有初中及以上文化程度。危险化学品特种作业人员还应当具备高中或者相当于高中及以上文化程度。

（4）具备必要的安全技术知识与技能。

（5）相应特种作业规定的其他条件。

第三节 安全生产责任制度

一、安全生产责任制度概述

1. 安全生产责任制度的概念

（1）关于责任。在现代汉语中，"责任"一词有三个基本词义。其一，分内应做的事，如"岗位责任"。这种责任实际上是一种角色义务，每个人在社会上都具有一定的角色、职位或身份，相应地也必须承担与其角色、职位或身份相对应的义务。其二，特定人对特定事项的发生、发展、变化及其成果负有积极的助长义务，如"担保责任"。其三，因没有做好分内之事或没有履行助长义务而应承担的不利后果或强制性义务，如"侵权责任"。

（2）关于安全生产责任。安全生产责任是指由各类安全生产法律规范所确定的，各类安全生产主体应当承担的法律义务，包括法定的作为或不作为的义务以及合法约定的作为或不作为的义务。安全生产责任制度，则是关于安全生产责任的确立、认定、归结、承担的一系列规则。

2. 安全生产责任的分类

按照不同的分类方法可对安全生产责任作不同分类。例如：按责任承担的内容不同，可分为财产责任、非财产责任；按责任承担程度不同，可分为有限责任、无限责任；按承担责任的法律事实与责任人的关系不同，可分为直接责任、连带责任和替代责任；按责任的性质不同，可划分为党纪责任、政务责任、法律责任等。在安全生产实践中，最基本的分类是按承担责任的主体不同分类，把安全生产责任分为生产经营单位主体责任、政府监管责任、社会治理责任。

（1）生产经营单位安全生产主体责任。生产经营单位安全生产主体责任是所有安全生产责任的核心，生产经营单位是市场经营的主体，根据责任自负的原则，生产经营单位是安全生产的第一责任人。

（2）政府安全生产监督管理责任。政府安全生产监督管理责任是指政府从外部约束的角度依法监督企业履行其应尽的安全生产义务的职责。

（3）社会治理安全生产责任。社会治理安全生产责任是指相关行业协会、中介服务机构、新闻媒体等对安全生产工作法定或约定的作为或不作为的义务。

二、生产经营单位主体责任

1. 全员安全生产责任制

（1）全员安全生产责任制。生产经营单位全员安全生产责任制是根据我国"安全第一、预防为主、综合治理"的安全生产方针和安全生产法规建立的，生产经营单位各级领导、职能部门、工程技术人员、岗位操作人员在生产经营过程中对安全生产层层负责的制度。

全员安全生产责任制是生产经营单位岗位责任制的细化，是生产经营单位中最基本的一项安全法律制度，也是生产经营单位安全生产管理制度的核心。安全生产人人有责、各负其责，是保证生产经营单位的生产经营活动安全进行的重要基础。生产经营单位应当建立纵向到底、横向到边的全员安全生产责任制，以保证安全生产工作人人有责、各负其责。

（2）全员安全生产责任制的内容。全员安全生产责任制综合各种安全生产管理、安全操作制度，对生产经营单位及其各级领导、各职能部门、有关工程技术人员和生产工人在生产中应负的安全责任予以明确。在全员安全生产责任制中，主要负责人应对本单位的安全生产工作全面负责，其他各级管理人员、职能部门、技术人员和各岗位操作人员应当根据各自的工作任务、岗位特点，确定其在安全生产方面应做的工作和应负的责任，并与奖惩制度挂钩。

从具体内容上看，全员安全生产责任制应当包括以下主要方面：

1）生产经营单位的各级负责生产和经营的管理人员，在完成生产或者经营任务的同时，对保证生产安全负责。

2）各职能部门的人员，对自己业务范围内有关的安全生产负责。

3）班组长、特种作业人员对其岗位的安全生产工作负责。

4）所有从业人员应在自己本职工作范围内做到安全生产。

5）各类安全责任的考核标准以及奖惩措施。

全员安全生产责任制应当内容全面、要求清晰、操作方便，各岗位的责任人员、责任范围及相关考核标准一目了然。当管理架构发生变化、岗位设置调整或者从业人员变动时，生产经营单位应当及时对全员安全生产责任制的内容作出相应修改。

（3）全员安全生产责任制的实施。生产经营单位应当定岗位、定人员、定安全责任，根据岗位的实际工作情况，确定相应的人员，明确岗位职责和相应的安全生产职责，实行"一岗双责"。

生产经营单位根据本单位实际情况，建立由本单位主要负责人牵头、相关负责人、安全生产管理机构负责人以及人事、财务等相关部门人员组成的全员安全生产责任制监督考核领导机构，协调处理全员安全生产责任制执行中的问题。主要负责人对全员安全生产责任制落实情况全面负责，安全生产管理机构负责全员安全生产责任制的监督和考核工作。

全员安全生产责任制的落实情况应当与生产经营单位的安全生产奖惩措施挂钩，建立完善全员安全生产责任制监督、考核、奖惩的相关制度，明确安全生产管理机构和人事、财务等相关部门的职责。应当充分发挥工会的作用，鼓励从业人员对全员安全生产责任制落实情况进行监督。

2. 主要负责人第一责任

生产经营单位的主要负责人是本单位工作的主要决策者和决定者，只有主要负责人真正做到全面负责，安全生产工作才能真正取得实效。

（1）生产经营单位主要负责人。生产经营单位的法定代表人和实际控制人同为安全生产的第一责任人。法定代表人是指依法律或法人章程规定代表法人行使职权的负责人。

对于公司制的企业，有限责任公司和股份有限公司的主要负责人应当是公司董事长和经理（总经理、首席执行官或其他实际履行经理职责的企业负责人）；对于非公司制的企业，主要负责人为企业的厂长、经理、矿长等企业行政"一把手"。

实际控制人是指虽不是企业的法定代表人或者股东，但通过投资关系、协议或者其他安排，能够实际支配公司行为的人。一些企业特别是一些中小企业的法定代表人背后往往另有实际控制人，他们对企业的重大事项有最终的决策权。

（2）主要负责人的安全生产职责。主要负责人对本单位的安全生产工作全面负责，是本单位安全生产第一责任人。生产经营单位主要负责人的安全生产职责包括：

1）建立健全并落实本单位全员安全生产责任制，加强安全生产标准化建设。

2）组织制定并实施本单位安全生产规章制度和操作规程。

3）组织制订并实施本单位安全生产教育和培训计划。

4）保证本单位安全生产投入的有效实施。

5）组织建立并落实安全风险分级管控和隐患排查治理双重预防工作机制，督促检查本单位的安全生产工作，及时消除生产安全事故隐患。

6）组织制定并实施本单位的生产安全事故应急救援预案。

7）及时、如实报告生产安全事故；保证本单位应当具备的安全生产条件所必需的资金投入等。

主要负责人因不履行安全生产职责或者履职不到位,导致发生生产安全事故的,应当承担相应的法律责任。

3. 其他负责人的职责

生产经营单位其他负责人是指主要负责人以外的有关负责人员,比如生产经营单位一把手以外的副总经理、副厂长、副矿长等。

生产经营单位的安全生产工作涉及生产经营活动的各个方面,按照"管行业必须管安全、管业务必须管安全、管生产经营必须管安全"的原则,严格落实"一岗双责"安全生产责任,其他负责人对职责范围内的安全生产工作负责。生产经营单位的其他负责人对职责范围内的安全生产工作负责,主要体现在以下方面:

(1) 认真抓好有关安全生产法律法规和政策文件的贯彻落实。
(2) 按照"谁主管谁负责"的原则对分管或者负责的部门担负直接领导责任。
(3) 制订分管领域或者本部门年度安全生产工作规划,并抓好落实。
(4) 经常组织分管领域的安全生产检查,及时消除安全隐患。
(5) 组织开展安全生产教育,参与事故调查处理和善后处理。
(6) 注重安全生产条件的改善,依法保护从业人员的安全和健康。
(7) 定期组织分管部门开展应急救援演练。
(8) 按照生产经营单位的规章制度做好本单位的其他安全生产工作。

第四节 安全生产领导责任和监督管理责任

一、党委和政府领导责任

1. 坚持"党政同责、一岗双责、齐抓共管、失职追责"

确保安全生产、维护社会安定、保障人民群众安居乐业是各级党委和政府的重要责任。各级党委和政府应当牢固树立安全发展理念,坚持人民至上,始终把安全生产放在首要位置,切实维护人民群众生命财产安全。党政主要负责人是本地区安全生产第一责任人,班子其他成员对分管范围内的安全生产工作负领导责任。

(1) 党政同责是党政部门及干部对安全生产工作共同担当、共同负责。
(2) "一岗双责"是指既要抓好本人分管的工作,又要以同等的注意力和责任心抓好所处或分管部门的安全生产工作。做到同研究、同规划、同布置、同检查、同考核、同问责，使两方面工作齐头并进。

2. 地方各级党委责任

地方各级党委的安全生产责任可归纳为以下 7 个方面：

（1）认真贯彻执行党的安全生产方针，在统揽本地区经济社会发展全局中同步推进安全生产工作，定期研究决定安全生产重大问题。

（2）加强安全生产监管机构领导班子、干部队伍建设。

（3）严格安全生产履职绩效考核和失职责任追究。

（4）强化安全生产宣传教育和舆论引导。

（5）发挥人大对安全生产工作的监督促进作用、政协对安全生产工作的民主监督作用。

（6）推动组织、宣传、政法、机构编制等单位支持保障安全生产工作。

（7）动员社会各界积极参与、支持、监督安全生产工作。

3. 地方各级政府责任

地方各级人民政府有以下 8 个方面职责：

（1）把安全生产纳入经济社会发展总体规划，制订实施安全生产专项规划，健全安全投入保障制度。

（2）及时研究部署安全生产工作，严格落实属地监管责任。

（3）充分发挥安全生产委员会作用，实施安全生产责任目标管理。

（4）建立安全生产巡查制度，督促各部门和下级政府履职尽责。

（5）加强安全生产监管执法能力建设，推进安全科技创新，提升信息化管理水平。

（6）严格安全准入标准，指导管控安全风险，督促整治重大隐患，强化源头治理。

（7）加强应急管理，完善安全生产应急救援体系。

（8）依法依规开展事故调查处理，督促落实问题整改。

二、部门安全生产监督管理责任

1. 综合监管部门与行业监管部门的关系

安全生产工作是一个综合性系统工程，仅靠一个部门负责，很难从根本上遏制各种生产安全事故的发生。

消防、道路交通、住建、水利、农业、教育、文化、旅游、特种设备等各行业领域的安全生产工作有不同的行业领域规律和特点，其行业领域主管部门对本行业的生产规律、安全风险、事故隐患掌握得最为精准,在项目审批、资格准入、行政许可、监管执法等方面拥有较强的监管能力,更有能力和手段防范本行业领域的安全风险,采取有力的防范治理措施,确保本行业领域的安全生产监管落实到位。

故此,按照"谁主管谁负责"的原则,各行业领域的主管部门对本行业领域的安全生产工作负责。

2. 综合监管部门的职责

国务院应急管理部门和县级以上地方各级人民政府应急管理部门是对安全生产工作实施综合监督管理的部门。综合监管部门负责安全生产法规标准和政策规划制修订、执法监督、事故调查处理、应急救援管理、统计分析、宣传教育培训等综合性工作,承担职责范围内矿山、危险化学品等行业领域的安全生产监管执法职责。

3. 其他部门的安全生产监督管理职责

我国现行的安全生产法律法规,明确了负有安全监督管理职责的部门在各自职责范围内承担安全监督管理的职责。除应急管理部门外,国务院有关部门和县级以上人民政府有关部门依照法律、行政法规、地方性法规以及本部门"三定"方案,对有关行业领域的安全生产工作实施监督管理。

4. 新兴行业领域或监督管理职责不明确时的处理原则

随着经济社会的快速发展而出现的一些新兴行业领域,其性质比较特殊、情况比较复杂,在安全生产监督管理上可能涉及多个部门。比如,平台经济中的外卖行业,涉及食品安全、交通安全、网络安全等多个领域。一些综合性较强的新型农家乐,涉及旅游、餐饮、农业农村等多个领域。

按照现有的规定,这些新兴的行业领域难以归入某个具体的部门进行专门监管。为防止部门之间互相推责、形成安全生产监督管理盲区,根据法律规定,对新兴行业领域的安全生产监督管理职责不明确的,应当由县级以上地方人民政府明确监督管理部门或者确定牵头的监督管理部门。

第五节　生产经营单位安全保障制度

一、生产经营单位安全保障制度概述

1. 生产经营单位安全保障制度的定义

强化和落实生产经营单位主体责任是安全生产法律制度体系设计的重要基础和基本要求,建立健全生产经营单位安全保障制度是落实生产经营单位主体责任的必

然要求。

生产经营单位安全保障制度是指生产经营单位按照有关安全生产的法律法规和规范性文件、标准的要求，保障对安全生产资金、物资、技术、人员的投入，加强从业人员的安全生产教育和培训，改善安全生产条件，健全风险防范化解机制，提高安全生产水平，确保安全生产。

2. 生产经营单位安全保障制度的主要内容

生产经营单位安全保障制度是生产经营单位依法应当履行的保障安全生产的义务，具体包括以下几方面。

（1）遵守安全生产法律法规。生产经营单位的安全生产管理，必须坚持依法治理的原则，遵守安全生产法律法规是所有生产经营单位必须履行的义务。《安全生产法》《矿山安全法》《道路交通安全法》《特种设备安全法》以及其他安全生产的行政法规和地方性法规是生产经营单位在安全生产方面必须遵守的行为规范。

（2）加强安全生产管理。安全生产管理是企业管理的重要内容。生产经营单位依法设置安全生产的管理机构，配备安全生产管理人员，建立健全本单位安全生产的各项规章制度并组织实施，保持安全设备设施完好有效等都属于安全生产管理工作。

（3）建立健全安全生产规章制度。安全生产规章制度是指引和约束生产经营单位从业人员在安全生产方面行为的制度，是安全生产的行为准则。其作用是明确生产经营单位各岗位的安全职责，规范安全生产行为，建立和维护生产经营单位安全生产秩序。安全生产规章制度包括全员安全生产责任制、安全操作规程和基本的安全生产管理制度。

（4）加大对安全生产的投入保障。安全生产投入是生产经营单位实现安全发展的前提，是做好安全生产工作的基础。安全生产投入包括资金、物资、技术、人员等方面的投入。安全生产条件，是指生产经营单位在安全生产中的设施、设备、场所、环境等"硬件"方面的条件，这些条件是与安全生产责任制度相配套的。生产经营单位必须加大投入保障力度，保障安全生产的各项物质技术条件，作业场所和各项生产经营的设施、设备、器材和从业人员防护用品等方面，都必须符合保障安全生产的要求。

（5）持续保障安全生产条件。生产经营单位要定期开展风险评估和危害辨识，针对高危工艺、设备、物品、场所和岗位，建立分级管控制度，制定事故隐患分级和排查治理标准，构建安全风险分级管控和隐患排查治理双重预防机制，坚持把安全风险管控挺在隐患前面，把隐患排查治理挺在事故前面，实现生产经营单位安全风险自辨自控、隐患自查自治的工作格局。

二、生产经营单位安全生产的组织保障

生产经营单位安全生产的组织保障是从人的因素上提出的要求，包括主要负责人的职责、安全生产管理机构的设置及职责、主要负责人和安全生产管理人员能力考核、特种作业人员资格许可、高危单位安全管理人员备案等内容。

1. 主要负责人的领导保障

主要负责人作为单位的主要领导者，对单位的生产经营活动全面负责，必须同时对单位的安全生产工作负责。主要负责人应该具备对本单位安全生产工作全面负责的意识和能力，对其要求如下：

（1）坚持以人为本的原则，坚持安全发展，认真贯彻落实"安全第一，预防为主、综合治理"的安全生产方针。

（2）正确处理好安全与发展、安全与效益的关系，做到生产必须安全，不安全不生产。

（3）了解安全生产法律法规，掌握主要负责人岗位的安全生产知识。

（4）制定落实主要负责人岗位安全生产责任清单和年度安全生产任务清单。

（5）具备主要负责人岗位的安全生产能力。

2. 安全生产管理机构的设置

安全生产管理机构是指生产经营单位专门负责安全生产监督管理的内设机构，其工作人员是专职安全生产管理人员。

（1）安全生产管理机构的设置。《安全生产法》规定，矿山、金属冶炼、建筑施工、运输单位和危险物品的生产、经营、储存、装卸单位，应当设置安全生产管理机构或者配备专职安全生产管理人员；其他生产经营单位，从业人员超过一百人的，应当设置安全生产管理机构或者配备专职安全生产管理人员；从业人员在一百人以下的，应当配备专职或者兼职的安全生产管理人员。也就是说，对于生产经营规模较小、安全风险不大的单位，可以不设立专门的安全生产管理机构。

（2）安全生产管理机构的职责。生产经营单位的安全生产管理机构以及安全生产管理人员履行下列职责：

1）组织或者参与拟订本单位安全生产规章制度、操作规程和生产安全事故应急救援预案。

2）组织或者参与本单位安全生产教育和培训，如实记录安全生产教育和培训情况。

3）组织开展危险源辨识和评估，督促落实本单位重大危险源的安全管理措施。

4）组织或者参与本单位应急救援演练。

5）检查本单位的安全生产状况，及时排查生产安全事故隐患，提出改进安全生产管理的建议。

6）制止和纠正违章指挥、强令冒险作业、违反操作规程的行为。

7）督促落实本单位安全生产整改措施。

生产经营单位的安全生产管理机构和安全生产管理人员应当恪尽职守，依法履行职责。生产经营单位作出涉及安全生产的经营决策，应当听取安全生产管理机构以及安全生产管理人员的意见。同时，生产经营单位不得因安全生产管理人员依法履行职责而降低其工资、福利等待遇或者解除与其订立的劳动合同。

三、生产经营单位安全生产的人员保障

1. 安全生产知识和管理能力要求

生产经营单位主要负责人和安全生产管理人员的安全生产知识和管理能力与生产经营单位的风险防范能力直接相关。因此，提高生产经营单位的主要负责人的安全生产知识水平和管理能力，对于加强生产经营单位的安全管理、改善劳动条件、保障从业人员的安全健康、促进安全生产、防止和减少生产安全事故，具有重要意义。对生产经营单位的安全生产管理人员的知识、素质和能力要求如下：

（1）熟悉并能认真贯彻国家有关安全生产的法律、法规、规章和方针政策，以及与本单位有关的安全生产规章制度、操作规程和相关的安全标准。

（2）了解安全分析、安全决策及事故预测和防护知识，具有审查安全建设规划、计划、大中小施工方案的安全决策知识和能力。

（3）具有一定文化程度，受过一定的安全技术培训，具有从事本行业领域的经验，熟悉和掌握对本单位所从事的生产经营活动必需的安全知识，并能够熟练地在安全生产管理工作中运用。

（4）具有一定的组织管理能力，能够较好地组织和领导相应的安全生产工作，具有较好的现场安全生产管理能力。

2. 特殊行业领域单位主要负责人和安全生产管理人员能力考核

危险物品的生产、经营、储存、装卸以及矿山、建筑施工、金属冶炼、运输等单位生产经营活动的专业性强、危险性大，属于生产安全事故多发的领域，因此，对这类生产经营单位的主要负责人和安全生产管理人员，提出了更加严格的要求。根据现行法律法规，上述行业领域生产经营单位的主要负责人和安全生产管理人

员，应当由主管的负有安全生产监督管理职责的部门对其安全生产知识和管理能力考核合格，负有安全生产监督管理职责的部门发现这类单位的主要负责人和安全生产管理人员未按照规定考核合格的，将依法给予生产经营单位处罚。

3. 注册安全工程师的配备要求

注册安全工程师是指经全国统一考试合格，取得注册安全工程师职业资格证书和执业证，在生产经营单位从事安全生产管理技术工作或者在中介机构从事有关安全生产技术服务的人员。实践证明，注册安全工程师制度对防范化解安全风险，提高安全生产水平，可以发挥重要作用。

我国现行法律法规规定，危险物品的生产、经营、储存、装卸单位以及矿山、金属冶炼单位应当有注册安全工程师从事安全生产管理工作。鼓励其他生产经营单位聘用注册安全工程师从事安全生产管理工作。

四、生产经营单位安全投入保障

1. 安全生产资金投入

（1）安全生产资金投入的要求。安全生产资金投入是生产经营单位的生产经营活动安全进行、防止和减少生产安全事故的重要前提和物质保障。生产经营单位从事生产经营活动必须具备安全生产法律、行政法规和国家标准或者行业标准规定的安全生产条件。要达到以上要求，必须要有一定的资金投入，用于安全设施的建设、安全设备的购置、为从业人员配备劳动防护用品以及对安全设备进行检测、维护、保养等。因此，生产经营单位必须保证本单位的安全生产资金投入。

（2）安全生产资金投入不足的法律责任。承担生产经营单位的决策机构、主要负责人或者个人经营的投资人应当对由于安全生产所必需的资金投入不足导致的后果承担责任。因安全生产所必需的资金投入不足导致生产安全事故发生，造成人员伤亡和财产损失的，生产经营单位的决策机构、主要负责人或者个人经营的投资人应当对后果负责，即承担相应的法律责任，包括民事赔偿责任、行政责任以及刑事责任。

2. 安全生产费用提取使用制度

为进一步加强生产经营单位安全生产投入资金的保障，我国针对特定行业领域生产经营单位设置了企业安全生产费用提取制度。

（1）安全生产费用提取的要求。安全生产费用是指企业按照规定标准提取、在成本中列支、专门用于完善和改进企业或者项目安全生产条件的资金。在我国从事煤炭与非煤矿山开采、建设工程施工、危险品生产与储存、交通运输、烟花爆竹生产、冶金、机械制造、武器装备研制生产与试验（含民用航空及核燃料）的企业以及其他经济组织应当依法提取安全生产费用。

（2）安全生产费用使用的要求。生产经营单位的安全生产费用按照"企业提取、政府监管、确保需要、规范使用"的原则进行管理。安全生产费用应当专门用于改善安全生产条件，用于国家规定的安全生产支出，不得挪作他用。

危险品生产与储存企业的安全生产费用，应当在以下范围内使用：

1）完善、改造和维护安全防护设施设备支出（不含"三同时"要求初期投入的安全设施），包括车间、库房、罐区等作业场所的监控、监测、通风、防晒、调温、防火、灭火、防爆、泄压、防毒、消毒、中和、防潮、防雷、防静电、防腐、防渗漏、防护围堤或者隔离操作等设施设备支出；配备、维护、保养应急救援器材、设备支出和应急演练支出。

2）开展重大危险源和事故隐患评估、监控和整改支出；安全生产检查、评价（不包括新建、改建、扩建项目安全评价）、咨询和标准化建设支出。

3）配备和更新现场作业人员安全防护用品支出；安全生产宣传、教育、培训支出。

4）安全生产适用的新技术、新标准、新工艺、新装备的推广应用支出。

5）安全设施及特种设备检测检验支出。

6）其他与安全生产直接相关的支出。

五、生产经营单位安全生产过程管理保障

生产经营单位的安全生产过程管理保障主要包括建设项目安全设施建设管理、安全风险分级管控和隐患排查治理、安全设备使用维护、重大危险源管理、危险作业现场安全管理、从业人员劳动保护等内容。

1. 建设项目安全设施建设管理

建设项目安全设施建设管理主要是指生产经营单位在生产建设项目安全设施建设、施工、竣工验收等过程中的安全生产管理。生产经营单位的建设项目的安全设施，必须与主体工程同时设计、同时施工、同时投入生产和使用。

建设项目工程招标的开标、评标、定标由建设单位依法组织实施，并接受有关行政主管部门的监督。建筑工程的发包单位可以将建设项目的勘察、设计、施工、设备采购一并发包给一个工程总承包单位，也可以将勘察、设计、施工、设备采购的一项或者多项发包给一个工程总承包单位；但是，不得将应当由一个承包单位完成的建筑工程肢解成若干部分发包给几个承包单位。

2. 安全风险分级管控和隐患排查治理

生产经营单位要建立安全风险分级管控和隐患排查治理双重预防机制，定期开展风险评估和危害辨识，针对高危工艺、设备、物品、场所和岗位，建立分级管控制度，制定事故隐患分级和排查治理标准。安全风险分级管控和事故隐患排查治理的主要要求包括：

（1）坚持关口前移，超前辨识预判岗位、企业、区域安全风险，对辨识出的安全风险进行分类梳理，采取相应的风险评估方法确定安全风险等级，通过实施制度、技术、工程、管理等措施，有效管控各类安全风险。

（2）强化事故隐患排查治理，加强过程管控，完善技术支撑、智能化管控、第三方专业化服务的保障措施，通过构建隐患排查治理体系和闭环管理制度，强化监管执法，及时发现和消除各类事故隐患。

（3）坚持把安全风险管控挺在隐患前面，把隐患排查治理挺在事故前面，实现生产经营单位安全风险自辨自控、隐患自查自治，形成政府领导有力、部门监管有效、企业责任落实、社会参与有序的工作格局。

3. 安全工艺、技术、材料和设备使用维护管理

（1）安全设备使用维护管理。安全设备的设计、制造、安装、使用、检测、维修、改造和报废，应当符合国家标准或者行业标准。对安全设备的要求包括：

1）生产经营单位必须对安全设备进行经常性维护、保养，并定期检测，保证正常运转。

2）安全设备维护、保养、检测应当做好记录，并由有关人员签字。

3）生产经营单位不得关闭、破坏直接关系生产安全的监控、报警、防护、救生设备、设施，或者篡改、隐瞒、销毁其相关数据、信息。

4）生产经营单位使用的危险物品的容器、运输工具，以及涉及人身安全、危险性较大的海洋石油开采特种设备和矿山井下特种设备，必须按照国家有关规定，由专业生产单位生产，并经具有专业资质的检测、检验机构检测、检验合格，取得安全使用证或者安全标志，方可投入使用。检测、检验机构对检测、检验结果负责。

5）国家对严重危及生产安全的工艺、设备实行淘汰制度。生产经营单位不得使用国家明令淘汰的工艺和设备。

（2）新工艺、新技术、新材料、新设备使用管理。生产经营单位采用新工艺、新技术、新材料或者使用新设备，必须了解、掌握其安全技术特性，采取有效的安全防护措施，并对从业人员进行专门的安全生产教育和培训。对采用的新工艺、新

技术、新材料或者使用的新设备在生产过程中可能产生的危险因素的性质、可能产生的危害后果、如何预防这种危险因素造成事故的措施以及万一发生事故如何妥善处理等事项，都要了解和掌握。

4. 危险作业现场安全管理

爆破、吊装、动火、临时用电作业具有较大的危险性，容易发生事故，而且一旦发生事故，将会对作业人员和有关人员造成较大的伤害。因此，生产经营单位进行爆破、吊装、动火、临时用电以及国家规定的其他危险作业时，应当安排专门人员进行现场安全管理，确保操作规程的遵守和安全措施的落实。

由于爆破、吊装、动火、临时用电等作业的危险性，在事故防范措施中，很重要的一项就是安排专门的人员进行作业场所的安全管理。现场安全管理人员一方面可以检查作业场所的各项安全措施是否得到落实，另一方面可以监督从事危险作业的人员是否严格按有关操作规程进行操作。同时，现场安全管理人员可以对作业场所的各种情况进行及时协调，发现事故隐患及时采取措施进行紧急排除。

5. 重大危险源管理

重大危险源是指长期或者临时生产、搬运、使用或者储存危险物品，且危险物品的数量等于或者超过临界量的单元的场所和设施。

生产经营单位对重大危险源应当登记建档，进行定期检测、评估、监控，并制定应急预案，告知从业人员和相关人员在紧急情况下应当采取的应急措施。生产经营单位应当按照国家有关规定，将本单位重大危险源及有关安全措施、应急措施、应急预案报有关地方人民政府应急管理部门和有关部门备案。

6. 从业人员安全生产教育和培训

人力资源是第一生产要素，生产经营活动最直接的承担者就是从业人员。只有每个岗位从业人员的具体生产经营活动安全，整个生产经营单位的安全生产才能得到保障。对从业人员进行安全生产教育和培训，控制人的不安全行为，才能减少生产安全事故。

通过安全生产教育和培训，可以使广大从业人员正确按章办事，严格执行安全生产操作规程，认识生产中的危险因素和掌握生产安全事故的发生规律，并正确运用科学技术知识和管理知识加强安全生产管理，及时发现和消除事故隐患，保证安全生产。

第六节　从业人员安全生产权利保障制度

一、从业人员安全生产权利保障制度

生产经营单位、从业人员、政府部门和安全生产法律关系所调整的其他自然人、法人及非法人组织都是安全生产的主体，每一个主体都享有一定的权利、承担相应义务。其中，从业人员的安全生产权利和生产经营单位的安全保障义务是整个安全生产的核心内容。保障从业人员的生命权、健康权等一系列权利是安全生产立法的主要目的之一。

《宪法》和《安全生产法》规定的关于从业人员与安全生产相关的劳动权、知情权、建议权、批评权、检举权、控告权、拒绝违章指挥权、拒绝冒险作业权、紧急处置权、民事赔偿权、教育培训权等保障措施和要求，构成了从业人员安全生产权利保障制度。

二、从业人员安全生产权利保障

1. 从业人员安全保障权

（1）从业人员安全保障权的含义。从业人员安全保障权是指从业人员有权获得科学的、持续性的对工作场所中安全生产风险因素的监控和从业人员生命健康保护的权利。安全保障权主要包括安全保护和安全条件两方面。

安全保护是指生产经营单位为了防止生产作业过程中的生产安全事故，采取各种措施来保障从业人员的生命安全和身体健康。

安全条件是指生产经营单位为从业人员提供符合安全生产标准的作业环境和物质、技术保障条件。

（2）从业人员安全保障权的保障。《安全生产法》规定，生产经营单位的从业人员有依法获得安全生产保障的权利。生产经营单位应当具备法律、行政法规和国家标准或者行业标准规定的安全生产条件；不具备安全生产条件的，不得从事生产经营活动。生产经营单位必须为从业人员提供符合国家标准或者行业标准的劳动防护用品。

《劳动法》规定，劳动保护和劳动条件是劳动合同的必备条款，用人单位未按照劳动合同约定支付劳动报酬或者提供劳动条件的，劳动者可以随时通知用人单位解除劳动合同。《劳动合同法》规定，用工单位应当履行执行国家劳动标准，提供相应的劳动条件和劳动保护的义务。

2. 从业人员知情权

（1）从业人员知情权的含义。从业人员知情权是指从业人员有权了解其作业场所和工作岗位存在的危险因素、防范措施及事故应急措施。知情权是一项基本人权，在关乎人身存亡的安全生产领域尤为重要，是其他权利的前提与基础，只有确保从业人员的知情权，才能真正形成现实意义的避险权、求偿权等后续性权利。从业人员有权了解作业场所和工作岗位与安全生产有关的3方面情况：一是存在的危险有害因素，二是防范措施，三是事故应急措施。

知情权分为在劳动合同签订前的被告知权和工作过程中的现场告知权。前者要求生产经营单位与从业人员订立的劳动合同应当载明有关保障从业人员劳动安全、防止职业危害的事项；后者要求生产经营单位在生产作业过程中随时提醒从业人员安全生产危害因素、岗位作业风险因素，设置警示标志等。

（2）从业人员知情权的保障。《劳动合同法》规定，用人单位应当将直接涉及劳动者切身利益的规章制度和重大事项决定公示，或者告知劳动者；用人单位招用劳动者时，应当如实告知劳动者工作内容、工作条件、工作地点、职业危害、安全生产状况、劳动报酬，以及劳动者要求了解的其他情况。

《安全生产法》规定，生产经营单位应当向从业人员如实告知作业场所和工作岗位存在的危险因素、防范措施及事故应急措施。生产经营单位应当如实记录事故隐患排查治理情况，并通过职工大会或者职工代表大会、信息公示栏等方式向从业人员通报。其中，重大事故隐患排查治理情况应当及时向负有安全生产监督管理职责的部门和职工大会或者职工代表大会报告。

3. 从业人员参与权

（1）从业人员参与权的含义。从业人员参与权是指从业人员对生产经营单位安全生产工作提出意见和建议，并参与生产经营单位的安全管理的权利。具体而言，从业人员参与权表现在对企业安全生产工作提出意见和建议，以职工代表大会形式听取安全生产工作报告，以及以工会形式参与企业安全管理等方面。

从业人员是生产经营单位各类生产作业行为的直接执行者，对企业安全生产情况，尤其是安全管理中的问题、安全风险、事故隐患最为了解。只有依靠他们并且赋予他们必要的安全生产管理参与权，才能真正做到防患于未然。

（2）从业人员参与权的保障。《安全生产法》规定，要建立生产经营单位负责、职工参与、政府监管、行业自律和社会监督的机制。生产经营单位的从业人员有权对本单位的安全生产工作提出建议。生产经营单位事故隐患排查治理情况应当如实记录，并通过职工大会或者职工代表大会、信息公示栏等方式向从业人员通报。其中，重大事故隐患排查治理情况应当及时向职工大会或者职工代表大会报告。生产经营单位制定或者修改有关安全生产的规章制度，应当听取工会的意见。

4. 从业人员监督权

（1）从业人员监督权的含义。从业人员监督权是指从业人员对生产经营单位安全生产工作进行监督，提出批评、检举和控告的权利。具体来讲，从业人员的监督权表现在对生产经营单位安全生产工作提出批评、检举和控告，以职工代表大会或工会形式监督生产经营单位的安全生产工作。

（2）从业人员监督权的保障。《安全生产法》规定，从业人员有权对本单位安全生产工作中存在的问题提出批评、检举、控告。工会依法对安全生产工作进行监督。生产经营单位的工会依法组织职工参加本单位安全生产工作的民主管理和民主监督，维护职工在安全生产方面的合法权益。工会有权对建设项目的安全设施与主体工程同时设计、同时施工、同时投入生产和使用进行监督，提出意见。工会对生产经营单位违反安全生产法律、法规，侵犯从业人员合法权益的行为，有权要求纠正；发现生产经营单位违章指挥、强令冒险作业或者发现事故隐患时，有权提出解决的建议，生产经营单位应当及时研究答复；发现危及从业人员生命安全的情况时，有权向生产经营单位建议组织从业人员撤离危险场所，生产经营单位必须立即做出处理。工会有权依法参加事故调查，向有关部门提出处理意见，并要求追究有关人员的责任。

5. 从业人员避险权

（1）从业人员避险权的含义。从业人员避险权是一种重要的自我救济性质的权利，是指当安全风险、事故隐患切实显现，而从业人员通过正常途径无法加以排除时，可以无须生产经营单位同意，自行远离该危害因素并能获得违法豁免的权利。包括紧急撤离权和拒绝违章指挥和冒险作业权。

从业人员发现直接危及人身安全的紧急情况时，有权停止作业或者在采取可能的应急措施后撤离作业场所。从业人员在行使这项权利时，需注意以下4点：

1）危及从业人员人身安全的紧急情况必须有确实可靠的直接根据。

2）紧急情况必须直接危及人身安全，间接或非紧急情况下不应撤离，应当采取有效的处理措施。

3）避险权包括两项含义，即停止作业马上撤离作业场所或采取可能的措施后撤离作业场所，行使权利的选择权在从业人员，不要求从业人员必须采取可能的应急措施或征得有关负责人同意后方可撤离。

4) 某些特殊职业从业人员行使该项权利受到限制。根据有关法律、国际公约和职业惯例，飞行人员、船舶驾驶人员、车辆驾驶人员等，在发生危及人身安全的紧急情况下，不能先行撤离从业场所或岗位。

拒绝违章指挥、强令冒险作业权，是保护从业人员生命安全和健康的一项重要权利。违章指挥，主要是指生产经营单位的负责人、生产管理人员和工程技术人员违反规章制度，不顾从业人员的生命安全和健康，指挥从业人员进行生产活动的行为。强令冒险作业是指生产经营单位管理人员对于存在危及作业人员人身安全的危险因素而又没有相应的安全保护措施的作业，不顾从业人员的生命安全和健康，强迫从业人员进行作业。

（2）从业人员避险权的保障。《安全生产法》规定，从业人员发现直接危及人身安全的紧急情况时，有权停止作业或者在采取可能的应急措施后撤离作业场所。生产经营单位不得因从业人员在紧急情况下停止作业或者采取紧急撤离措施而降低其工资、福利等待遇或者解除与其订立的劳动合同。《劳动法》规定，劳动者对用人单位管理人员违章指挥、强令冒险作业，有权拒绝执行。

生产经营单位应当遵循以人为本的原则，正确对待这种权利，对于依法行使避险权的从业人员不得降低其工资、福利等待遇或者解除与其订立的劳动合同。生产经营单位如果降低从业人员的工资、福利等待遇或者解除与其订立的劳动合同，则该类行为归于无效，对降低的工资要补发给从业人员，对福利予以恢复。解除合同的行为无效，原劳动合同依然具有法律效力。

6. 从业人员求偿权

（1）从业人员求偿权的含义。从业人员求偿权是指从业人员对生产经营单位未能提供职业安全保障，造成从业人员生命或健康损害时获得补偿的权利。求偿权包括保险权和赔偿权。

保险权包括工伤保险和安全生产责任保险。工伤保险是基本的社会保险，是指职工在劳动过程中发生生产安全事故以及职业病，暂时或者永久丧失劳动能力时，在医疗和生活上获得物质帮助的一种社会保险制度。工伤保险是为遭遇生产安全事故的从业人员提供直接的补偿，对用人单位的经济补偿责任予以社会化分担的机制。安全生产责任保险，是指保险机构对投保的生产经营单位发生的生产安全事故造成的人员伤亡和有关经济损失等予以赔偿，并且为投保的生产经营单位提供生产安全事故预防服务的带有公益性质的商业保险。投保单位按照安全生产责任保险请求的经济赔偿，不影响其从业人员依法请求工伤保险赔偿的权利。

赔偿权是为确保从业人员未被工伤保险覆盖的其他或者剩余的求偿权，法律规定的从业人员依照有关民事法律获得赔偿的权利。生产经营单位参加工伤保险和安全生产责任保险，并不意味着绝对排除了从业人员遭受工伤时的民事责任。有些情况下，从业人员通过工伤保险和安全生产责任保险并不能得到充分救济，而侵权责任赔偿可以填补受害人及其家属的相关损失。对于工伤保险和安全生产责任保险赔付后，从业人员仍然未能完全补偿的损害，从业人员有权按照民事法律的相关规定获得赔偿。

（2）从业人员求偿权的保障。《安全生产法》规定，生产经营单位必须依法参加工伤保险，为从业人员缴纳保险费。国家鼓励生产经营单位投保安全生产责任保险；属于国家规定的高危行业、领域的生产经营单位，应当投保安全生产责任保险。生产经营单位发生生产安全事故后，应当及时采取措施救治有关人员。因生产安全事故受到损害的从业人员，除依法享有工伤保险外，依照有关民事法律尚有获得赔偿的权利，有权提出赔偿要求。

《民法典》规定，侵害他人造成人身损害的，应当赔偿医疗费、护理费、交通费、营养费、住院伙食补助费等为治疗和康复支出的合理费用，以及因误工减少的收入。造成残疾的，还应当赔偿辅助器具费和残疾赔偿金；造成死亡的，还应当赔偿丧葬费和死亡赔偿金。

第七节　安全生产社会服务制度

一、安全生产社会服务制度及其种类

1. 安全生产社会服务制度

安全生产社会服务是指为满足生产经营单位安全生产服务和政府安全监督管理需求，安全生产社会服务机构为生产经营单位、政府及其部门提供安全评价、检测、检验、认证、咨询、培训等服务内容的一项社会活动。充分发挥社会服务在安全生产工作中的桥梁和纽带作用，是安全生产法律规范确立安全生产社会服务基本制度的重要意义。

2. 安全生产社会服务的种类

广义而言，凡是为安全生产工作提供服务的社会机构均属于安全生产社会服务机构，包括安全生产评价公司、检测检验机构、安全生产协会、律师事务所、会计师事务所，以及各类高等院校、科研院所等。狭义而言，只有与安全生产直接紧密相关的社会服务机构才属于安全生产社会服务机构，包括安全生产协会组织和安全

生产中介机构两类，即狭义而言的安全生产社会服务分为安全生产协会组织类服务和安全生产中介机构类服务。

二、安全生产协会组织类服务

1. 协会组织的性质和功能

（1）安全生产协会组织的性质。协会组织具有非政府性、自治性、非营利性、公益性等特征。其职责主要是为会员提供服务，还代表会员向政府提出有关涉及会员利益的诉求等。协会组织是依法成立的社团法人，依据其成员共同制定的章程体现其组织职能，维护本行业领域企业的权益，规范市场行为，增强抵御市场风险的能力。

安全生产协会组织是非营利性质的社会团体法人，是依法独立享有民事权利承担民事义务的安全生产社会服务组织，是安全生产社会服务的重要组成部分。经过多年的发展，在安全生产领域依法成立了一大批具有重要影响力的协会组织，如中国安全生产协会、中国职业安全健康协会、中国煤炭工业协会、中国化学品协会等，各省（自治区、直辖市）、地市、县区也建立了一些安全生产协会组织。

（2）协会组织的功能。协会组织的主要职能包括：

1）协调职能。协会组织作为行业整体的代表，能利用行业整体实力较好地处理和协调各类关系，从而减少单个企业的运作成本，提高效率。

2）服务职能。协会组织为会员单位、政府等机构提供各种市场信息，提供法律方面的咨询与服务，协调与仲裁贸易纠纷，举办产品信息发布和展销活动，进行业务培训等。

3）监督职能。对本行业产品和服务质量、竞争手段等进行严格监督，维护行业信誉，鼓励公平竞争。

2. 协会组织提供的安全生产社会服务

随着社会组织管理体制改革，行政机关的一些职责逐步分离给协会组织承担；协会组织逐步与行政机关脱钩，强化行业自律，真正成为为行业提供服务、反映诉求、规范行为的主体。因此，安全生产协会组织应当立足"提供服务、反映诉求、规范行为"的职责定位，在促进实现我国安全生产治理体系和能力现代化中发挥作用。

为充分发挥协会组织在安全生产方面的作用，《安全生产法》规定，有关协会组织依照法律、行政法规和章程，为生产经营单位提供安全生产方面的信息、培训等服务，发挥自律作用，促进生产经营单位加强安全生产管理。

（1）为生产经营单位提供安全生产方面的信息、培训等服务。安全生产协会组织为会员单位提供服务是一项重要职责。协会组织的会员主要来自本行业、本领域从事生产经营活动的单位及个人。协会组织熟悉、了解本行业、领域生产经营活动的技术、管理、工艺、流程等知识，掌握大量的信息、技术等资源。

生产经营单位比较急需的是有关安全生产方面的信息和培训。信息包括法规政策信息、经营信息、社会环境信息等涉及安全生产工作的各种信息。协会组织要充分发挥其自身优势，积极收集、汇总、分析相关方面的信息，并通过便利的方式及时向会员提供。在培训方面，协会组织既可以提供平台，也可以直接组织或者协助会员单位开展培训，特别是推广有关安全生产的工艺、技术、装备、材料以及企业安全管理的相关培训。

（2）发挥行业自律作用，加强会员管理。行业自律是帮助促进生产经营单位加强安全和管理，提高会员凝聚力是协会组织的重要功能和价值体现，主要包括：组织生产经营单位签订自律公约，建立投诉、举报信息系统，制定行业内部的奖惩制度，建立诚信体系、曝光安全生产领域的违法违规行为等。协会组织要建立健全自我约束的内部机制，促进会员单位加强安全生产管理，也可以拓展渠道向会员以外的生产经营单位提供相应的服务，共同促进生产经营单位提高安全生产管理水平。

三、安全生产中介类服务

1. 安全生产中介机构的特征

安全生产中介机构属于市场中介组织当中的专业中介服务机构，具有独立性、专业性、合法性和有偿性等特征。

（1）独立性。安全生产中介机构作为依法设立的企业经营组织，具有独立的法人或者合伙组织的法律人格。其享有一般服务性机构的基本权利外，按照独立、客观、准确、公正、诚信的原则依法从事专业中介服务，不受任何机关、团体、企业及个人的非法干预、剥夺及阻碍。安全生产中介服务机构有权依照法律法规的规定，从事授权范围内的安全生产业务，有权拒绝从事非法或者服务范围以外的安全生产中介服务。

（2）专业性。安全生产涉及的人文、自然、工程、社会等多个学科，具有极高的专业性、技术性。按照法定的条件，安全生产中介机构的人员必须具有法定的学术经历、专业技术、从业经验，通过法定的考核、评定，由国家机关或者其认可的机构授予专业资格。

(3) 合法性。安全生产中介机构必须依法设立、依法执业，并承担相应的法律责任。安全生产中介机构的设立、变更、终止以及其成员的执业，必须经过国家行业领域机关或其认可的机构许可，其行业领域分工范围也是由法律法规许可的范围确定，任何安全生产中介服务机构都必须在法定的范围内开展服务，不能随意跨行业经营服务。

《安全生产法》规定，承担安全评价、认证、检测、检验职责的机构出具失实报告的，责令停业整顿，并处罚款；给他人造成损害的，依法承担赔偿责任。承担安全评价、认证、检测、检验职责的机构租借资质、挂靠、出具虚假报告的，没收违法所得并处罚款；给他人造成损害的，与生产经营单位承担连带赔偿责任；构成犯罪的，依照刑法有关规定追究刑事责任。对其机构及其直接责任人员，吊销其相应资质和资格，五年内不得从事安全评价、认证、检测、检验等工作；情节严重的，实行终身行业和职业禁入。

(4) 有偿性。安全生产中介机构是依法设立的非营利性组织，然而，其提供的服务需要付出一定的成本，必然也要收取合理的报酬和费用。安全生产中介机构有权与委托人协商并收费。在实践当中，有些生产经营单位要求为其提供服务的安全生产中介机构，安全评价、认证、检测、检验的结论必须合格，凡是不能提供合格报告的，都不付费或少付费。从本质上来说，安全生产中介机构是帮助安全生产经营单位从专业第三方的角度提供安全诊断服务的机构，其服务具有独立性和客观性。这种以收费来影响中介机构服务结论的行为，既不利于生产经营单位的安全生产，也不利于政府部门客观评价生产经营单位的安全生产状况，属于严重违反法律的行为。

2. 安全生产中介机构的服务范围

安全生产中介机构从事的业务包括安全生产的评价、检测、检验、认证等。

(1) 安全评价。《安全生产法》规定，矿山、金属冶炼建设项目和用于生产、储存、装卸危险物品的建设项目，应当按照国家有关规定进行安全评价。

建设项目的安全评价是指在建设项目的可行性研究阶段的安全预评价。安全预评价通过分析生产过程中固有的或潜在的危险因素、危害后果以及消除和控制这些危险因素的技术措施和方案，分析建设项目选址、平面位置、安全措施是否符合法律、法规、国家标准或者行业标准、设计规范等国家规定，提出评价建议，并要求在安全设计中实施这些措施，从而保证建设项目的安全。安全预评价一般由生产经营单位委托取得相应资质的为安全生产提供技术服务的机构承担。

(2) 安全检测、检验。《安全生产法》规定，生产经营单位使用的危险物品的容器、运输工具，以及涉及人身安全、危险性较大的海洋石油开采特种设备和矿山井下特种设备，必须按照国家有关规定，由专业生产单位生产，并经具有专业资质的检测、检验机构检测、检验合格，取得安全使用证或者安全标志，方可投入使用。检测、检验机构对检测、检验结果负责。

（3）安全认证。目前，安全生产领域的认证包括安全生产标准化和职业健康安全管理体系认证。

1）安全生产标准化。安全生产标准化是指生产经营单位建立并保持安全生产管理体系，全面管控生产经营活动各环节的安全生产工作，不断提升安全管理水平，使各生产环节符合有关安全生产法律法规和标准规范的要求，使生产经营活动各个环节处于良好的生产状态，并持续改进的过程。

《安全生产法》规定，生产经营单位要加强安全生产标准化建设。生产经营单位的主要负责人负责建立健全并落实本单位全员安全生产责任制，加强安全生产标准化建设。按照《企业安全生产标准化建设定级办法》规定，企业标准化等级由高到低分为一级、二级、三级，企业标准化定级标准由应急管理部按照行业分别制定。企业标准化定级实行分级负责。应急管理部为一级企业以及海洋石油全部等级企业的定级部门。省级和设区的市级应急管理部门分别为本行政区域内二级、三级企业的定级部门。

2）职业健康安全管理体系认证。职业健康安全管理体系（Occupational Health and Safety Management Systems，OHSMS）是 20 世纪 80 年代后期在国际上兴起的现代安全生产管理模式。2020 年 3 月 6 日，国家市场监管总局、国家标准化管理委员会发布《职业健康安全管理体系要求及使用指南》（GB/T 45001—2020），该标准等同采用 ISO 45001：2018 *Occupational health and safety management systems—Requirements with guidance for use*，规定了职业健康安全管理体系的要求，并给出了其使用指南，以使组织能够通过防止与工作相关的伤害和健康损害以及主动改进其职业健康安全绩效来提供安全和健康的工作场所。

本 章 小 结

本章介绍了我国安全生产工作的指导思想、方针和工作机制以及法律制度的概念，安全生产基本法律制度、安全生产准入制度、安全生产责任制度、政府安全生产监管责任、生产经营单位安全保障制度、从业人员安全生产权利保障制度、安全生产社会服务制度的概念及其特征；详细阐述了安全生产准入制度、安全生产责任制度、政府安全生产监管责任、生产经营单位安全保障制度、从业人员安全生产权利保障制度、安全生产社会服务制度等主要安全生产制度的核心内容和实施要求。

复习思考题

1. 安全生产工作的基本理念是什么？简述安全生产的工作机制。
2. 简述我国的安全生产方针，并说明为什么要制定这样的方针。
3. 什么是法律制度？什么是安全生产基本法律制度？
4. 简述安全生产准入制度的主要内容。
5. 什么是安全生产"三同时"制度？举例说明安全生产"三同时"制度的实施分为哪几个阶段。
6. 什么是特种作业？特种作业人员的范围有哪些？
7. 简述责任和安全生产责任的概念。
8. 什么是全员安全生产责任制？全员安全生产责任制包括哪些内容？
9. 什么是安全生产资金投入？安全生产资金投入不足的要承担哪些法律责任？
10. 什么是安全生产协会组织？协会组织可以提供哪些安全生产社会服务？

第五章　事故应急处置相关法律问题

本章学习目标

1. 了解应急预案的历史沿革，应急预案的概念、特点及分类方法。
2. 熟悉应急预案编制的依据和原则，以及应急预案体系、应急预案的管理与监督管理、应急处置、事后恢复与重建的工作内容和要求。
3. 掌握生产安全事故应急预案及其编制和程序，以及综合应急预案内容、专项应急预案的内容、现场处置方案主要内容和支持附件的主要内容和要求。

第一节　应急预案

一、应急预案的历史沿革

2005年1月26日，国务院发布了《国家突发公共事件总体应急预案》，开启了我国应急预案体系建设。

经过多年的不断发展，应急预案体系从无到有、从中央到地方、从大型企业到中小微生产经营单位，从总体预案到专项预案、部门预案、基层预案、现场处置方案，应急预案体系日臻完善。

目前，遵循综合协调、分类管理、分级负责、属地为主和动态管理的原则，我国基本建立起"横向到边、纵向到底"的应急预案体系，涵盖自然灾害、事故灾难、公共卫生事件和社会安全事件等各类突发事件，并形成各相关行业领域、各行政管理层级横纵交叉、相互支撑的模式。应急救援体系包括管理指挥系统、救援保障体系、相互支持系统、保障供应体系和应急救援队伍等子系统，具有可操作性。

二、应急预案的概念

1. 应急预案

《突发事件应急预案管理办法》（国办发〔2013〕101号）第二条规定，本办法所称应急预案，是指各级人民政府及其部门、基层组织、企事业单位、社会团体等为依法、迅速、科学、有序应对突发事件，最大程度减少突发事件及其造成的损害而预先制定的工作方案。

2. 生产安全事故应急预案

生产安全事故应急预案也称为生产安全事故应急救援预案，简称事故应急预案或者事故应急救援预案。事故应急预案是针对具体设备、设施、场所和环境，在安全评价的基础上，为降低事故造成的人身、财产与环境损失，就事故发生后的应急救援机构和人员，应急救援的设备、设施、条件和环境，行动的步骤和纲领，控制事故发展的方法和程序等，预先做出的、科学的计划和安排。

三、应急预案的特点

《生产安全事故应急条例》第六条规定，生产安全事故应急救援预案应当符合有关法律、法规、规章和标准的规定，具有科学性、针对性和可操作性，明确规定应急组织体系、职责分工以及应急救援程序和措施。

生产安全事故应急预案编制不仅要符合法律、法规的要求，还要符合规章和标准的要求，特别是强制标准的规定，其目的就是要增强应急预案的科学性、针对性和可操作性。

（1）科学性是指预案要针对可能发生的事故特点及危险有害因素，通过风险辨识、风险评估、应急资源分析，并开展充分研讨和论证后进行编制，保证预案内容科学、合理。

（2）针对性是指预案要根据不同事故种类、特点和危害风险程度，制定相应的综合性应急预案、单项应急预案和现场处置方案，确保每一类应急预案都针对具体的突发事件。

（3）可操作性是指预案的内容要避免假、大、空。第一，要有针对突发事件的具体措施，不能脱离突发事件本身的规律和特点，确保处置突发事件的可操作性；第二，要针对具体可以使用的应急救援资源，确保调用应急救援资源的可操作性；第三，要针对具体的应急救援人员的技能，确保应急救援人员调度、使用的可操作性。

四、应急预案的分类方法

1. 应急预案一般分类方法

应急预案有多种分类方法,可以按照使用主体分类,也可以按照行政层级和突发事件性质分类。

按照使用主体分类是常用的分类方式之一,概括而言,应急预案可以分为两类,即企业应急预案和政府应急预案。企业预案由企业根据自身情况制定,由企业负责。政府应急预案由政府组织制定,由相应政府负责。

企业应急预案可以按照事件影响范围分为现场预案和场外预案。现场预案可按照适应企业层级进一步分为车间级、工矿级、公司级等应急预案。场外预案按照适应行政层级进一步分为乡镇级、区县级、地市级、省级、区域级和国家级等应急预案。

应急预案按照突发事件性质分为生产安全事故应急预案、突发公共卫生事件应急预案、突发公共安全事件应急预案和自然灾害应急预案。生产安全事故应急预案可按照事故性质进一步分为煤矿事故、危险化学品事故、道路交通事故、民航事故、建筑施工事故等应急预案。煤矿事故应急预案可进一步分为瓦斯事故、火灾事故、爆炸事故、运输事故、中毒窒息事故、透水突水事故、冒顶片帮事故等现场处置方案。

2. 按照制定主体的应急预案分类方法

《突发事件应急预案管理办法》第六条规定,应急预案按照制定主体划分,分为政府及其部门应急预案、单位和基层组织应急预案两大类。

(1) 政府及其部门应急预案。《突发事件应急预案管理办法》第七条规定,政府及其部门的应急预案由各级人民政府及其部门制定,包括总体应急预案、专项应急预案、部门应急预案等。

1) 总体应急预案是应急预案体系的总纲,是政府组织应对突发事件的总体制度安排,由县级以上各级人民政府制定。

2) 专项应急预案是政府为应对某一种类型或某几种类型突发事件,或者针对重要目标物保护、重大活动保障、应急资源保障等重要专项工作而预先制定的涉及多个部门职责的工作方案,由有关部门牵头制定,报本级人民政府批准后印发实施。

3) 部门应急预案是政府有关部门根据总体应急预案、专项应急预案和部门职责,为应对本部门(行业、领域)突发事件,或者针对重要目标物保护、重大活动保障、应急资源保障等涉及部门工作而预先制定的工作方案，由各级政府有关部门制定。

4）鼓励相邻、相近的地方人民政府及其有关部门联合制定应对区域性、流域性突发事件的联合应急预案。

（2）单位和基层组织应急预案。《突发事件应急预案管理办法》第九条规定，单位和基层组织应急预案由机关、企业、事业单位、社会团体和居委会、村委会等法人和基层组织制定，侧重明确应急响应责任人、风险隐患监测、信息报告、预警响应、应急处置、人员疏散撤离组织和路线、可调用或可请求援助的应急资源情况及如何实施等，体现自救互救、信息报告和先期处置特点。

五、应急预案的支持附件

应急预案的支持附件也是应急预案的一部分，同时也是应急预案的一种形式，包括现场处置方案、应急操作手册和应急响应措施等。

1. 现场处置方案

政府及其部门、有关单位和基层组织可根据应急工作需要，制定针对突发事件现场处置工作的现场处置方案。现场处置方案侧重明确现场组织指挥机制、应急队伍分工、不同情况下的应对处置措施和处置方案、应急装备保障和自我保障等内容。

2. 应急操作手册

政府及其部门、有关单位和基层组织可结合本地区、本部门和本单位的具体情况，编制应急预案的操作手册，简称应急操作手册，在有些文件和资料中也称为标准化操作程序。应急操作手册的内容一般包括：风险隐患分析、应急处置工作程序、响应措施、应急队伍和装备物资情况，以及相关单位联络人员和电话等。

3. 应急响应措施

根据应急响应分级制定应急响应措施。应急响应措施由预案制定单位根据本地区、本部门和本单位的实际情况确定。

第二节　应急预案编制与管理

《突发事件应急预案管理办法》第四条规定，应急预案管理遵循统一规划、分类指导、分级负责、动态管理的原则。

一、应急预案的编制

1. 应急预案编制的依据

尽管不同行业领域、不同用途的应急预案编制依据有所不同，但是无论是企业应急预案，还是政府应急预案，概括起来，编制依据主要有法律、法规、规范性文件、标准及应急预案所要针对的突发事件的情况。

《突发事件应对法》第二十三条规定，矿山、建筑施工单位和易燃易爆物品、危险化学品、放射性物品等危险物品的生产、经营、储运、使用单位，应当制定具体应急预案，并对生产经营场所、有危险物品的建筑物（构筑物）及周边环境开展隐患排查，及时采取措施消除隐患，防止发生突发事件。第二十四条规定，公共交通工具、公共场所和其他人员密集场所的经营单位或者管理单位应当制定具体应急预案，为交通工具和有关场所配备报警装置和必要的应急救援设备、设施，注明其使用方法，并显著标明安全撤离的通道、路线，保证安全通道、出口的畅通。

《突发事件应急预案管理办法》第五条规定，应急预案编制要依据有关法律、行政法规和制度，紧密结合实际，合理确定内容，切实提高针对性、实用性和可操作性。概括而言，应急预案编制的依据至少应包括：

（1）法律、法规、规章、规范性文件和标准。

（2）安全风险评估报告，包括突发事件风险分级。

（3）应急资源和能力评估报告，包括应急资源分布情况。

（4）应急预案使用组织的情况，包括可能参与应急救援的人员及其联系方法。

（5）可供参考的其他资料，包括相同或者相似的突发事件应急预案、突发事件处置的成功做法和失败教训的资料等。

2. 政府部门对应急预案工作的统筹职责

《生产安全事故应急条例》第三条第三款规定，县级以上人民政府应急管理部门指导、协调本级人民政府其他负有安全生产监督管理职责的部门和下级人民政府的生产安全事故应急工作。

应急管理部门作为安全生产工作的综合部门，对安全生产工作负有综合监督管理职责，同样对同级人民政府其他部门和下级人民政府的生产安全事故应急工作负有指导、协调职责。这里的指导，是指按照国家和上级有关部门或者本级政府的要求指导开展相应的生产安全事故应急工作，包括应急预案编制、预案演练等工作。

二、应急预案编制的原则

应急预案编制应满足依法依规原则、适应实际情况原则、充分准备原则等。

目前,我国已经形成了较为完善的公共安全法律法规体系,很多法律法规明确了应急预案编制的要求。此外,不同行业领域和部门,针对应急预案编制制定了相应的标准。如《生产安全事故应急条例》第六条规定,生产安全事故应急救援预案应当符合有关法律、法规、规章和标准的规定,具有科学性、针对性和可操作性,明确规定应急组织体系、职责分工以及应急救援程序和措施。再如《生产经营单位生产安全事故应急预案编制导则》(GB/T 29639—2013)、《特种设备事故应急预案编制导则》(GB/T 33942—2017)、《氯气泄漏事故应急预案编制导则》(T/JSLJ 001—2018,江苏省氯碱工业协会团体标准)等都是指导生产经营单位编制应急预案的标准。

编制的应急预案应符合编制单位的实际,能够针对突发事件、适应现场情况。《突发事件应急预案管理办法》第十三条要求,各级人民政府应当针对本行政区域多发易发突发事件、主要风险等,制定本级人民政府及其部门的应急预案编制规划,并根据实际情况变化适时修订完善。单位和基层组织可根据应对突发事件需要,制定本基层组织应急预案编制计划。

三、应急预案编制主体

应急预案编制主体是应急预案的公布、使用单位。

1. 应急预案编制主体

(1)政府应急预案的编制主体。政府应急预案由各级人民政府负责组织编制,政府是编制主体。政府专门应急预案一般由各级政府部门负责编制,由各级人民政府负责发布,也可以由各级人民政府相应部门发布。

(2)企业应急预案的编制主体。企业应急预案由企业负责编制,企业是编制主体。当大型、超大型企业集团有多层级组织体制时,集团总公司的总体应急预案由集团总公司负责组织编制、发布。集团总公司的专门应急预案一般由其负责该专门事务工作的部门负责编制,由集团总公司发布实施。集团总公司下属的子公司、分公司的总体应急预案,可以由集团总公司组织编制,也可以由子公司、分公司组织编制,由子公司、分公司发布实施。集团总公司下属的子公司、分公司的专门应急预案,一般由子公司、分公司组织编制,也可由子公司、分公司的负责该专门事务工作的部门负责编制,由子公司、分公司发布实施。

《突发事件应对法》第十七条规定：

1）国家建立健全突发事件应急预案体系。国务院制定国家突发事件总体应急预案，组织制定国家突发事件专项应急预案；国务院有关部门根据各自的职责和国务院相关应急预案，制定国家突发事件部门应急预案。

2）地方各级人民政府和县级以上地方各级人民政府有关部门根据有关法律、法规、规章、上级人民政府及其有关部门的应急预案以及本地区的实际情况，制定相应的突发事件应急预案。

3）应急预案制定机关应当根据实际需要和情势变化，适时修订应急预案。国家应急预案的制定、修订程序由国务院规定。

2. 生产安全事故应急预案的制定与发布

按照有关法律、法规规定，生产安全事故应急预案编制部门和单位应组成预案编制工作小组，吸收预案涉及的主要部门和单位业务相关人员、有关专家及有现场处置经验的人员参加。编制工作小组组长由应急预案编制部门或单位有关负责人担任。

（1）县级以上地方各级人民政府应当组织有关部门制定本行政区域内生产安全事故应急救援预案，建立应急救援体系，并向社会公布。

（2）乡镇人民政府和街道办事处，以及开发区、工业园区、港区、风景区等应当制定相应的生产安全事故应急救援预案，协助人民政府有关部门或者按照授权依法履行生产安全事故应急救援工作职责。

（3）县级以上人民政府负有安全生产监督管理职责的部门和乡、镇人民政府以及街道办事处等地方人民政府派出机关，应当针对可能发生的生产安全事故的特点和危害，进行风险辨识和评估，制定相应的生产安全事故应急救援预案，并依法向社会公布。

（4）生产经营单位应当针对本单位可能发生的生产安全事故的特点和危害，进行风险辨识和评估，制定生产安全事故预案，与所在地县级以上地方人民政府组织制定的生产安全事故应急救援预案相衔接，并向从业人员公布。

第三节 生产安全事故应急预案及其编制

《安全生产法》《突发事件应对法》《生产安全事故应急预案管理办法》和《生产经营单位生产安全事故应急预案编制导则》（GB/T 29639—2020）明确了生产安全事故应急预案的编制原则、程序、预案内容和要求。

一、生产安全事故应急预案编制程序

生产经营单位编制生产安全事故应急预案的程序一般包括：成立编制工作组、资料收集、风险评估、应急资源调查、应急预案编制、桌面推演、应急预案评审、批准实施等步骤。

1. 成立应急预案编制工作组

生产经营单位应结合本单位业务和部门职责及其分工，成立以单位有关负责人任组长，由单位的生产、技术、设备、安全、行政、人事、财务人员等相关部门人员参加的应急预案编制工作组，明确工作职责和任务分工，制定工作方案，开展应急预案编制工作。预案编制工作组中应邀请相关救援队伍以及周边相关企业、单位或社区代表参加。

2. 资料收集

应急预案编制工作组应收集与应急预案编制相关的资料，包括：

（1）适用的法律法规、部门规章、政府规章以及技术标准及规范性文件。

（2）生产经营单位周边地质、地形地貌、环境情况及气象、水文、交通、人文资料。

（3）生产经营单位现场功能区划分、建（构）筑物平面布置及安全距离资料。

（4）生产经营单位工艺流程、工艺参数、作业条件、设备装置及风险评估资料。

（5）本生产经营单位历史事故与隐患以及国内外同行业领域事故资料。

（6）属地人民政府及周边企业、单位应急预案。

3. 风险评估

开展生产安全事故风险评估，撰写评估报告。风险评估的主要内容包括：

（1）辨识生产经营单位存在的危险有害因素，确定可能发生的生产安全事故类别。

（2）分析各种事故类别发生的可能性、危害后果和影响范围。

（3）评估确定相应事故类别的风险等级。

4. 应急资源调查

全面调查和客观分析本单位以及周边单位、政府部门可请求援助的应急资源状况，撰写应急资源调查报告。应急资源调查的主要内容包括：

（1）本单位可调用的应急队伍、装备、物资、场所。

（2）针对生产过程及存在的风险可采取的监测、监控、报警手段。

(3) 上级单位、当地政府及周边企业、其他组织可提供的应急资源。

(4) 可协调使用的医疗、消防、专业抢险救援机构及其他社会化应急救援力量。

5. 应急预案编制

生产经营单位应急预案编制应遵循生命至上、安全第一、依法依规、符合实际、实用实效的原则，以应急处置为核心，体现自救互救和先期处置的特点，做到职责明确、程序规范、措施科学，尽可能简明化、图表化、流程化。生产经营单位应急预案编制的主要工作包括：

(1) 依据事故风险评估及应急资源调查结果，结合本单位组织管理体系、生产规模及处置特点，合理确立本单位应急预案体系。

(2) 结合本单位组织管理体系及部门业务职能分工，科学设定本单位应急组织机构及职责分工。

(3) 依据事故可能的危害程度和区域范围，结合应急处置权限及能力，清晰界定本单位的响应分级标准，制定相应层级的应急处置措施。

(4) 按照有关规定和要求，确定事故信息报告、响应分级与启动、指挥权移交、警戒疏散方面的内容，落实与相关部门和单位应急预案的衔接。

6. 桌面推演

按照应急预案明确的职责分工和应急响应程序，结合以往相关的经验教训，相关部门及其人员可采取桌面演练的形式，模拟生产安全事故应对过程，逐步分析讨论并形成记录，检验应急预案的可行性，并进一步完善应急预案。

7. 应急预案评审

(1) 评审形式。应急预案编制完成后，生产经营单位应按法律法规的有关规定，组织对应急预案的评审或论证。参加应急预案评审的人员可要求有关安全生产及应急管理方面、有现场处置经验的专家。应急预案论证可通过推演的方式开展。

(2) 评审内容。应急预案评审内容主要包括：风险评估和应急资源调查的全面性，应急预案体系设计的合理性与针对性，应急组织体系的合理性与实用性，应急响应程序、应对措施、应急保障措施的科学性与可行性，应急预案的衔接关系等。

(3) 评审程序。应急预案评审包括一般包括如下程序：

1) 评审准备。成立应急预案评审工作组，落实参加评审的人员，将应急预案、编制说明、风险评估、应急资源调查报告及其他有关资料在评审前送达参加评审的单位或人员。

2）组织评审。评审一般采取会议审查形式，生产经营单位主要负责人应参加会议，会议由参加评审的专家共同推选出的组长主持，按照议程组织评审；表决时，应有不少于出席会议人数的三分之二同意，方为通过；评审会议应形成评审意见并经评审组组长签字，附参加评审会议的人员签字表。表决的投票情况应当以书面材料记录在案，并作为评审意见的附件。

3）修改完善。生产经营单位应认真分析研究，按照评审意见对应急预案进行修订和完善。评审表决不通过的、生产经营单位应修改完善后按评审程序重新组织评审。生产经营单位应写出根据评审意见的修改情况说明，并经评审组组长签字确认。

8. 批准实施

通过评审的应急预案，由生产经营单位主要负责人签发实施。

二、生产安全事故应急预案体系

生产经营单位应急预案分为综合应急预案、专项应急预案和现场处置方案。生产经营单位应当根据有关法律法规、规范性文件、标准的要求，结合本单位的实际情况，科学合理确立本单位的应急预案体系，并与其他类别应急预案相衔接。

1. 综合应急预案

综合应急预案是指生产经营单位为应对各种生产安全事故而制定的综合性工作方案，是本单位应对生产安全事故的总体工作程序、措施和应急预案体系的总纲。

2. 专项应急预案

专项应急预案是指生产经营单位为应对某一种或者多种类型生产安全事故，或者针对重要生产设施、重大危险源、重大活动防止生产安全事故而制定的专项工作方案。

专项应急预案与综合应急预案中的应急组织机构、应急响应程序相同或相近时，可不编写专项应急预案，相应的应急处置措施并入综合应急预案。

3. 现场处置方案

现场处置方案是指生产经营单位根据不同生产安全事故类型，针对具体场所、装置或者设施所制定的应急处置措施。现场处置方案重点规范事故风险描述、应急工作职责、应急处置措施和注意事项，应体现自救互救、信息报告和先期处置的特点。

事故风险单一、危险性小的生产经营单位，可只编制现场处置方案。

三、综合应急预案

生产经营单位综合应急预案一般包括：总则、应急组织机构及职责、应急响应、后期处置、应急保障等内容。

1. 总则

（1）适用范围。说明应急预案适用的范围。

（2）响应分级。依据事故危害程度、影响范围和生产经营单位控制事态的能力，对事故应急响应进行分级，明确分级响应的基本原则。响应分级未必与事故分级一致，因此不应照搬事故分级。

2. 应急组织机构及职责

明确应急组织形式及各部门的应急处置职责。应急组织机构可设置相应的工作小组，明确各小组具体构成、职责分工及行动任务以工作方案。

3. 应急响应

（1）信息接报。明确应急值守电话，事故信息接收，内部通报程序、方式和责任人，向上级主管部门、上级单位报告事故信息的流程、内容、时限和责任人，以及向本单位以外的有关部门或单位通报事故信息的方法程序和责任人。

（2）信息处置与研判。首先，应明确响应启动的程序和方式。根据事故性质、严重程度、影响范围和可控性，结合响应分级明确的条件，可由应急领导小组作出响应启动的决策并宣布，或者依据事故信息是否达到响应启动的条件自动启动。

其次，若未达到响应启动条件，应急领导小组可作出预警启动的决策，做好响应准备，实时跟踪事态发展。

最后，响应启动后，应注意跟踪事态发展，科学分析处置需求，及时调整响应级别，避免响应不足或过度响应。

（3）预警启动。明确预警信息发布渠道、方式和内容。

（4）响应准备。明确作出预警启动后应开展的响应准备工作，包括队伍、物资、装备、后勤及通信。

（5）预警解除。明确预警解除的基本条件、要求及责任人。

（6）响应启动。确定响应级别，明确响应启动后的程序性工作，包括应急会议召开、信息上报、资源协调、信息公开、后勤及财力保障工作。

（7）应急处置。明确事故现场的警戒疏散、人员搜救、医疗救治、现场监测、技术支持、工程抢险及环境保护方面的应急处置措施，并明确人员防护的要求。

（8）应急支援。明确当事态无法控制的情况下，向外部（救援）力量请求支援的程序及要求、联动程序及要求，以及外部（救援）力量到达后的指挥关系。

（9）响应终止。明确响应终止的基本条件、要求和责任人。

4. 后期处置

明确污染物处理、生产秩序恢复、人员安置方面的内容。

5. 应急保障

（1）通信与信息保障。明确应急保障的相关单位及人员通信联系方式和方法，以及备用方案和保障责任人。

（2）应急队伍保障。明确相关的应急人力资源，包括专家、专兼职应急救援队伍及协议应急救援队伍。

（3）物资装备保障。明确本单位的应急物资和装备的类型、数量、性能、存放位置、运输及使用条件、更新及补充时限、管理责任人及其联系方式，并建立台账。

（4）其他保障。根据应急工作需求而确定的其他相关保障措施，如能源保障、经费保障、交通运输保障、治安保障、技术保障、医疗保障及后勤保障等。

四、专项应急预案

1. 适用范围

说明专项应急预案适用的范围，以及与综合应急预案的关系。

2. 应急组织机构及职责

明确应急组织形式及构成部门的应急处置职责。应急组织机构以及各成员单位或人员的具体职责。应急组织机构可以设置相应的应急工作小组，各小组具体构成、职责分工及行动任务建议以工作方案的形式作为附件。

3. 响应启动

明确响应启动后的程序性工作，包括应急会议召开、信息上报、资源协调、信息公开、后勤及财力保障工作。

4. 处置措施

针对可能发生的事故风险、危害程度和影响范围，明确应急处置指导原则，制定相应的应急处置措施。

5. 应急保障

根据应急工作需求明确保障的内容。

五、现场处置方案

1. 事故风险描述

简述事故风险评估的结果。

2. 应急工作职责

明确应急组织分工和职责。

3. 应急处置

现场处置方案的主要包括内容：

（1）应急处置程序。根据可能发生的事故及现场情况，明确事故报警、各项应急措施启动、应急救护人员的引导、事故扩大及与生产经营单位应急预案的衔接程序。

（2）现场应急处置措施。针对可能发生的事故，从人员救护、工艺操作、事故控制、消防、现场恢复等方面制定明确的应急处置措施。

（3）明确报警负责人以及报警电话及上级管理部门、相关应急救援单位联络方式和联系人员，事故报告基本要求和内容。

4. 注意事项

包括人员防护和自救互救、装备使用、现场安全方面的内容。

六、支持附件

支持附件是生产经营单位应急预案的组成部分。一般包括：生产经营单位概况，风险评估的结果，预案体系与衔接，应急物资装备的名录或清单，有关应急部门（机构）或人员的联系方式，格式化文本，关键的路线、标识和图样，以及有关协议或者备忘录。但是，并不是所有的生产经营单位应急预案的支持附件都需要这些内容，当生产经营单位的生产规模很小、风险较低、可能的应急处置过程比较简单时，可以省略部分乃至全部内容。

1. 生产经营单位概况

简要描述本单位地址、从业人数、隶属关系、主要原材料、主要产品、产量，以及重点岗位、重点区域、周边重大危险源、重要设施、目标、场所和周边布局情况。

2. 风险评估的结果

简述本单位风险评估的结果。

3. 预案体系与衔接

简述本单位应急预案体系构成和分级情况，明确与地方政府及其有关部门、其他相关单位应急预案的衔接关系。

4. 应急物资装备的名录或清单

列出应急预案涉及的主要物资和装备名称、型号、性能、数量、存放地点。运输和使用条件、管理责任人和联系电话等。

5. 有关应急部门、机构或人员的联系方式

列出应急工作中需要联系的部门、机构或人员及其多种联系方式。

6. 格式化文本

列出信息接报、预案启动、信息发布等格式化文本。

7. 关键的路线、标识和图样

应急预案支持附件中的路线、标识和图样一般包括：

（1）警报系统分布及覆盖范围。
（2）重要防护目标、风险清单及分布图。
（3）应急指挥部（现场指挥部）位置及救援队伍行动路线。
（4）疏散路线、集结点、警戒范围、重要地点的标识。
（5）相关平面布置、应急资源分布的图样。
（6）生产经营单位的地理位置图、周边关系图、附近交通图。
（7）事故风险可能导致的影响范围图。
（8）附近医院地理位置图及路线图。

8. 有关协议或者备忘录

列出与相关应急救援部门签订的应急救援协议或备忘录。

第四节 应急预案的管理与监督管理

一、应急预案公布

《突发事件应急预案管理办法》第十九条规定，国家总体应急预案报国务院审批，以国务院名义印发；专项应急预案报国务院审批，以国务院办公厅名义印发；部门应急预案由部门有关会议审议决定，以部门名义印发，必要时，可以由国务院办公厅转发。

地方各级人民政府总体应急预案应当经本级人民政府常务会议审议，以本级人民政府名义印发；专项应急预案应当经本级人民政府审批，必要时经本级人民政府常务会议或专题会议审议，以本级人民政府办公厅（室）名义印发；部门应急预

案应当经部门有关会议审议,以部门名义印发,必要时,可以由本级人民政府办公厅(室)转发。

单位和基层组织应急预案须经本单位或基层组织主要负责人或分管负责人签发,审批方式根据实际情况确定。

二、生产经营单位生产安全事故应急预案的备案

应急预案备案是应急管理的重要内容。实际工作中要求所有应急预案都向政府部门备案是不可能的,况且有些生产经营单位的风险很小,应急预案比较简单,也无必要。为此,仅有高危行业生产经营单位和人员密集场所经营单位的应急预案需要备案,其他生产经营单位的应急预案由单位自己管理。

1. 首次备案

(1) 政府部门的应急预案向本级人民政府备案。县级以上人民政府负有安全生产监督管理职责部门制定的生产安全事故应急预案报送本级人民政府备案,同时抄送上一级人民政府应急管理部门,并依法向社会公布。

地方各级人民政府其他负有安全生产监督管理职责的部门的应急预案,应当抄送同级人民政府应急管理部门。

(2) 高危行业生产经营单位和人员密集场所经营单位的应急预案向政府有关部门备案并依法向社会公布。易燃易爆物品、危险化学品等危险物品的生产、经营、储存、运输单位,矿山、金属冶炼、城市轨道交通运营、建筑施工单位,以及宾馆、商场、娱乐场所、旅游景区等人员密集场所经营单位,应当将其制定的生产安全事故应急预案按照国家有关规定报送县级以上人民政府负有安全生产监督管理职责的部门备案,并依法向社会公布。

中央企业总部的应急预案,报国务院主管的负有安全生产监督管理职责的部门备案,并抄送应急管理部;其所属单位的应急预案报所在地的省、自治区、直辖市或者设区的市级人民政府主管的负有安全生产监督管理职责的部门备案,并抄送同级人民政府应急管理部门。

不属于中央企业的非煤矿山、金属冶炼和危险化学品生产、经营、储存、运输企业,以及使用危险化学品达到国家规定数量的化工企业、烟花爆竹生产、批发经营企业的应急预案,按照隶属关系报所在地县级以上地方人民政府应急管理部门备案。

2. 生产经营单位申报应急预案备案应当提交的材料

按照安全生产法律法规、规范性文件的规定,生产经营单位申报应急预案备

案，应当提交下列材料：
（1）应急预案备案申报表。
（2）应急预案评审意见。
（3）应急预案电子文档。
（4）风险评估结果和应急资源调查清单。

3. 备案凭证和备案监督

受理备案登记的负有安全生产监督管理职责的部门应当在5个工作日内对应急预案材料进行核对，材料齐全的，应当予以备案并出具应急预案备案登记表；材料不齐全的，不予备案并一次性告知需要补齐的材料。逾期不予备案又不说明理由的，视为已经备案。

对于实行安全生产许可的生产经营单位，已经进行应急预案备案的，在申请安全生产许可证时，可以不提供相应的应急预案，仅提供应急预案备案登记表。

各级人民政府负有安全生产监督管理职责的部门应当建立应急预案备案登记建档制度，指导、督促生产经营单位做好应急预案的备案登记工作。

4. 应急预案修订后的重新备案

应急预案修订涉及组织指挥体系与职责、应急处置程序、主要处置措施、应急响应分级等内容变更的，修订工作应当参照本办法规定的应急预案编制程序进行，并按照有关应急预案报备程序重新备案。

5. 应急演练抽查与评估

对应急预案的抽查与评估是重要管理内容。应急预案执行单位的上级单位、负责应急预案备案的政府部门，要对下级单位的应急预案和到本部门备案的应急预案进行定期、不定期抽查，对抽查到的应急预案进行评估。

《生产安全事故应急条例》第八条规定，县级以上地方人民政府负有安全生产监督管理职责的部门应当对本行政区域内前款规定的重点生产经营单位的生产安全事故应急救援预案演练进行抽查；发现演练不符合要求的，应当责令限期改正。

《生产安全事故应急预案管理办法》规定，县级以上地方人民政府负有安全生产监督管理职责的部门应当对本行政区域内前款规定的重点生产经营单位的生产安全事故应急救援预案演练进行抽查；发现演练不符合要求的，应当责令限期改正。

对应急预案的抽查与评估是一种事后监督方式。对于生产安全事故应急预案，由负有安全生产监督管理职责的部门进行抽查，一旦发现问题，应当责令其重新编制应急预案。

三、应急预案的监督管理

1. 应急预案年度监督检查

各级人民政府应急管理部门应当将生产经营单位应急预案工作纳入年度监督检查计划,明确检查的重点内容和标准,并严格按照计划开展执法检查,应当每年对应急预案的监督管理工作情况进行总结,并报上一级人民政府应急管理部门。

2. 应急预案定期评估制度

应急预案编制单位应当建立定期评估制度,分析评价预案内容的针对性、实用性和可操作性,并对应急预案是否需要修订作出结论,实现应急预案的动态优化和科学规范管理。

矿山、金属冶炼、建筑施工企业和易燃易爆物品、危险化学品等危险物品的生产、经营、储存、运输企业、使用危险化学品达到国家规定数量的化工企业、烟花爆竹生产、批发经营企业和中型规模以上的其他生产经营单位,应当每三年进行一次应急预案评估。

3. 应急预案的修订

《安全生产法》《突发事件应对法》《生产安全事故应急条例》《突发事件应急预案管理办法》和有关标准对应急预案的修订做了规定。

(1)《生产安全事故应急条例》第六条规定,有下列情形之一的,生产安全事故应急救援预案制定单位应当及时修订相关预案:

1)制定预案所依据的法律、法规、规章、标准发生重大变化。
2)应急指挥机构及其职责发生调整。
3)安全生产面临的风险发生重大变化。
4)重要应急资源发生重大变化。
5)在预案演练或者应急救援中发现需要修订预案的重大问题。
6)其他应当修订的情形。

(2)《突发事件应急预案管理办法》第二十五条规定,有下列情形之一的,应当及时修订应急预案:

1)有关法律、行政法规、规章、标准、上位预案中的有关规定发生变化的。
2)应急指挥机构及其职责发生重大调整的。
3)面临的风险发生重大变化的。
4)重要应急资源发生重大变化的。
5)预案中的其他重要信息发生变化的。

6）在突发事件实际应对和应急演练中发现问题需要作出重大调整的。

7）应急预案制定单位认为应当修订的其他情况。

（3）《生产安全事故应急预案管理办法》第三十六条规定，有下列情形之一的，应急预案应当及时修订并归档：

1）依据的法律、法规、规章、标准及上位预案中的有关规定发生重大变化的。

2）应急指挥机构及其职责发生调整的。

3）安全生产面临的风险发生重大变化的。

4）重要应急资源发生重大变化的。

5）在应急演练和事故应急救援中发现需要修订预案的重大问题的。

6）编制单位认为应当修订的其他情况。

第五节　生产安全事故应急处置相关制度和应急队伍建设要求

一、生产安全事故应急处置相关制度

1. 暂时撤离应急救援人员制度

在应急救援过程中，因某种因素的影响或者条件的限制，如果继续施救，可能导致人员伤亡或者事故扩大的情况。为此，《生产安全事故应急条例》第二十二条明确了暂时撤离应急救援人员制度，规定，在生产安全事故应急救援过程中，发现可能直接危及应急救援人员生命安全的紧急情况时，现场指挥部或者统一指挥应急救援的人民政府应当立即采取相应措施消除隐患，降低或者化解风险，必要时可以暂时撤离应急救援人员。

在应急救援中，现场指挥部或者统一指挥应急救援的人民政府要积极消除隐患，降低或者化解救援风险；在风险难以降低或者化解的情况下，允许暂时停止救援工作，撤离应急救援人员，以保障应急救援人员的生命安全；待条件成熟后，继续实施应急救援工作。

2. 应急值班制度

为了保证应急工作的开展，及时联络相关人员和应急救援队伍，以及易燃易爆等高危物品应急救援的技术支撑，有关法律法规对应急值班制度做出了规定。

（1）三类单位应建立应急值班制度、配备应急值班人员。应当建立应急值班制度、配备应急值班人员的单位和部门有：一是县级以上人民政府及其负有安全生产监督管理职责的部门；二是危险物品的生产、经营、储存、运输单位以及矿山、

金属冶炼、城市轨道交通运营、建筑施工单位；三是应急救援队伍。

（2）易燃易爆等高危物品单位成立应急处置技术组、24小时值班。规模较大、危险性较高的易燃易爆物品、危险化学品等危险物品的生产、经营、储存、运输单位应当成立应急处置技术组，实行24小时应急值班。

二、政府应急救援队伍能力建设

为了加强应急救援队伍建设，提高应急救援人员素质。《生产安全事故应急条例》对应急救援队伍能力建设做出了明确的规定。

1. 各级人民政府应急救援队伍建设

各级人民政府及有关部门建立的综合和专业的应急救援队伍，是参与生产安全事故应急救援工作的主要力量。

国家应加强生产安全事故应急能力建设，在重点行业、领域建立应急救援基地和应急救援队伍，并由国家安全生产应急救援机构统一协调指挥。

县级以上人民政府应当加强对生产安全事故应急救援队伍建设的统一规划、组织和指导。县级以上人民政府负有安全生产监督管理职责的部门根据生产安全事故应急工作的实际需要，在重点行业、领域单独建立或者依托有条件的生产经营单位、社会组织共同建立应急救援队伍。

2. 社会化救援队伍建设

国家鼓励生产经营单位和其他社会力量建立应急救援队伍，配备相应的应急救援装备和物资，提高应急救援的专业化水平。

目前，部分生产经营单位建立了专门的应急救援队伍，除了满足自身救援工作外，还参与社会化救援服务；还有一些专门从事应急救援工作的社会组织，这些社会救援力量，是我国应急救援工作的重要补充。

3. 高危行业领域生产经营单位和人员密集场所经营单位应急救援队伍建设

易燃易爆物品、危险化学品等危险物品的生产、经营、储存、运输单位，矿山、金属冶炼、城市轨道交通运营、建筑施工单位，以及宾馆、商场、娱乐场所、旅游景区等人员密集场所经营单位，应当建立应急救援队伍；其中，小型企业或者微型企业等规模较小的生产经营单位，可以不建立应急救援队伍，但应当指定兼职的应急救援人员，并且可以与邻近的应急救援队伍签订应急救援协议。

4. 产业聚集区可以联合建立应急救援队伍

工业园区、开发区等区域内，特别是化工园区内，高危生产经营单位较多，每个生产经营单位都建立应急救援队伍，既浪费资源，也无必要。为此，工业园区、开发区等产业聚集区域内的生产经营单位,可以联合建立应急救援队伍。

5. 应急救援人员素质的培训和训练

应急救援人员从事的工作特殊,需要面对火灾、水害、尘毒等各种类型风险,专业性极强,必须具有较高的素质和技能。一是应急救援人员应当接受专业知识、技能素质的培训,具备必要的专业知识、技能、身体素质和心理素质;二是经过培训合格方可参加应急救援工作。

《突发事件应对法》对政府及部门、相关单位的应急管理人员培训提出了要求。《安全生产法》对生产经营单位从业人员的安全生产教育和培训提出了要求。生产经营单位应当对从业人员进行应急教育和培训,保证从业人员具备必要的应急知识,掌握风险防范技能和事故应急措施。

应急救援队伍应进行经常性的训练,不断提高应急救援能力。

6. 应急队伍的统筹管理

应急救援队伍的统筹管理和信息化,是调动各方面应急救援力量,提高整体应急救援能力的重要手段。为此,《生产安全事故应急条例》从两个方面作出规定,第一是规定生产经营单位建立的应急救援队伍要向政府部门报告,明确"生产经营单位应当及时将本单位应急救援队伍建立情况按照国家有关规定报送县级以上人民政府负有安全生产监督管理职责的部门,并依法向社会公布"。第二是规定政府有关部门建立的应急救援队伍要向本级政府报告,便于统筹管理,明确"县级以上人民政府负有安全生产监督管理职责的部门应当定期将本行业、本领域的应急救援队伍建立情况报送本级人民政府,并依法向社会公布"。

7. 应急救援的信息化建设

应急救援的信息化,是保障应急救援有效的重要手段。应急救援队伍、人员、物资、预案等信息必须实现共享、互通。《安全生产法》第七十九条规定,国务院应急管理部门牵头建立全国统一的生产安全事故应急救援信息系统,国务院交通运输、住房和城乡建设、水利、民航等有关部门和县级以上地方人民政府建立健全相关行业、领域、地区的生产安全事故应急救援信息系统,实现互联互通、信息共享,通过推行网上安全信息采集、安全监管和监测预警,提升监管的精准化、智能化水平。

(1)建立统一的生产安全事故应急救援信息系统。国务院负有安全生产监督管理职责的部门应当按照国家有关规定建立生产安全事故应急救援信息系统,并采取有效措施,实现数据互联互通、信息共享。

应急管理部、交通运输部、水利部等负有安全生产监督管理职责的部门,按照各自职责，建立健全相应行业、领域的生产安全事故应急救援信息系统，最终通过大数据，实现互联互通、信息共享，构成全国统一的信息系统，为生产安全事故应急救援提供保障。

（2）生产安全事故应急救援信息系统与日常监管结合，实现"互联网＋监督"服务。生产经营单位可以通过生产安全事故应急救援信息系统办理生产安全事故应急救援预案备案手续，报送应急救援预案演练情况和应急救援队伍建设情况；但依法需要保密的除外。

应急救援信息系统应当可以办理生产安全事故应急救援预案备案手续、报送应急救援预案演练情况和应急救援队伍建设情况等3项工作。

三、物资储备要求

为了强化生产安全事故应急物资储备，保障应急工作的需要，《安全生产法》等法律法规规定了国家建立健全应急物资储备保障制度，提出了完善重要应急物资的监管、生产、储备、调拨和紧急配送体系的要求。设区的市级以上人民政府和突发事件易发、多发地区的县级人民政府应当建立应急救援物资、生活必需品和应急处置装备的储备制度。县级以上地方各级人民政府应当根据本地区的实际情况，与有关企业签订协议，保障应急救援物资、生活必需品和应急处置装备的生产、供给。

1. 政府应急物资储备的要求

县级以上地方人民政府应当根据本行政区域内可能发生的生产安全事故的特点和危害，储备必要的应急救援装备和物资，并及时更新和补充。

2. 高危行业领域生产经营单位以及人员密集场所经营单位的储备要求

易燃易爆物品、危险化学品等危险物品的生产、经营、储存、运输单位、矿山、金属冶炼、城市轨道交通运营、建筑施工单位，以及宾馆、商场、娱乐场所、旅游景区等人员密集场所经营单位，应当根据本单位可能发生的生产安全事故的特点和危害，配备必要的灭火、排水、通风以及危险物品稀释、掩埋、收集等应急救援器材、设备和物资，并进行经常性维护、保养，保证正常运转。

第六节　应急处置事后恢复与重建

突发事件的威胁和危害得到控制或者消除后，履行统一领导职责或者组织处置突发事件的人民政府应当停止执行依照规定采取的应急处置措施，同时采取或者继续实施必要措施，防止发生自然灾害、事故灾难、公共卫生事件的次生、衍生事件或者重新引发社会安全事件。

突发事件应急处置工作结束后，履行统一领导职责的人民政府应当立即组织对突发事件造成的损失进行评估，组织受影响地区尽快恢复生产、生活、工作和社会秩序，制订恢复重建计划，并向上一级人民政府报告。

受突发事件影响地区的人民政府应当及时组织和协调公安、交通、铁路、民航、邮电、建设等有关部门恢复社会治安秩序，尽快修复被损坏的交通、通信、供水、排水、供电、供气、供热等公共设施。

受突发事件影响地区的人民政府开展恢复重建工作需要上一级人民政府支持的，可以向上一级人民政府提出请求。上一级人民政府应当根据受影响地区遭受的损失和实际情况，提供资金、物资支持和技术指导，组织其他地区提供资金、物资和人力支援。

国务院根据受突发事件影响地区遭受损失的情况，制定扶持该地区有关行业发展的优惠政策。

受突发事件影响地区的人民政府应当根据本地区遭受损失的情况，制订救助、补偿、抚慰、抚恤、安置等善后工作计划并组织实施，妥善解决因处置突发事件引发的矛盾和纠纷。

公民参加应急救援工作或者协助维护社会秩序期间，其在本单位的工资待遇和福利不变；表现突出、成绩显著的，由县级以上人民政府给予表彰或者奖励。

县级以上人民政府对在应急救援工作中伤亡的人员依法给予抚恤。

履行统一领导职责的人民政府应当及时查明突发事件的发生经过和原因，总结突发事件应急处置工作的经验教训，制定改进措施，并向上一级人民政府提出报告。

本 章 小 结

本章介绍了应急预案的历史沿革，以及应急预案的概念、特点、分类方法等应急预案的基础内容；明确了应急预案的编制依据、原则、主体以及政府部门对应急预案工作的管理职责；说明了生产安全事故应急预案和编制程序以及综合应急预案内容、专项应急预案内容、现场处置方案的主要内容及支持附件，介绍了生产安全事故应急预案的批准公布、备案、抽查与评估、监督管理的要求。

复习思考题

1. 什么是生产安全事故应急预案？简述生产安全事故应急预案的特点。
2. 根据《突发事件应急预案管理办法》相关规定，应急预案按照制定主体可分为哪几类？每一类预案编制内容的侧重点是什么？
3. 根据《突发事件应急预案管理办法》相关规定，应急预案编制的依据至少有哪些？
4. 列举3项以上可用于指导生产经营单位开展相关应急预案编制工作的技术标准。
5. 一家生产经营单位将组织开展生产安全事故应急预案编制工作，按照《生产经营单位生产安全事故应急预案编制导则》（GB/T 29639—2020）要求，预案编制一般包括哪些工作程序？
6. 生产经营单位生产安全事故应急预案的评审内容主要包括哪些方面？
7. 一家生产经营单位，如何构建自身的生产安全事故应急预案体系？
8. 按照国家相关规定，哪些生产经营单位的生产安全事故应急预案需要进行备案？简要说明首次备案的程序及应当提供的材料？
9. 按照《生产安全事故应急条例》相关规定，当发生哪些情形时，生产安全事故应急救援预案制定单位应当对相关预案进行及时修订？
10. 按照我国有关法律法规对应急值班制度的规定，哪3类单位应建立应急值班制度、配备应急值班人员？
11. 为加强对应急救援队伍的统筹管理，《生产安全事故应急条例》从哪两个方面作出了相关规定？

第六章　生产安全事故调查处理相关法律问题

本章学习目标

1. 了解我国生产安全事故调查处理的初期建立阶段、恢复发展和过渡阶段、完善规范发展阶段的特点,以及事故调查的分级和督办、事故调查处理的其他相关法务事项。

2. 熟悉生产安全事故调查处理原则、基本要求、工作体制与职责分工,以及生产安全事故结案和事故调查资料管理。

3. 掌握生产安全事故调查组的组成和要求,以及生产安全事故调查的内容、工作程序和事故调查报告的主要内容。

第一节　我国生产安全事故调查处理的发展历程和现状

我国生产安全事故（以下简称事故）调查处理制度的形成和发展是随着社会经济的发展而不断发展和变化的,自 1949 年中华人民共和国成立以来,生产安全事故调查处理发展历程大致可分为 3 个阶段,即初期建立阶段、恢复发展和过渡阶段以及完善规范发展阶段。

一、初期建立阶段

1. 中华人民共和国成立初期生产安全事故调查制度的初步形成

1949 年,中华人民共和国成立后,虽然企业中伤亡事故发生的比例比中华人民共和国成立前有所下降,但是此时新生的中国百废待兴、百业待举,恶劣劳动条件使事故频发,人民群众的生命和财产安全遭受了极大的损害。

为此，政务院财经委员会于 1950 年 5 月 3 日颁布施行了《全国公私营厂矿职工伤亡报告办法》，该办法规定由劳动部门负责调查处理企业生产安全事故。初步形成了以劳动部门为事故调查主体的生产安全事故调查制度。

1950 年 5 月 4 日，根据政务院财经委员会的规定，劳动部制定公布了《全国公私营厂矿职工伤亡报告办法》，并附发《重伤、死亡事故调查报告表》和《因工死亡人数日报表》，具体规定了企业在职工发生伤亡事故后的报告程序和规范。1951 年，为了贯彻安全生产方针，加强劳动保护工作，政务院财经委员会发布了《工业、交通及建筑企业职工伤亡事故报告办法》。

2. 颁布实施《三大规程》

1956 年，国务院颁布的《工厂安全卫生规程》（1956 年 6 月 20 日国务院发布）、《建筑安装工程安全技术规程》（1956 年 5 月 25 日国务院全体会议第 29 次会议通过）和《工人职员伤亡事故报告规程》（国议周字第 40 号），奠定了劳动安全卫生的法治基础，被劳动保护领域称为"三大规程"。

《工人职员伤亡事故报告规程》是由周恩来总理亲自主持制定的，是中华人民共和国颁布的第一部关于生产安全事故调查处理和统计报告的行政法规。该规程对生产安全事故的调查和处理作出原则性规定，要求由多部门组成的事故调查小组对事故进行调查，确定事故原因，拟定改进措施，提出对事故责任人的处分意见，明确了职工在生产领域或者和生产相关领域发生事故后的报告、调查、登记及处理等一系列制度，逐渐形成了我国生产安全事故调查的初期制度。

《工人职员伤亡事故报告规程》对于适用范围、安全事故的分级、安全事故的调查主体等都有明确的规定。该规程明确规定：

（1）本规程适用于国营、地方国营、合作社营和公私合营的工业、交通运输业、建筑业、伐木业的企业，地质和水利系统的工程单位，机械农场和农业机器站。

（2）将事故划分为：轻伤事故、重伤事故和死亡事故三级，分类较为简单粗陋。

（3）规定事故调查主体有：企业行政或者企业主管部门以及车间，轻伤事故的调查主体为车间，重伤及死亡事故的则由企业行政、主管部门负责组织调查。劳动部门实行对企业的全方面的监督检查，工会监督企业的规程实施情况。

（4）工会有权在发生重伤及死亡事故后组成调查小组或者调查委员会，与事故发生企业的行政或主管部门一同组成调查小组参与事故调查，当地的劳动部门及其他有关部门可以派员参加。重伤及死亡事故在调查结束后形成"工人职员伤亡事故调查报告书"，各相关单位根据报告书提出的问题和改进措施。轻伤事故由车间工会参与调查,和车间负责人和车间技术人员一起找出事故发生的原因、提出改进建议。

3. "文化大革命"期间基本荒废了生产安全事故调查制度

20世纪50年代末,随着"大跃进"在社会生产各行业领域的开展,我国安全生产形势恶化。为了盲目追求发展,将法律法规置于不顾,一切以迎合政策目标为主,大量的社会生产设施被破坏,使各地普遍忽视劳动保护,对生产规律的忽视以及不顾实际的抢工赶期,安全生产伤亡事故进入了一个多发期。及至"文化大革命"的开展,思想文化领域主张大胆否定、极力批判,造成了之前颁布的许多有利于生产秩序恢复和劳动条件改善的法律法规被废除,所取得的成果被全面否定。注重安全生产和劳动保护,都被批判成了"活命哲学",生产安全事故的调查处理不遵循科学规律、不按照法定程序和要求、不实事求是,甚至大部分都没有进行事故调查。

二、恢复发展和过渡阶段

1. 国家制定实施了一系列生产安全事故调查处理法规和标准

1978年12月,党的十一届三中全会召开后,为了应对新形势下的安全生产事故调查处理工作,相继出台了一系列劳动保护、安全生产的法规、规章、规范性文件和标准,生产安全事故调查处理逐渐恢复进入法治化的轨道。先后颁布实施了《特别重大事故调查程序暂行规定》(1989年国务院令第34号发布)、《企业职工伤亡事故报告和处理规定》(1991年国务院令第75号发布)、《国务院关于特大安全事故行政责任追究的规定》(2001年国务院令第302号发布)、《企业职工伤亡事故经济损失计算标准》(GB 6721—1986)、《企业职工伤亡事故分类标准》(GB 6441—1986)等。逐步形成了以《企业职工伤亡事故报告和处理规定》为统领的生产安全事故调查处理法规标准制度体系。

(1)《特别重大事故调查程序暂行规定》明确了特别重大事故的调查权、事故调查组组成、事故调查组的任务以及调查人员的职责等,特别重大事故以外的企业人身伤亡和急性中毒事故适用《企业职工伤亡事故报告和处理规定》。

(2)《企业职工伤亡事故报告和处理规定》对于适用范围有了更为具体的规定。第三条规定,伤亡事故是指职工在劳动过程中发生的人身伤害、急性中毒事故。

(3)《特别重大事故调查程序暂行规定》和《企业职工伤亡事故报告和处理规定》为事故调查处理的规范化、程序化奠定了法治基础,提供了行为准则和要求。

(4)生产安全事故调查处理的法规和标准还存在着一些不足。如法规和标准的适用范围存在局限性,事故调查组分工不够明确,事故调查报告时效仓促,事故调查处理非公开，调查处理职责分工模糊等问题。

2. 各部委出台了一些生产安全事故调查处理的部门规章

为了做好生产安全事故的调查处理和预防工作，多个国家部委下发文件，进一步规范本行业领域生产安全事故的调查和处理工作。

1983年，冶金工业部下发《冶金工业部冶金企业伤亡事故管理办法》（冶金工业部〔1983〕冶安字217号）；1987年，国家机械工业委员会下发《国家机械工业委员会伤亡事故管理办法》（机委质〔1987〕178号）；1989年，农业部下发《乡镇企业职工伤亡事故调查、登记、统计、报告暂行办法》（1989农企字第1号）等。

三、完善规范发展阶段

1. 部分法律规范了生产安全事故调查处理

随着改革开放的继续深入，特别是依法治国基本方略的确定，我国相继出台一系列安全生产有关的法律法规。其中包括：1992年，《矿山安全法》（中华人民共和国主席令第65号）公布；1995年，《民用航空法》（中华人民共和国主席令第56号）公布；1996年，《煤炭法》（中华人民共和国主席令第75号）公布；1997年，《建筑法》（中华人民共和国主席令第91号）公布；2003年，《道路交通安全法》（中华人民共和国主席令第81号）公布等，这些法律都涉及了生产安全事故调查处理的内容。

2. 《安全生产法》明确生产安全事故调查处理的要求

2002年，颁布实施了《安全生产法》（中华人民共和国主席令第70号），对生产安全事故的应急救援与调查处理等作出了相关的规定。这标志着我国生产安全事故调查处理在法治化轨道上向前迈进一大步。

3. 专门针对生产安全事故报告和调查处理的法规颁布实施

2007年3月28日，国务院第172次常务会议通过了《生产安全事故报告和调查处理条例》（国务院令第493号），自2007年6月1日起施行。同时废止了《特别重大事故调查程序暂行规定》和《企业职工伤亡事故报告和处理规定》。而后，出台了与此《条例》配套的《关于加强较大和重特大事故信息报告和处置工作的通知》（安监总办〔2007〕123号）和《关于调整生产安全事故调度统计报告的通知》（安监总调度〔2007〕120号）等部门规章和规范性文件，基本形成了生产安全事故报告和调查处理的法律制度体系，保证了事故调查处理的客观性、公正性、规范性与科学性。

此外，我国陆续修改完善了消防、铁路交通、水上交通、道路交通、民用航空、建筑施工等行业领域事故的调查处理条例和规定，进一步厘清和界定了各级人民政府、行业主管部门在生产安全事故调查处理方面的职责和权限。如《海上交通事故调查处理条例》（交通部令第14号）、《内河交通事故调查处理规定》（交通部令第12号）、《火灾事故调查规定》（公安部令第108号）、《电力安全事故应急处置和调查处理条例》（国务院令第599号）等。

例如：《海上交通事故调查处理条例》规定，所称海上交通事故是指船舶、设施发生的事故，包括：（一）碰撞、触碰或浪损；（二）触礁或搁浅；（三）火灾或爆炸；（四）沉没；（五）在航行中发生影响适航性能的机件或重要属具的损坏或灭失；（六）其他引起财产损失和人身伤亡的海上交通事故。此《条例》规定，《海上交通事故报告书》应当如实写明下列情况：（一）船舶、设施概况和主要性能数据；（二）船舶、设施所有人或经营人的名称、地址；（三）事故发生时间和地点；（四）事故发生时的气象和海况；（五）事故发生的详细经过（碰撞事故应附相对运动示意图）；（六）损害情况（附船舶、设施受损部位简图。难以在规定时间内查清的，应于检验后补报）；（七）船舶、设施沉没的，其沉没概位；（八）与事故有关的其他情况。

第二节　事故调查处理的基本要求

一、事故调查处理原则

《安全生产法》明确规定，事故调查处理应当按照科学严谨、依法依规、实事求是、注重实效的原则，任何单位和个人不得阻挠和干涉对事故的依法调查处理。坚持事故原因未查清不放过、事故责任不查清不放过、事故责任人员没有得到追究（处理）不放过、事故隐患整改措施不落实不放过、相关人员未受到教育不放过等的原则，认真仔细、实事求是地进行事故调查处理，切实做好事故隐患整改，坚决避免同类事故的重复发生。

1. 科学严谨、依法依规、实事求是、注重实效的原则

《安全生产法》第八十六条规定，事故调查处理应当按照科学严谨、依法依规、实事求是、注重实效的原则，及时、准确地查清事故原因，查明事故性质和责任，评估应急处置工作，总结事故教训，提出整改措施，并对事故责任者提出处理建议。事故发生单位应当及时、全面地落实事故隐患整改措施，负有安全生产监督管理职责的部门应当加强监督检查。

参加事故调查的人员要有高度的责任感、使命感，要有敬畏之心，既要对死者、伤者负责，对国家、单位和个人的各方面损失负责，也要对事故涉及的相关人员负责，特别是要对可能负有事故责任而被追究责任的人员负责，决不能出现经不起科学推敲、事实验证和历史检验的调查处理结论。参加事故调查的每个成员，都必须坚持实事求是、尊重科学的原则，及时、准确地查清事故经过、事故原因和事故损失，查明事故性质，认定事故责任，总结事故教训，提出整改措施，并对事故责任者依法追究责任。

2. "四不放过"的原则

2004年2月17日《国务院办公厅关于加强安全工作的紧急通知》（国办发明电〔2004〕7号）提出"四不放过"原则：对责任不落实，发生重特大事故的，要严格按照事故原因未查清不放过、责任人员未处理不放过、整改措施未落实不放过、有关人员未受到教育不放过的"四不放过"原则。

（1）查清事故发生的直接原因、间接原因，尽快分析事故发生的深层次原理，包括法律法规、政策标准、规章制度方面原因，以及生产经营单位安全生产管理和政府及其部门安全生产监督管理方面的原因。

（2）查清事故直接责任、间接责任、管理责任，以及这些责任涉及哪些部门、哪些岗位、哪些工艺，特别是涉及生产经营单位管理层的人员乃至主要责任人。

（3）查清引起事故发生的安全风险和事故隐患，事故调查组要提出针对事故隐患整改的建议。事故发生单位要高度重视事故隐患的整改工作，严格保证事故隐患整改措施落实、有效。

（4）事故调查处理的重要目的之一就是使事故相关人员接受安全教育。事故发生单位党政主要领导同志要充分认识事故的危害，相关人员要主动查找事故暴露出在自己身上存在的问题。如果发生重特大事故，有关部门要及时发出事故通报，使行业领域都受到一次同类事故防治措施的教育、警醒。

二、事故调查的分级

我国生产安全事故调查实施分级负责和督办制度。

1. 分级负责事故调查

根据事故造成的人员伤亡或（和）直接经济损失，生产安全事故分为特别重大事故、重大事故、较大事故和一般事故4个等级，不同等级的事故由不同行政级别政府负责调查。

特别重大事故由国务院或者国务院授权有关部门组织事故调查组进行调查。重大事故、较大事故、一般事故原则上分别由事故发生地省级人民政府、地市级人民政府、县级人民政府负责调查。

2. 委托事故调查

国务院可以授权有关部门组织事故调查组进行事故调查，省级人民政府、地市级人民政府、县级人民政府可以授权或者委托有关部门组织事故调查组进行调查。各级人民政府委托事故调查时，一般委托的部门是负有安全生产监督管理职责的部门。

未造成人员伤亡、影响比较小、事故发生原因比较简单的一般事故，县级人民政府可以委托事故发生单位组织事故调查组进行调查。接受委托的事故发生单位必须按照事故调查处理的原则、程序和要求，组织事故调查组，编写事故调查报告，查清事故原因和责任人。

3. 属地事故调查

我国事故调查遵循属地事故调查原则。所谓属地事故调查，就是针对特别重大事故以下等级生产安全事故，当事故发生地与事故发生单位不在同一个县级以上行政区域时，由事故发生地县级以上人民政府组织事故调查组、负责事故调查，事故发生单位所在地人民政府应当指派相应部门人员参加。

4. 提级事故调查

上级人民政府认为必要时，可以将应由下级人民政府组织事故调查组、负责调查的事故，提级到本级人民政府组织调查组、负责事故调查。自事故发生之日起30日内，因事故伤亡人数变化导致事故等级发生变化时，如果伤亡人数增加而应当由上一级人民政府负责调查的，上一级人民政府可以另行组织事故调查组、负责事故调查。

三、事故调查的挂牌督办

《国务院关于进一步加强企业安全生产工作的通知》（国发〔2010〕23号）要求建立事故查处挂牌督办制度，依法严格事故查处，对事故查处实行地方各级安全生产委员会层层挂牌督办，重大事故调查处理实行国务院安全生产委员会挂牌督办。

1. 挂牌督办单位

国务院安委会关于印发的《重大事故查处挂牌督办办法》（安委〔2010〕6号）规定，国务院安委会对重大生产安全事故调查处理实行挂牌督办，国务院安委会办公室具体承担挂牌督办事项。各省级人民政府负责落实挂牌督办事项，省级人民政府安委会办公室具体承担本行政区域内重大事故挂牌督办事项的综合工作。

2. 挂牌督办办理程序

国务院安委会对重大事故查处挂牌督办的办理程序为：

（1）国务院安委会办公室提出挂牌督办建议，报国务院安委会领导同志审定同意后，以国务院安委会名义向省级人民政府下达挂牌督办通知书。

（2）在中央主流媒体和中央政府网站、《中国安全生产报》、安全监管总局政府网站上公布挂牌督办信息。

（3）省级人民政府应当自接到挂牌督办通知之日起60日内完成督办事项。各省级人民政府负责落实挂牌督办事项，省级人民政府安委会办公室具体承担本行政区域内重大事故挂牌督办事项的综合工作。

3. 挂牌督办通知书内容

国务院安委会对重大事故查处挂牌督办的通知书内容包括：

（1）事故名称。

（2）督办事项。

（3）办理期限。

（4）督办解除方式、程序。

下面是国务院安委会下发的挂牌督办西乌珠穆沁旗银漫矿业有限责任公司"2·23"井下重大运输安全事故的通知书。

重大生产安全事故查处挂牌督办通知书

安委督〔2019〕2号

内蒙古自治区人民政府：

根据《国务院关于进一步加强企业安全生产工作的通知》（国发〔2010〕23号）和《重大事故查处挂牌督办办法》（安委〔2010〕6号）有关规定，国务院安委会决定对你区西乌珠穆沁旗银漫矿业有限责任公司"2·23"井下重大运输安全事故查处实行挂牌督办。

请你区依照《生产安全事故报告和调查处理条例》（国务院令第493号）等有关法律法规及规章规定，组织有关部门抓紧进行事故调查，研究提出处理意见，事故调查要在60日内完成。事故调查报告（初稿）以自治区安委会文件报国务院安委会办公室审核同意后，由你区负责批复结案，并向社会公布。事故结案后，事故调查报告和事故处理决定落实情况要及时报国务院安委会办公室备案。

国务院安全生产委员会

2019年2月26日

4. 承担单位应办理事项

承办国务院安委会督办的事故时,各省级人民政府接到挂牌督办通知后,应当依据有关规定,组织和督促有关职能部门按照督办通知的要求办理有关事项,包括:

(1) 做好事故善后工作。
(2) 查清事故原因,认定事故性质。
(3) 分清事故责任,提出对责任人的处理意见。
(4) 依法实施经济处罚。
(5) 形成事故调查报告。
(6) 监督落实事故防范和整改措施。

5. 事故挂牌督办的其他事项

国务院安委会挂牌督办的事故,有下列几点要求:

(1) 省级人民政府应当自接到挂牌督办通知之日起 60 日内完成督办事项。
(2) 在重大事故查处督办期间,省级人民政府安委会办公室应当加强与国务院安委会办公室的沟通,及时汇报有关情况。
(3) 国务院安委会办公室负责对督办事项的指导、协调和督促。
(4) 重大事故调查报告形成初稿后,省级人民政府安委会应当及时向国务院安委会办公室作出书面报告,经审核同意后,由省级人民政府作出批复决定。
(5) 重大事故调查处理结案后,省级人民政府安委会和国务院安委会办公室应将重大事故挂牌督办情况和事故查处结案情况,在中央主流媒体和中央政府网站、《中国安全生产报》、应急管理部网站上予以公告,接受社会监督。
(6) 承担挂牌督办事项的省级人民政府有关职能部门对督办事项无故拖延、敷衍塞责,或者在解除挂牌督办过程中弄虚作假的,依法追究相关人员责任。

四、事故调查组的组成和要求

1. 事故调查组组成部门

事故调查组的组成应当遵循精简、效能的原则。2018 年国务院机构改革后,监察机关不再作为成员单位参加人民政府组织的事故调查组,而是应事故调查组的邀请,依法开展有关追责、问责审查调查工作。目前,事故调查组一般由有关人民政府、应急管理部门、负有安全生产监督管理职责的有关部门、公安机关以及工会等派人组成。事故调查组可以聘请有关专家参与调查。纪检监察机关依法负责有关追责、问责审查调查工作。

2. 事故调查组组成人员

事故调查组由组长和成员组成。

（1）事故调查组组长。事故调查组组长由负责组织事故调查的人民政府指定。事故调查组组长主持事故调查组的工作。

（2）事故调查组成员。事故调查组成员，接受事故调查组组长的领导，按照职能部门分工履行事故调查职责，代表其所属部门、单位参加事故调查工作。事故调查组聘请的专家原则上应当从本地区安全生产专家库中产生，由参加事故调查的各有关单位协商确定。

事故调查组成员应当具备事故调查所需要的知识和专长，与所调查的事故没有直接利害关系。在事故调查工作中应当诚信公正、恪尽职守，遵守事故调查的纪律，保守事故调查的秘密，坚持事故调查的原则。未经事故调查组组长的许可，事故调查组成员不得擅自发布有关事故的信息。

3. 调查处理时限要求

事故调查组应当自事故发生之日起60日内提交事故调查报告。在特殊情况下，经组织事故调查组、负责事故调查的人民政府批准，提交事故调查报告的期限可以适当延长，但延长期限最长不得超过60日。事故调查中需要进行技术鉴定的，技术鉴定所需时间不计入事故调查期限。所以，如果在事故调查中需要进行技术鉴定，事故调查期限可以超过60日。

组织调查组、负责重大事故、较大事故、一般事故调查的人民政府应当自收到事故调查报告之日起15日内作出批复；特别重大事故调查，国务院应当自收到事故调查报告之日起30日内作出批复。特殊情况下，批复时间可以适当延长，但延长的时间最长不得超过30日。

下列时间不计入事故调查期限，但应当向负责事故调查的人民政府提交事故调查报告时作出说明：

（1）瞒报、谎报、迟报事故的调查核实所需的时间。

（2）因事故救援无法进行现场勘察的时间。

（3）挂牌督办、跟踪督办的事故的审核备案的时间。

（4）对特殊疑难问题进行技术鉴定所需的时间。

第三节 调查处理体制与职责分工

一、事故调查内容

事故调查组应当制定事故调查方案,经事故调查组组长批准后执行。事故调查方案应当包括调查工作的原则、目标、任务和事故调查组专门小组的分工、应当查明的问题和线索,以及调查步骤、方法,完成调查的期限、措施、要求等内容。事故调查的工作内容主要包括:查明事故的经过、发生的原因、人员伤亡情况及直接经济损失,认定事故的性质和事故责任,提出对事故责任者处理的建议,总结事故教训,提出防范和整改措施,编写并提交事故调查报告。

1. 查明事故发生的经过

针对事故发生的经过,需要查明的情况包括:

(1) 事故发生前,事故发生单位生产经营状况。
(2) 事故发生的具体时间、地点。
(3) 事故现场状况及事故现场保护情况。
(4) 事故发生后采取的应急处置措施情况。
(5) 事故报告的经过。
(6) 事故应急处置及事故救援的情况。
(7) 事故善后处理的情况。
(8) 其他与事故发生经过有关的情况。

2. 查明事故发生的原因

事故调查组的重要任务之一就是查明事故发生的原因,包括直接原因和间接原因。对于发生原因比较复杂的事故,为了加强技术原因的调查,深入剖析事故发生的技术原因和管理原因,查明事故发生的直接原因和间接原因,可以成立专家组协助事故调查组开展工作。

3. 查明人员伤亡情况

针对事故伤亡人员,需要查明的事项和内容包括:

(1) 事故发生前,事故发生单位生产作业人员分布情况。
(2) 事故发生时人员涉险情况。
(3) 事故现场人员伤亡情况及人员失踪情况。
(4) 事故抢救过程中人员伤亡情况。

（5）最终伤亡情况。

（6）其他与事故发生有关的人员伤亡情况。

4. 查明事故的直接经济损失

事故调查组要按照《企业职工伤亡事故经济损失统计标准》（GB 6721—1986）统计事故的直接经济损失。事故直接经济损失包括：

（1）人员伤亡所支出的费用。如医疗费用、丧葬及抚恤费用、补助及救济费用、歇工工资等。

（2）善后处理的费用。如处理事故的事务性费用、现场抢救费用、现场清理费用、赔偿费用等。

（3）事故造成财产损失的费用。如固定资产损失价值、流动资产损失价值等。

一般情况下，事故造成的直接经济损失由事故发生单位依照《企业职工伤亡事故经济损失统计标准》提出意见，经事故发生单位上级主管部门同意后，报受组织调查组、负责调查的人民政府委托具体承担事故调查的部门确定；事故发生单位无上级主管部门的，直接报具体承担事故调查的部门确定。

5. 认定事故的性质和事故责任分析

通过事故调查分析，对事故的性质要有明确结论，即是生产安全事故还是非生产安全事故，是责任事故还是非责任事故。对认定为责任事故的，要按照责任大小和承担责任主体的不同，分别认定事故的直接责任者、主要责任者、领导责任者，明确直接负责的主管人员和其他直接责任人员。

6. 提出对事故责任者的处理建议

根据事故调查认定的事故性质和事故责任，提出对事故发生负有责任的单位及其主要人员的行政处罚建议，对事故发生负有责任的国家政府工作人员提出党纪、政纪处分及问责的建议，涉嫌犯罪的移送司法机关处理的建议等。一般情况下，在事故调查报告中，要明确写出：

（1）生产经营单位、人民政府及其部门以及其他组织的处理建议及其处罚依据。

（2）涉嫌犯罪，建议移送司法机关的人员或者已经移送司法机关的人员及其处罚依据。

（3）对事故发生负有责任，建议进行经济处罚的人员及其罚款数额和处罚依据。

（4）对事故发生负有责任，建议进行行政处罚的人员及其处罚形式和处罚依据。

7. 总结事故教训

根据调查认定的事故原因、性质和责任，提出应该吸取的事故教训，主要包括在安全生产管理、安全生产投入、安全生产条件、安全生产保障、安全生产技术等方面存在的管理和技术薄弱环节、漏洞和事故隐患，同时提出针对问题查找出的根源、应该吸取的教训。

8. 提出防范和整改措施

防范和整改措施是在事故调查分析的基础上，针对事故发生单位在安全生产方面的薄弱环节、漏洞和事故隐患等提出的，要具有针对性、可操作性、普遍适用性和实效性。建议的安全生产措施包括安全管理措施和安全技术措施。

9. 提交事故调查报告

事故调查报告是事故调查工作成果的集中体现，应在事故调查组组长的主持下完成。事故调查报告的内容应当符合《生产安全事故报告和调查处理条例》的规定，在规定的时限内提交。事故调查报告应当附具有关证据资料，事故调查组成员应当在事故调查报告上签名（如有不同意见应注明）。

事故调查报告提交给组织事故调查组、负责事故调查的人民政府后，事故调查工作即告结束，事故调查组自行解散。

二、事故调查职责分工

一般情况下，事故调查组设技术组（应急处置评估组）、管理组、综合组等若干专门小组，分别负责事故调查处理有关工作。各专门小组应设组长和成员两类角色，应当制定本组的调查方案，经事故调查组组长批准后执行。

1. 技术组（应急处置评估组）

技术组（应急处置评估组）一般由参加事故调查的负有安全生产监督管理职责的部门牵头组建，由参加事故调查的该部门负责人担任组长，安全生产综合监督管理部门有关负责人担任副组长，可根据工作需要邀请有关单位人员、专家协助工作。

技术组负责现场勘验、调查取证、检测鉴定、调查实验和专家论证等调查工作，查明事故经过、查清事故伤亡人员和直接经济损失情况，对事故发生单位和发生地人民政府的应急处置工作进行评估；查清事故的直接原因，提出防范和整改措施的建议。一般情况下，事故调查组聘请的专家由技术组统筹协调管理。

2. 管理组

管理组由一般安全生产综合监督管理部门牵头组建，由参加事故调查的安全生产综合监督管理部门负责人担任组长,可根据工作需要抽调有关单位人员协助工作。管理组负责查明事故的间接原因(管理方面的原因),分清事故责任,提出责任追究的意见。

3. 综合组

综合组由一般负有安全生产监督管理职责的部门牵头组建,由负有安全生产监督管理职责的部门有关负责人担任组长,可根据工作需要邀请有关单位人员协助工作。综合组负责事故调查的协调和保障、组织调查组会议、发布事故调查信息、协调事故善后处置、认定事故性质,以及撰写并提交事故调查报告等工作。

第四节 事故调查处理工作程序

事故调查处理工作程序包括初查(初步调查)、召开调查组成立大会(全体会)、制定调查工作方案、调查组内部分工、调查取证、事故分析,各阶段工作流程如图6-1所示。

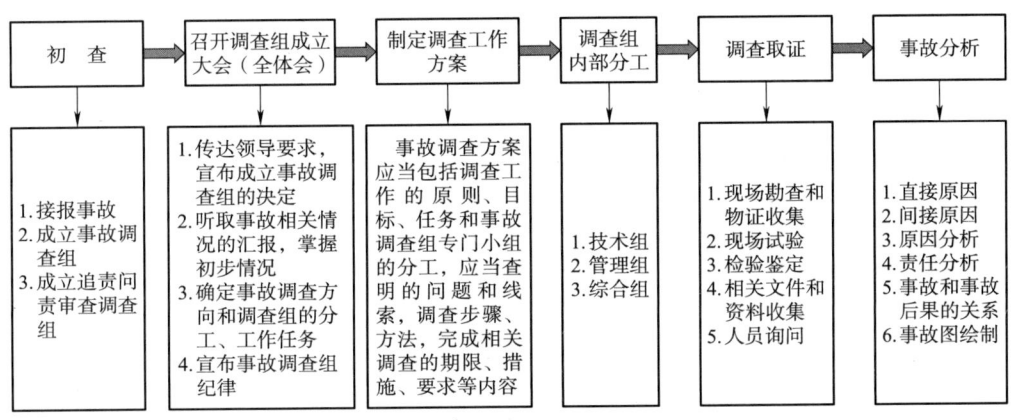

图 6-1 事故调查工作流程

一、初查(初步调查)

接到事故报告后,事故发生地有关地方人民政府、应急管理部门、有关机构和负有安全生产监督管理职责的部门的有关人员,应到现场进行初步调查,初步判断事故性质、伤亡人数、造成影响。县级以上人民政府应根据事故等级组成相应的调查组。

（1）人民政府直接组织事故调查组进行调查的，应印发成立事故调查组的通知，确认调查组成立。

（2）人民政府授权或委托有关部门进行调查的，一般由牵头部门以请示方式向政府提出拟成立事故调查组的书面请示，后附建议参加事故调查人员名单、包括事故调查组组长人选，人民政府批复后事故调查组成立，牵头事故调查部门函告事故调查组其他成员单位，同时函请纪委监委成立追责、问责审查调查组。

二、召开事故调查组成立全体会议

事故调查组成立后，应召开全体会议。全体会议的内容包括：

（1）传达领导同志有关批示要求。

（2）宣布政府批准成立事故调查组的决定，宣读调查组成员名单。

（3）听取事故发生单位对事故相关情况的汇报。

（4）听取抢险救援等工作情况的汇报。

（5）通报对有关涉嫌责任人员进行控制及调查掌握的初步情况。

（6）明确事故调查方向和调查组分工、工作任务。

（7）宣布事故调查纪律。

事故调查组全体会议可邀请纪委监委参加。

三、事故调查

1. 制定事故调查工作方案

事故调查组成立后，首要的工作是制定事故调查方案，经事故调查组组长批准后执行，同时，要立即组织开展事故调查。

事故调查方案应当包括事故调查工作的原则、目标、任务和事故调查组专门小组的构成以及参加人员的工作分工，应当查明的问题和线索，调查步骤、方法，完成相关调查的期限、措施、要求等内容。

2. 调查组内部分工

根据事故的具体情况，事故调查组可内设技术组、管理组、综合组，分别承担技术原因调查、管理原因调查、综合协调等工作。各工作组按照事故调查组全体会议要求，制定具体的调查工作方案，报事故调查组组长审定。根据调查工作需要成立的专家组，一般设在技术组内；需要成立应急处置评估组的，可设在技术组或综合组。

3. 调查取证

根据事故调查工作需要，调查取证一般采取现场勘查和物证收集、现场试验、检验鉴定、相关文件和资料收集、人员询问等方式。

事故发生后，有关单位和人员应当妥善保护事故现场以及相关证据，任何单位和个人不得破坏事故现场、毁灭相关证据。在应急处置时需要移动事故现场物件的，应当作出标志，绘制现场简图并作出书面记录，妥善保存现场重要痕迹、物证。有条件的，应当现场制作视听资料。任何单位和个人，不得擅自移动事故相关设备，不得伪造或者故意破坏事故现场、毁灭证据等。

（1）现场勘查和物证收集。勘查事故现场，可采取照相、录像、录音、绘制现场图、采集电子数据、制作现场勘查笔录等方法记录现场情况，提取与事故有关的痕迹、物品等证据材料。有条件的，应当现场制作视听资料。现场图应当由制图人、审核人签字。现场勘查笔录应当由调查人员、勘查现场有关人员签名或捺指印。提取的痕迹、物品，应当妥善保管。对有遗体的事故现场进行勘验的，事故调查人员应当对遗体表面进行观察并记录，对遗体在事故现场的位置进行调查。

（2）现场试验。根据调查需要，经事故调查组组长批准，可以进行现场试验测试。现场试验测试应当照相或者录像，制作现场试验测试报告，并由试验测试人员签字。

（3）检验鉴定。事故调查需要进行技术鉴定的，事故调查组应当委托具有国家规定资质的单位进行技术鉴定，并与鉴定机构约定鉴定期限和鉴定检材的保管期限。必要时，事故调查组可以直接组织专家进行技术鉴定。

对有人员死亡的事故，应当经急救、医疗人员确认，由医疗机构出具死亡证明。需要进行遗体检验的，由公安机关刑事科学技术部门进行遗体检验，出具遗体检验鉴定文书，确定死亡原因。

发生事故的生产经营单位应当如实申报事故直接经济损失，并附有效证明材料。事故调查组可以委托依法设立的价格鉴定机构对事故的直接经济损失情况进行评估鉴定，出具鉴定意见。事故调查组应当根据发生事故的生产经营单位的申报、依法设立的价格鉴定机构出具的事故直接经济损失鉴定意见，以及调查核实情况，对事故直接经济损失和人员伤亡情况进行如实统计。

（4）相关文件和资料收集。事故调查组有权向有关单位和个人了解与事故有关的情况，并要求其提供相关文件、资料，有关单位和个人不得拒绝，并应当如实提供事故相关的情况或者资料。

发生事故的生产经营单位及其人员应当及时收集、整理有关资料，及时保存有关电子数据，为事故调查做好准备。必要时，应当对资料进行封存，由专人看管，并在事故调查组成立后将相关材料、资料移交事故调查组。

事故调查组可以进入事故发生单位、事故涉及单位的工作场所或者其他有关场所，查阅、复制与事故有关的文件、资料，对可能被转移、隐匿、销毁的文件、资料予以封存。事故调查组应当收集与事故有关的原始资料、材料。因客观原因不能收集原始资料、材料，或者收集原始资料、材料有困难的，可以收集与原始资料、材料核对无误的复印件、复制品、抄录件、部分样品或者证明该原件、原物的照片、录像等其他证据。事故调查组应当要求事故发生单位移交事故应急处置形成的有关资料、材料。事故调查组应当依照法定程序收集与事故有关的资料、材料，并妥善保存。

（5）人员询问。事故发生单位的负责人和有关人员在事故调查期间不得擅离职守，随时接受事故调查组的询问，如实提供有关情况，并对所提供情况的真实性负责。事故调查组应尽快找到了解事故现场情况的有关人员、应急处置人员等知情人员，走访周边群众，初步调查、询问和了解事故有关情况。避免因时间推移，知情人员对事故现场的有关记忆变模糊，以及其他人为因素影响查明发生事故的事实真相。必要时可以要求被询问人到事故现场进行指认。

根据初步调查、询问、了解的情况和前期调查掌握的情况，确定其他被询问人员。询问人员应经事故调查组组长同意。根据询问目的和对象，宜拟定询问提纲。调查人员进行询问调查时，应当制作询问笔录，被询问人应当如实陈述事故的有关情况和提供有关证据，调查人员应当如实记录询问人的问话和被询问人的陈述。询问笔录上所列项目，应当按规定填写齐全。询问笔录制作完毕，应当由被询问人核对或者向其宣读，如记录有差错或者遗漏，应当允许被询问人更正或者补充。询问笔录经被询问人核对无误后，调查人员和被询问人签名或者捺指印，被询问人拒绝签名和捺指印的，应当在询问笔录中注明。调查人员进行询问调查时，有权禁止他人旁听。

4. 事故分析

事故的发生不是偶然的，有其深刻的原因。事故调查应查明直接原因、间接原因、原因分析、责任分析、预防事故和控制事故后果的关系及事故图绘制。

（1）直接原因。直接原因是指直接导致事故发生和人员伤害的直接原因。直接原因与事故发生和人员伤害有直接因果关系，包括人的不安全行为和物的不安全状态、环境因素3个方面。

（2）间接原因。间接原因是指导致事故直接原因产生的原因，以及促成事故发生的非直接方面的原因。间接原因主要包括：管理上的失误、制度缺陷和管理责任所导致的危险及有害因素；组织机构不健全；安全培训缺失；责任制未落实；规章制度不完善；安全投入不足；管理不完善；其他管理缺陷。

（3）原因分析。事故调查组应当查明引发事故的直接原因和间接原因，并根据当事人行为与事故之间的因果关系和对事故发生的影响程度，认定事故发生的主要原因和次要原因。

事故调查涉及多方面的因素，具有复杂性、综合性、系统性、科学性、技术性和专业性。在事故调查时应特别强调专业性，事故涉及具体行业领域、具体的生产经营单位、具体的生产工艺，在事故调查的每一个方面、每一个环节，都需要专门的知识和技术，即专业性贯穿在事故调查的始终。

（4）责任分析。基于事故发生的原因和过程追溯导致事故发生的行为，形成严密的证据链，认定责任。

事故调查组根据事故的主要原因和次要原因，判定事故性质，认定事故责任。责任划分是政策性很强的工作，一般遵循的原则为：一是划分责任事故和非责任事故。属于责任事故的，必须找出直接责任者；二是遇有多因一果的责任事故，直接责任者还要分清主要直接责任者和次要直接责任者；三是要区分具体实施人员的直接责任与领导人的直接责任；四要分清职责范围与直接责任的关系，如果行为人不是法定职责和特定义务范围内的作为或不作为而造成事故的，不负直接责任；五是如果分工不清，职责不明，就以实际工作范围和群众公认的职责范围作为认定责任的依据；六是如果事故是由集体研究做出错误决定的行为造成的，应认定主持研究、拍板定案的主要领导负有直接责任。

（5）预防事故和控制事故后果的关系。发生了事故，就产生了事故后果。因此，应当从预防事故发生和控制事故的严重后果（控制或者限制危害扩大）两个方面来分析。

（6）事故图绘制。根据事故类别和规模以及调查工作的需要，应绘出事故调查分析所必须了解的信息示意图。如建筑物平面图、剖面图，事故现场涉及范围图，设备或工器具构造简图、流程图，受害者位置图，事故时人员位置及疏散（活动）图，破坏物立面图或展开图等。

第五节　事故调查报告

撰写事故调查报告是事故调查的重要工作，事故调查组应认真负责、实事求是、有理有据的撰写事故调查报告。

一、事故调查报告的主要内容

事故调查报告应当包括下列内容：
（1）事故发生单位概况。
（2）事故发生经过和事故救援情况。
（3）事故造成的人员伤亡和直接经济损失。
（4）事故发生的原因和事故性质。
（5）事故责任的认定以及对事故责任者的处理建议。
（6）事故防范和整改措施。
事故调查报告应当附具有关证据材料，事故调查组成员应当在事故调查报告上签名。

二、专项报告

事故调查的专题报告包括技术调查报告、责任追究报告、应急处置评估报告和司法机关通报等。

1. 技术调查报告

技术组查明事故直接原因后，应向综合组提交技术组调查报告。技术组调查报告包括以下内容：
（1）事故基本情况，包括事故发生单位、事故责任人、事故现场勘察等。
（2）事故发生经过。
（3）事故直接经济损失。
（4）事故直接原因。
（5）事故防范和整改措施建议。
（6）附件。包括技术组成员签名表、专家组调查报告（含专家组成员签名表、专家身份证及职称复制件）、现场勘察报告、技术鉴定报告、询问笔录等资料。
技术组提交调查报告后，技术组及专家组成员结束事故现场调查。

2. 责任追究报告

纪检监察机关组织的追责、问责审查调查组提出的责任追究初步建议，经与有关部门、参加事故调查的主要人员充分沟通后，追责、问责审查调查组应当编制有关责任追究的调查报告，报监察机关进行案件审理和集体审议。责任追究处理建议经纪检监察机关研究通过后，以纪检监察机关的名义交事故调查组，纳入事故调查报告。

3. 应急处置评估报告

应急处置评估组完成对事故发生单位和事故发生地县级人民政府的评估后,应向综合组提交应急处置评估报告。应急处置评估报告包括以下内容:

(1) 事故应急处置基本情况,包括事故发生经过、事故现场处置情况、事故伤亡情况、伤员救治及遇难者赔付情况等。

(2) 事故发生单位应急处置责任落实情况。

(3) 事故发生地县级人民政府应急处置责任落实情况。

(4) 评估结论。

(5) 经验教训。

(6) 相关工作建议。

应急处置评估组提交应急处置评估报告后,应急处置评估组及相关的专家组成员可以结束事故现场调查。

4. 司法机关通报

司法机关对犯罪嫌疑人立案侦查后,应当及时通报负有安全生产监督管理职责的部门和纪检监察机关。

三、调查报告要素

事故调查报告由标题、正文、附件组成。事故调查报告要求文字精练、语句通顺、用词规范;层次清晰、描述客观、内容全面;原因分析科学、事故定性准确;适用法律法规准确、追究责任建议明确、提出的防范和整改措施建议切实可行。

事故调查报告的正文包括事故概述、基本情况、事故发生经过、事故应急处置情况、事故原因(直接原因和间接原因)和性质、对事故有关责任人员及责任单位的处理建议、事故防范和整改措施建议、证据材料等部分。

1. 事故概述

事故概述是对事故情况的综合性描述。依据相关资料及技术组报告,应载明事故基本要素,包括事故发生单位名称,事故发生的时间、地点,事故类别、伤亡人数和直接经济损失等;有关领导对事故的批示及赶赴事故现场指导应急处置的情况;事故调查组组成情况等。

2. 基本情况

依据相关资料及技术组报告,应载明事故发生单位及相关责任单位的基本情况;事故发生单位资质及相关人员资格情况;事发前事发点的状况、事故发生单位安全管理情况等。

3. 事故发生经过

依据相关资料及应急处置评估报告，应按照时间点客观描述事故发生、救援的全过程，重点描述事故演变过程中事故触发、发展、扩大的状态；场所、设施、设备、装置的变化状态；人的违章违规行为等。

4. 事故应急处置情况

依据应急处置评估报告，应按照时间点客观描述事故发生单位和事故发生地县级人民政府应急处置情况，参与事故抢险的救援力量、救援车辆、救援装备情况，伤亡人员核查情况、伤员救治及遇难者赔付情况和善后处理情况以及事故应急处置评估结论等。

5. 事故原因及性质

事故直接原因依据技术组调查报告，应从现场勘察和事故发生经过中概括出物的不安全状态和人的不安全行为；事故间接原因依据监察机关提交的有关事故责任追究报告，应包括事故发生单位安全管理、地方政府及其有关监管部门监管方面存在的问题；事故性质应依据事故调查组全体会议审议结论，主要明确是否为生产安全责任事故。

6. 对事故有关责任人员及责任单位的处理建议

依据纪检监察机关提交的有关事故责任追究报告和司法机关有关犯罪嫌疑人立案侦查通报，应按照司法机关已采取措施人员、建议给予党纪政纪处分人员、相关行政处罚及问责建议等分层次表述。责任人员处理建议应包括责任人员姓名、职务、违法违规事实、认定责任、处罚依据和处理建议等；责任单位行政处罚建议应明确执行主体，包括：责任单位名称、违法违规事实、认定责任、处罚依据和处理建议等。

7. 事故防范和整改措施建议

事故防范和整改措施建议应当根据事故发生原因提出，不但要包括事故发生单位，也要包括其他相关单位的防范和整改措施建议。防范措施应当从管理、装备和人员培训等方面提出。整改措施应当从落实企业安全生产主体责任、政府及其部门履行安全生产监督管理职责等方面提出。

8. 证据材料

事故调查报告的任何结论都是依据事实做出的。事故调查报告包括相应的证据资料，一般包括：

（1）事故调查组成立证明文件。

（2）事故调查组正式成员签名表。

第六章 生产安全事故调查处理相关法律问题

（3）技术调查报告、专家技术分析报告、专家组签名表，专家身份证、职称复制件。

（4）事故现场勘查报告、技术鉴定报告、现场试验测试报告。

（5）其他证据材料。

第六节 事故调查的其他法务事项

一、事故结案

1. 事故调查报告提交审核流程

事故调查报告初稿经事故调查组集体审议通过后，以事故调查组名义提交组织事故调查组、负责事故调查的人民政府初审，事故调查工作结束，事故调查组自行解散。事故调查报告审核流程如图6-2所示。

（1）事故调查报告初稿经地方政府审核同意后，以本级人民政府安全生产委员会名义提交上一级安全生产委员会办公室审核。

（2）事故调查报告经上一级安全生产委员会办公室审核同意后，以安全监管部门名义报地方政府申请结案。

图6-2 事故调查报告审核流程

2. 事故结案

负责事故调查的人民政府同意事故调查组认定的事故性质、责任追究建议以及提出的事故防范和整改措施建议后，以负有安全生产监督管理职责的部门名义向事故发生地下一级人民政府及其负有安全生产监督管理职责的部门以及公安、监察、法制、工会、检察等单位和部门发出结案通知。

3. 信息公开

《安全生产法》规定，事故调查报告应当依法及时向社会公布。事故调查组应当在调查组成立、初步查明事故直接原因及性质后，及时向主流媒体发布事故调查信息。

4. 责任追究

事故发生地人民政府和各有关部门按照干部管理权限落实对有关责任人的党

纪、政纪处分决定；司法机关对涉嫌犯罪的人员依法追究刑事责任；各有关部门按照负责事故调查的人民政府的批复，依照有关法律、行政法规规定的权限和程序落实对责任单位和责任人的行政处罚。

事故发生地人民政府和各有关部门收到结案通知之日起 3 个月内应当将责任追究的结果分别报安全监管部门和监察机关备案。

二、事故档案管理

生产安全事故档案（简称事故档案）是指生产安全事故报告、事故调查和处理过程中形成的具有保存价值的各种文字、图表、声像、电子等不同形式的历史记录。事故档案管理工作在国家档案行政管理部门统筹规划、组织协调下，按照《生产安全事故报告和调查处理条例》规定的事故等级处理程序，实行分系统、分级管理，按照《生产安全事故档案管理办法》进行管理。

1. 事故档案管理的职责分工

（1）应急管理部和国务院负有安全生产监督管理职责的有关部门负责本系统内事故档案的管理、监督、指导。

（2）地方人民政府应急管理部门和负有安全生产监督管理职责的有关部门负责本地区所辖范围内事故档案的管理、监督、指导。

（3）各级应急管理部门和负有安全生产监督管理职责的有关部门、各事故发生单位及其他有关单位的事故档案管理，同时接受上级主管部门和同级地方档案行政管理部门的监督、指导。

2. 事故档案的归档要求

（1）事故档案管理是参与事故调查处理单位档案工作的组成部分。事故档案的管理应与事故报告、事故调查和处理同步进行。参加事故调查处理的有关单位及个人都有维护事故档案完整、准确、系统、安全的义务。任何单位和个人都不得将事故档案据为己有或拒绝归档。

（2）事故文件材料的收集归档是事故报告和调查处理工作的重要环节。事故调查组组长或组长单位应指定人员负责收集、整理事故调查和处理期间形成的文件材料。事故调查组成员应在所承担的工作结束后 10 日内，将工作中形成的事故调查文件材料收集齐全，移交指定人员。负责事故处理的部门在事故处理结束后 30 日内向本单位档案部门移交事故档案。参加事故调查的其他单位可保存与其职能相关的事故调查文件材料的副本或复制件。

（3）事故档案整理应当以事故为单位进行分类组卷，组卷时应保持文件之间的有机联系。同一事故的非纸质载体文件材料应与纸质文件材料分别整理存放，并标注互见号。

（4）归档文件质量要求：纸质文件材料应齐全完整，字迹清晰，签认手续完备；数字照片应打印纸质拷贝；录音、录像文件（包括数字文件）、电子文件应按要求确保内容真实可靠、长期可读。

（5）文件材料向档案部门归档时，交接双方应按照归档文件材料移交目录对全部文件材料进行清点、核对，对需要说明的事项应编写归档说明。移交清册一式二份，双方责任人签字后各保留一份。

3. 事故档案的归档资料

事故调查处理工作中应归档的文件材料主要有：

（1）事故报告及领导批示。

（2）事故调查组织工作的有关材料，包括事故调查组成立批准文件、内部分工、调查组成员名单及签字等。

（3）事故抢险救援报告、应急处置评估报告。

（4）现场勘查报告及事故现场勘查材料，包括事故现场图、照片、录像，勘查过程中形成的其他材料等。

（5）事故技术分析、取证、鉴定等材料，包括技术鉴定报告，专家鉴定意见，设备、仪器等现场提取物的技术检测或鉴定报告以及物证材料或物证材料的影像材料，物证材料的事后处理情况报告等。

（6）安全生产管理情况调查报告。

（7）伤亡人员名单，尸检报告或死亡证明，受伤人员伤害程度鉴定报告或医疗证明。

（8）调查过程形成的取证、谈话、询问笔录。

（9）其他有关认定事故原因、管理责任的调查取证材料，包括事故责任单位营业执照及有关资质证书复制件、作业规程及相关图样等。

（10）关于事故经济损失的材料。

（11）事故调查组工作简报。

（12）与事故调查工作有关的会议记录。

（13）其他与事故调查有关的文件材料。

（14）关于事故调查处理意见的请示（附有调查报告）。

（15）事故处理决定、批复或结案通知。

（16）关于事故责任认定和对责任人进行处理的相关单位的意见函。

(17) 关于事故责任单位和责任人的责任追究落实情况的文件材料。

(18) 其他与事故处理有关的文件材料。

4. 事故档案保管的要求

(1) 事故档案保管期限。事故档案的保管期限分为永久、30年两种。凡是造成人员死亡或重伤，或1 000万元以上（含1 000万元）直接经济损失的事故档案，列为永久保管。未造成人员死亡或重伤，且直接经济损失在1 000万元以下的事故档案，结案通知或处理决定以及事故责任追究落实情况的材料列为永久保管，其他材料列为30年保管。事故档案在保管一定时期后随同其他档案按时向同级国家档案馆移交。

事故档案保管单位应对保管期限已满的事故档案进行鉴定。仍有保存价值的事故档案，可以延长保管期限。对于需要销毁的事故档案，要严格履行销毁程序。事故档案保管单位应提供必要的保管保护条件，确保事故档案的安全。

(2) 事故档案的借阅。事故档案保管单位应依据政府信息公开、知识产权保护等方面法律、法规、规章、规范性文件和标准的规定，建立健全事故档案借阅制度，明确相应的借阅范围和审批程序。要确保涉密档案的安全，维护涉及事故各方的合法权益。

擅自销毁事故文件材料、未及时归档，或违反本办法，造成事故档案损毁、丢失或泄密的，将依照安全生产法律法规、档案法律法规追究直接责任单位或个人的法律责任。

本 章 小 结

本章介绍了我国生产安全事故调查处理的发展历程和现状，生产安全事故调查处理的原则、分级和督办以及事故调查组的组成和要求；阐述了生产安全事故调查内容，以及调查组职责分工和调查处理工作程序；详细介绍了生产安全事故调查报告的主要内容，以及事故结案、事故调查资料管理和事故调查处理的其他相关法务事项。

复习思考题

1. 简要说明《安全生产法》规定的，事故调查处理应遵循的科学严谨、依法依规、实事求是、注重实效的原则,以及"五不放过"原则内容。

2. 简要说明我国生产安全事故调查实施的分级负责原则。

3. 按照国务院安委会关于印发的《重大事故查处挂牌督办办法》(安委〔2010〕6号)规定,国务院安委会对重大生产安全事故调查处理实行挂牌督办。简要说明上述挂牌督办事项的督办单位、承办单位、办理程序、承担单位应办理事项、相关要求。

4. 简述生产安全事故调查组组成部门、专门小组的分组设置、事故调查组组长和成员的角色分工。

5. 简要说明生产安全事故调查处理的时限要求,以及哪些时间可以不计入事故调查期限。

6. 按照《企业职工伤亡事故经济损失统计标准》(GB 6721—1986)统计生产安全事故的直接经济损失时,事故直接经济损失包括哪些方面?

7. 简述生产安全事故调查处理工作程序(建议可以流程图形式表示)。

8. 事故调查中,事故调查组根据事故的主要原因和次要原因,基于事故发生的原因和过程追溯导致事故发生的行为,形成严密的证据链,判定事故性质,认定事故责任。请简述事故责任认定应遵循的一般原则。

9. 撰写事故调查报告是事故调查的重要工作,简要说明事故调查报告应当包括哪些方面的内容?

10. 简要说明事故档案的保管期限。

第七章 安全生产法律责任

本章学习目标

1. 了解责任与法律责任的概念,以及安全生产责任追究的发展过程和工作机制。

2. 熟悉安全生产法律责任的概念和种类,安全生产民事法律责任的性质、归责原则,安全生产行政责任的分类和行政相对人的行政责任以及安全生产刑事责任的性质和行刑衔接的相关规定。

3. 掌握《刑法》中重大责任事故罪、危险作业罪、强令、组织他人违章冒险作业罪、劳动安全事故罪、危险物品肇事罪、工程重大安全事故罪、消防责任事故罪、不报、谎报安全事故罪、提供虚假证明文件罪、出具证明文件重大失实罪、生产、销售不符合安全标准的产品罪、公职人员的犯罪的构成要件和处罚量刑。

第一节 安全生产法律责任概述

安全生产法律规范,是由国家强制力保障实施的具有普遍约束力的行为规范系统,强制性是其根本特征。强制性的根本体现就在于任何违反安全生产法律规范的行为,必然会承担法律责任。所谓法律责任,是指由特定法律事实所引起的对损害予以赔偿、补偿或接受惩罚的特殊义务。通过法律责任制度,强制义务主体履行义务,从而确保从业人员的基本权利的实现。通常根据责任的法律性质不同,可以将法律责任划分成民事责任、行政责任和刑事责任3种。

一、责任与法律责任

法律责任是法学基本范畴之一。安全生产法律责任是现实安全生产工作中必须予以充分把握和高度重视的概念,涉及安全生产法律责任的含义、特征和种类等法律问题。

1. 法律责任

在法律责任理论中,关于法律责任"是什么"的问题,长期以来法学界并没有统一的共识。这既是因为"责任"一词在法律文献中时常被按照不同的语义来使用,也是因为"责任"一词在不同语境中具有的丰富语义。中国法理学者通常把法律责任划分为广义法律责任和狭义法律责任两类,广义法律责任就是一般意义上的法律义务的同义词,狭义的法律责任则是由违法行为所引起的不利法律后果。安全生产法律中的法律责任属于狭义法律责任。

根据通说,法律责任是由特定法律事实所引起的对损害予以补偿、强制履行或接受惩罚的特殊义务。如违法责任、违约责任等。

2. 法律责任的本质

法律责任的本质,是从更深层次回答法律责任是什么和为什么的问题,其本质属性主要体现在以下 3 个方面:

(1)法律责任是居于统治地位的阶级或社会集团运用法律标准对行为给予的否定性评价。评价的直接目的是为法律制裁提供法律上的前提,根本目的是消除或减少滥用权利和不履行义务的行为。

(2)法律责任是自由意志支配下的行为所引起的合乎逻辑的不利法律后果。根据"自由意味着责任"这一伦理学原则,对于自由意志支配下的行为人,如果因其作为或不作为的方式对其他个人和社会的正当利益造成了损害,那么行就必须对此承担责任。

(3)法律责任是社会为了维护自身的正常运转而强制性地分配给某些社会成员的负担。社会是一个系统的有机整体,每一个人都不是孤立的,一切个人因素都或多或少地具有某种社会意义。法律责任实质是对违反法定义务、超越法定权利界限或滥用权利的违法行为人规定的一种负担,强制违法者作出一定行为或禁止其作出一定行为,从而补救受到侵害的合法权益,恢复被破坏的社会关系和社会秩序,维护社会的自身正常运转。

二、安全生产法律责任

安全生产法律责任是指由安全生产法律规范所规定的,由安全生产领域的特定法律事实所引起的对损害予以补偿、强制履行或接受惩罚的特殊义务。

1. 安全生产法律责任的特征

(1) 法定性。安全生产法律责任的范围、性质、大小、期限都由法律明确规定,法律责任的认定和实现必须由国家专门机关通过法定程序进行,其他任何组织和个人均无此项权利。这里的国家专门机关主要是指安全监管监察部门以及司法机关、监察机关,也包括其他的行政机关。

(2) 强制性。安全生产法律责任以国家强制力为后盾保证实施,其他道义责任、社会责任等不存在国家强制性。

(3) 特定性。安全生产法律责任不同于一般的法律义务,一般的法律义务的主体是一切自然人、法人和其他组织。安全生产法律责任是针对违反安全法律规范的特定违法者所设置。

(4) 派生性。安全生产法律责任是派生的义务,安全生产法律规范规定的生产经营单位负责人、管理人员、技术人员、从业人员以及安全生产法律关系的相关各方主体应尽的职责是原生的义务,只有当原生的义务不被履行时,才会导致安全生产法律责任这一派生义务。

2. 安全生产法律责任的构成

在各种不同的违反安全生产法律行为中,有一系列共同的属性,这些共同的属性就是安全生产法律责任的构成要素。

(1) 责任主体。违反安全生产法律行为的主体,是指依照安全生产法律规范享有安全生产权利、负有相应安全生产义务并承担安全生产法律责任具有法定责任能力的自然人、法人和其他组织。包括生产经营单位及其负责人、从业人员,也包括安全生产法律关系中的政府监管监察部门、安全生产中介服务机构、受生产经营影响的其他自然人、法人和其他组织等。

(2) 违法行为或违约行为。违法行为或违约行为在安全生产法律责任的构成中居于重要地位,是法律责任的核心构成要素。其中,违约行为常见的是生产经营单位违反与从业人员签订的劳动合同中关于职业安全保障内容的相关约定的行为。违法行为或违约行为包括作为和不作为两类。作为是指人的积极的身体活动,行为人直接做了法律所禁止或合同所不允许的事自然要导致法律责任。不作为是指人的消极的身体活动,行为人在能够履行自己应尽义务的情况下不履行该义务,也要承担法律责任。

(3) 损害结果。损害结果是指违法行为或违约行为侵犯他人或社会的权利和利益所造成的损失和伤害,包括实际损害、丧失所得利益及预期可得利益。损害结果可以是对人身的损害、财产的损害、精神的损害,也可以是其他方面的损害。当然,损害结果是由一定的因果关系所引起的,因果关系是归责的前提和基础,是认定法律责任的基本依据。

(4) 主观过错。主观过错是指违法行为实施人对其进行的违法行为及造成后果所持的故意或过失的心理状态。所谓故意是指明知自己的行为会发生危害安全生产的结果,希望或者放任这种结果发生的心理状态。抱着希望心理的是直接故意,抱着放任心理的是间接故意。

所谓的过失是指应当预见自己的行为可能会发生危害安全生产的结果,因疏忽大意而没有预见,或虽有预见但轻信可以避免,以致发生危害结果的心理状态。

三、安全生产法律责任的种类

安全生产法律责任的种类,有多种划分标准。按照承担责任的主体不同,可以分为自然人责任、法人责任和国家责任。按照责任承担的内容不同,可以分为财产责任和非财产责任。按照行为主体名义和责任的实际承担者不同,可以分为职务责任和个人责任。按照责任实现形式不同,可以分为惩罚性责任和补偿性责任。按照引起责任的法律事实与责任人的关系不同,可以分为直接责任、连带责任和替代责任。在法律实践中,最常用的分类是根据法律责任的类型,分为民事责任、行政责任、刑事责任3种。

1. 民事责任

安全生产民事法律责任,简称安全生产民事责任,是指行为人违反了安全生产法律规范、民事法律、合同义务或出现安全生产法规定的事实,应当承担的法律责任。安全生产民事责任有以下特征:

(1) 民事责任主要是一种救济责任。安全生产民事责任的首要功能在于救济受害人的权利,补偿或赔偿受害人的损失。

(2) 民事责任主要是一种财产责任。这是由其救济性质所决定。补偿或者赔偿损失等都是以财产为内容的责任形式。

(3) 民事责任是当事人一方对另一方的责任。一般来说,是由于生产经营单位及其工作人员的行为影响了相对人的权益,而给以相对人财产上的补偿或赔偿。

2. 行政责任

安全生产行政法律责任，简称安全生产行政责任，是指安全生产行政法律关系的主体由于违反了安全生产法律、法规、规范的规定而依法应当承担的否定性法律后果的义务。安全生产行政责任具有以下特征：

（1）行政责任是违反安全生产行政法律法规而应承担的法律责任。该类责任的依据是安全生产行政法，而不是民法、刑法等其他部门法。

（2）行政责任主体是安全生产行政法律关系的主体，这些主体不是单一的而是多样的，既包括行政机关及其工作人员、授权或委托的社会组织及其工作人员在行政管理中因违法失职、滥用职权或行政不当而产生的行政法律责任，也包括生产经营单位及其从业人员等行政相对人违反行政法律而产生的行政法律责任。

3. 刑事责任

安全生产刑事法律责任，简称安全生产刑事责任，是指安全生产刑事法律关系的主体因违反刑事法律规定而应承担的不利法律后果。刑事法律责任的性质具有惩罚性，即责任主体受到国家强制力的制裁。刑事法律责任是严格的行为人个人责任。刑事法律责任是最严厉的一种法律责任。

第二节　安全生产民事责任

一、安全生产民事责任的性质

民事责任是保护民事权利的重要法律措施。安全生产民事责任的相关法律规定除《民法典》《劳动法》《劳动合同法》等法律外，还体现在《安全生产法》的相关规定。总体来看，安全生产民事责任是一种侵权损害赔偿的有限财产责任，既包括单独责任，也可能是连带责任。

1. 安全生产民事责任主要体现为侵权责任

民事责任按照责任发生的根据不同，可以分为违约责任、侵权责任与其他责任。违约责任是指因违反合同约定的义务、合同附随义务而产生的责任。侵权责任是指因侵犯他人的人身权、财产权而产生的责任。

安全生产民事责任除用人单位违反劳动合同约定的职业安全保障和劳动保护相关规定应当承担的违约责任以外，大多属于侵权责任。

2. 安全生产民事责任主要体现为财产责任

民事责任可以分为财产责任和非财产责任。财产责任是指由民事违法行为人承担的财产上的不利后果，使受害人得到财产上的补偿。非财产责任是指为防止或消除损害后果，使受损害的非财产权利得到恢复的民事责任，如消除影响、赔礼道歉等。具体在安全生产法律规范中，民事法律责任主要体现为财产责任，即损害赔偿责任。

3. 安全生产民事责任主要体现为有限责任

根据承担民事法律责任的财产范围，民事法律责任可以划分为有限责任和无限责任。有限责任是指以一定范围内的财产承担的责任，如有限责任公司股东，仅以其认缴的出资额为限对公司承担责任。无限责任是指责任人以自己的全部财产承担的责任，如合伙人对合伙债务承担的责任。除个体工商户或部分合伙制企业外，安全生产法律规范规定的民事法律责任多为有限责任。

4. 安全生产民事责任既包括单独责任也包括连带责任

单独责任是指由一个民事主体独立承担的民事责任。共同责任是指两个以上的人共同对损害的发生承担的责任。共同责任中还可以进一步区分为按份责任和连带责任。安全生产法律规范中规定的民事法律责任，既包括单独责任，如《安全生产法》第五十一条、第一百一十六条的关于生产经营单位发生生产安全事故造成人员伤亡的赔偿责任，也包括连带责任，如《安全生产法》第一百零三条规定，生产经营单位将生产经营项目、场所发包或出租给不具备安全生产条件或相应资质的单位或个人造成损害的，应当与承包方、承租方承担连带赔偿责任。

二、安全生产民事责任的归责原则

安全生产领域违法行为的归责原则，实际上经历了一个漫长的发展历程。最初，在安全生产领域普遍适用的是"过错责任原则"，即"无过错无责任""过错多大，责任多少"。由于在雇佣劳动关系中，从业人员和生产经营单位之间力量严重不对称，如果严格适用过错责任原则，只会导致从业人员的权利得不到保护，因而自1872年德国颁布《国家责任法》确立无过错责任原则起，世界大多数国家就先后确立起这一原则，我国也不例外。即不管生产经营单位是否有过错，均应因生产安全事故对从业人员造成的损害承担责任。

我国《工伤保险条例》规定，中华人民共和国境内的企业、事业单位、社会团体、民办非企业单位、基金会、律师事务所、会计师事务所等组织和有雇工的个体工商户应当参加工伤保险，为本单位全部职工或者雇工缴纳工伤保险费。职工因工作遭受事故伤害或者患职业病进行治疗，享受工伤医疗待遇。《安全生产法》规定，生产经营单位必须依法参加工伤保险，为从业人员缴纳保险。也就是说，一旦发生了生产安全事故，不论生产经营单位主观上是否有过错，从业人员皆可以通过工伤保险获得赔付。这实际上是无过错责任原则的泛化和在安全生产领域的全面普及适用。

由于担心工伤保险的赔付额不能完全补偿从业人员所受的损失，在工伤保险的基础上，《安全生产法》规定，因生产安全事故受到损害的从业人员，除依法享有工伤保险外，依照有关民事法律尚有获得赔偿的权利的，有权提出赔偿要求。在我国目前法律体现上，相关的民事法律主要是指《民法典》的有关条款。因此，在工伤保险赔付额以外的那部分损害赔偿责任的归责原则应当适用《民法典》对侵权责任的相关规定。其中，主要有四种归责原则：过错责任、过错推定、严格责任、公平责任。过错责任处于主导和统帅地位，过错推定责任和严格责任、公平责任是对过错责任的补充。因生产安全事故造成从业人员或第三人伤亡的损害赔偿责任未体现在《民法典》中规定的特殊侵权责任之中，所以应适用一般的侵权责任归责原则，即过错责任原则。

三、安全生产民事责任的具体规定

1. 因生产安全事故受到损害的从业人员的工伤保险求偿权

《安全生产法》规定，生产经营单位必须依法参加工伤保险，为从业人员缴纳保险费。生产经营单位与从业人员订立的劳动合同，应当载明有关保障从业人员劳动安全、防止职业危害的事项，以及依法为从业人员办理工伤保险的事项。生产经营单位不得以任何形式与从业人员订立协议，免除或者减轻其对从业人员因生产安全事故伤亡依法应承担的责任。

《工伤保险条例》规定，职工因工作遭受事故伤害或者患职业病进行治疗，享受工伤医疗待遇。职工因工致残的，保留劳动关系，退出工作岗位，根据鉴定等级，支付一次性伤残补助金，同时按月支付伤残津贴，达到退休年龄后办理退休手续。工伤职工经评定伤残等级并经劳动能力鉴定委员会确认需要生活护理的，从工伤保险基金按月支付生活护理费。职工因工死亡，其近亲属按照规定从工伤保险基金领取丧葬补助金、供养亲属抚恤金和一次性工亡补助金。

2. 因生产安全事故受到损害的从业人员的民事求偿权

《安全生产法》规定，生产经营单位发生生产安全事故造成人员伤亡、他人财产损失的，应当依法承担赔偿责任；拒不承担或者其负责人逃匿的，由人民法院依法强制执行。生产安全事故的责任人未依法承担赔偿责任，经人民法院依法采取执行措施后，仍不能对受害人给予足额赔偿的，应当继续履行赔偿义务；受害人发现责任人有其他财产的，可以随时请求人民法院执行。因生产安全事故受到损害的从业人员，除依法享有工伤保险外，依照有关民事法律尚有获得赔偿的权利的，有权提出赔偿要求。《矿山安全法》规定，矿山企业对矿山事故中伤亡的职工按照国家规定给予抚恤或者补偿。

《民法典》规定，行为人因过错侵害他人民事权益造成损害的，应当承担侵权责任。侵害他人造成人身损害的，应当赔偿医疗费、护理费、交通费、营养费、住院伙食补助费等为治疗和康复支出的合理费用，以及因误工减少的收入。造成残疾的，还应当赔偿辅助器具费和残疾赔偿金；造成死亡的，还应当赔偿丧葬费和死亡赔偿金。侵害自然人人身权益造成严重精神损害的，被侵权人有权请求精神损害赔偿。

用人单位的工作人员因执行工作任务造成他人损害的，由用人单位承担侵权责任。用人单位承担侵权责任后，可以向有故意或者重大过失的工作人员追偿。劳务派遣期间，被派遣的工作人员因执行工作任务造成他人损害的，由接受劳务派遣的用工单位承担侵权责任；劳务派遣单位有过错的，承担相应的责任。个人之间形成劳务关系，提供劳务一方因劳务造成他人损害的，由接受劳务一方承担侵权责任。

3. 发包、出租的连带赔偿责任

《安全生产法》规定，生产经营单位将生产经营项目、场所、设备发包或者出租给不具备安全生产条件或者相应资质的单位或者个人导致发生生产安全事故给他人造成损害的，与承包方、承租方承担连带赔偿责任。

《建筑法》规定，工程监理单位与建设单位或者建筑施工企业串通，弄虚作假、降低工程质量造成损失的，承担连带赔偿责任。工程监理单位与承包单位串通，为承包单位谋取非法利益，给建设单位造成损失的，应当与承包单位承担连带赔偿责任。

承包单位将承包的工程转包的或者违法进行分包的，对因转包工程或者违法分包的工程不符合规定的质量标准造成的损失，与接受转包或者分包的单位承担连带赔偿责任。

4. 出具失实报告或出借、挂靠资质的赔偿责任

《安全生产法》规定，承担安全评价、认证、检测、检验职责的机构出具失实报告给他人造成损害的，依法承担赔偿责任。承担安全评价、认证、检测、检验职责的机构租借资质、挂靠、出具虚假报告给他人造成损害的，与生产经营单位承担连带赔偿责任。

《建筑法》规定，建筑施工企业转让、出借资质证书或者以其他方式允许他人以本企业的名义承揽工程的，对因该项承揽工程不符合规定的质量标准造成的损失，建筑施工企业与使用本企业名义的单位或者个人承担连带赔偿责任。

第三节 安全生产行政责任

一、安全生产行政责任的分类

安全生产行政责任是安全生产行政法律关系的主体因为违反行政法或因行政法规定而应承担的法律责任。安全生产行政责任按照承担责任的主体不同,可分为行政机关及公职人员的行政责任和行政相对人承担的行政责任。

1. 行政机关及公职人员的行政责任

行政机关的行政责任。行政机关承担行政责任的具体方式主要包括:纠正不适当的行政行为、停止违法行为、撤销违法的行政行为、通报批评、赔礼道歉、履行职责等。

公职人员的政务处分。《监察法》首次提出政务处分概念,并以其代替"政纪处分",将其适用范围扩大到所有行使公权力的公职人员。《公职人员政务处分法》规定公职人员承担行政责任的具体方式主要包括:警告、记过、记大过、降级、撤职、开除、赔偿等。

2. 行政相对人的行政责任

行政相对人承担行政责任的具体方式主要包括:行政处罚、资格罚、行业禁入等。现行安全生产法律规范对行政相对人的法律责任追究以行政责任为主,其中又以行政处罚占绝大多数。《安全生产法》针对安全生产违法行为设立的行政处罚共有责令改正、责令停产停业整顿、责令停止建设、责任停止使用、罚款、没收违法所得、吊销证照、关闭等十几种。

二、行政机关及公职人员的行政责任

1. 政府及其公职人员的责任

《安全生产法》规定,有关地方人民政府对生产安全事故隐瞒不报、谎报或者迟报的,对直接负责的主管人员和其他直接责任人员依法给予处分。

《地方党政领导干部安全生产责任制规定》规定,地方党政领导干部在落实安全生产工作责任中存在履行职责不到位、阻挠、干涉安全生产监管执法或者生产安全事故调查处理、对迟报、漏报、谎报或者瞒报生产安全事故或生产安全事故的发生负有领导责任等情形之一的,应当按照有关规定进行问责。

《国务院关于特大安全事故行政责任追究的规定》规定,地方人民政府主要领导人法律规定的特大安全事故的防范、发生依法规定有失职、渎职情形或者负有领

导责任的,依法给予行政处分。

《国务院关于预防煤矿生产安全事故的特别规定》规定,在乡、镇人民政府所辖区域内发现有非法煤矿并且没有采取有效制止措施的,对乡、镇人民政府的主要负责人以及负有责任的相关负责人,根据情节轻重,给予降级、撤职或者开除的行政处分;在县级人民政府所辖区域内1个月内发现有2处或者2处以上非法煤矿并且没有采取有效制止措施的,对县级人民政府的主要负责人以及负有责任的相关负责人,根据情节轻重,给予降级、撤职或者开除的行政处分。

2. 政府监管监察部门及其公职人员的责任

《安全生产法》规定,负有安全生产监督管理职责的部门的工作人员,有下列行为之一的,给予降级或者撤职的处分:(1)对不符合法定安全生产条件的涉及安全生产的事项予以批准或者验收通过的;(2)发现未依法取得批准、验收的单位擅自从事有关活动或者接到举报后不予取缔或者不依法予以处理的;(3)对已经依法取得批准的单位不履行监督管理职责,发现其不再具备安全生产条件而不撤销原批准或者发现安全生产违法行为不予查处的;(4)在监督检查中发现重大事故隐患,不依法及时处理的。负有安全生产监督管理职责的部门的工作人员有前款规定以外的滥用职权、玩忽职守、徇私舞弊行为的,依法给予处分。

负有安全生产监督管理职责的部门,要求被审查、验收的单位购买其指定的安全设备、器材或者其他产品的,在对安全生产事项的审查、验收中收取费用的,由其上级机关或者监察机关责令改正,责令退还收取的费用;情节严重的,对直接负责的主管人员和其他直接责任人员依法给予处分。

《国务院关于特大安全事故行政责任追究的规定》规定,地方人民政府有关部门正职负责人对特大安全事故的防范、发生有失职、渎职情形或者负有领导责任的,依照本规定给予行政处分。

《安全生产领域违法违纪行为政纪处分暂行规定》规定,国家行政机关及其公务员,企业、事业单位中由国家行政机关任命的人员有安全生产领域违法违纪行为,适用本规定给予处分。

其中,对于公职人员进行政务处分的主体既包括监察机关,又包括公职人员的任免机关、单位。处分的法律依据除上述安全生产领域的行政法外,还包括《监察法》《公职人员政务处分法》等法律、法规和党内法规。

三、行政相对人的行政责任

行政相对人作为行政管理的相对方,在我国安全生产法律体系中主要可以分为四类：一是生产经营单位，二是生产经营单位主要负责人及其管理人员，三是从业人员，四是中介机构。其中，生产经营单位及其主要负责人、安全管理人员的行政法律责任占据绝对数量。

《行政处罚法》规定，我国的行政处罚共有6种，具体为警告、通报批评，罚款、没收违法所得、没收非法财物，暂扣许可证件、降低资质等级、吊销许可证件，限制开展生产经营活动、责令停产停业、责令关闭、限制从业，行政拘留，法律、行政法规规定的其他行政处罚。按照行政处罚的类型进行具体划分，可以分为人身罚、财产罚、行为罚和申诫罚4种。此外，近年兴起的失信联合惩戒在安全生产领域也得到了越来越广泛的应用。

1. 人身罚

人身罚也称自由罚，是限制或剥夺违法者人身自由的行政处罚。在现阶段，我国人身罚的执行主体只有公安机关和国家安全机构。最主要的执行方式即行政拘留。《安全生产法》《道路交通安全法》等法律中都设置了行政拘留的行政处罚。

《安全生产法》规定，生产经营单位的主要负责人在本单位发生生产安全事故时，不立即组织抢救或者在事故调查处理期间擅离职守或者逃匿的，给予降级、撤职的处分，并由应急管理部门处上一年年收入百分之六十至百分之一百的罚款；对逃匿的处十五日以下拘留。生产经营单位的主要负责人对生产安全事故隐瞒不报、谎报或者迟报的，依照上述规定处罚。

《道路交通安全法》规定，可以予以拘留处罚的主要有以下几种情形：

（1）因饮酒后驾驶机动车被处罚，再次饮酒后驾驶机动车的。

（2）无证驾驶机动车的。

（3）造成交通事故后逃逸，尚不构成犯罪的。

（4）强迫机动车驾驶人违反道路交通安全法律法规和机动车安全驾驶要求驾驶机动车，造成交通事故，尚不构成犯罪的。

（5）违反交通管制的规定强行通行，不听劝阻的。

（6）故意损毁、移动、涂改交通设施，造成危害后果，尚不构成犯罪的。

（7）非法拦截、扣留机动车辆，不听劝阻，造成交通严重阻塞或者较大财产损失的。关于拘留处罚的程序，应当依照治安管理处罚法的规定执行。

2. 财产罚

财产罚，是指行政机关或者法定的其他组织强制违法的公民、法人或其他组织交纳一定数额的金钱或者物品，或者限制、剥夺其某种财产权的处罚，主要包括罚款、没收违法所得等。

在对行政相对人的安全生产行政法律责任追究中，财产罚的内容是最多的。在《安全生产法》《矿山安全法》《道路交通安全法》等各类安全法律法规中都有大量规定。

例如，《安全生产法》规定，生产经营单位的主要负责人未履行本法规定的安全生产管理职责，导致发生生产安全事故的，由应急管理部门依照下列规定处以罚款：

（1）发生一般事故的，处上一年年收入百分之四十的罚款。
（2）发生较大事故的，处上一年年收入百分之六十的罚款。
（3）发生重大事故的，处上一年年收入百分之八十的罚款。
（4）发生特别重大事故的，处上一年年收入百分之一百的罚款。

3. 行为罚

行为罚是限制或剥夺行政违法者某些特定行为能力和资格的处罚。主要包括暂扣许可证件、降低资质等级、吊销许可证件、限制开展生产经营活动、责令停产停业、责令关闭、限制从业等。

例如，《安全生产法》规定，生产经营单位存在下列情形之一的，负有安全生产监督管理职责的部门应当提请地方人民政府予以关闭，有关部门应当依法吊销其有关证照。生产经营单位主要负责人五年内不得担任任何生产经营单位的主要负责人；情节严重的，终身不得担任本行业生产经营单位的主要负责人：

（1）存在重大事故隐患，一百八十日内三次或者一年内四次受到本法规定的行政处罚的。
（2）经停产停业整顿，仍不具备法律、行政法规和国家标准或者行业标准规定的安全生产条件的。
（3）不具备法律、行政法规和国家标准或者行业标准规定的安全生产条件，导致发生重大、特别重大生产安全事故的。
（4）拒不执行负有安全生产监督管理职责的部门作出的停产停业整顿决定的。

其中，提请地方人民政府予以关闭、吊销有关证照、五年内不得担任任何生产经营单位的主要负责人、终身不得担任本行业生产经营单位的主要负责人等均属于行为罚。

4. 申诫罚

申诫罚也称精神罚或者声誉罚，是指行政机关向违法者发出警诫，申明其有违法行为，通过对其名誉、荣誉、信誉等施加影响，引起其精神上的警惕或生产生活上的权利的减损，使其不再违法的处罚形式。主要有警告和通报批评两种形式。

例如,《消防法》规定,违反本法规定,有下列行为之一的,处警告或者五百元以下罚款;情节严重的,处五日以下拘留:

(1) 违反消防安全规定进入生产、储存易燃易爆危险品场所的。

(2) 违反规定使用明火作业或者在具有火灾、爆炸危险的场所吸烟、使用明火的。

《道路交通安全法》规定,行人、乘车人、非机动车驾驶人违反道路交通安全法律、法规关于道路通行规定的,处警告或者五元以上五十元以下罚款。

5. 失信联合惩戒

失信联合惩戒是指多方共同以直接或间接的方式对失信主体或失信行为实施一定期限、与其失信程度相匹配的限制或禁入的信用约束措施,是促使其修复信用、营造公平诚信环境的一种社会治理方式。

惩戒措施一般包括依法加大执法检查频次、暂停对其安全生产标准化评审、暂停审批其新的重大项目申报、限制参与建设工程招投标、限制取得政府性资金支持、限制、暂停企业债券、公司债券和股票发行、暂停审批存在失信行为的生产经营单位科技项目等。

值得关注的是,作为我国社会信用体系建设的重要制度安排和手段创新,失信联合惩戒由于具有提升社会诚信道德认同、控制违法违约行为和强化法律实施的社会效果,备受政府部门的推崇,失信联合惩戒在社会管理领域得到越来越广泛的应用。然而,目前实践中出现的以政府规范性文件等非法律规范的方式确立并实施的大量失信联合惩戒措施,类型众多,表述迥异,行为属性不清,引发了法学界的广泛关注和讨论。

学者们目前已经形成的常说主要有"行政处罚说""间接强制执行说""综合或独立的法律责任说""政府管制手段说""类型化说"等。其中行政处罚说认为,从行政处罚的手段形式看,行政机关给相对人予以某种权利或利益的减损的行为,应当以《行政处罚法》第九条第(六)项兜底条款为规范依据。间接强制执行说认为,不同于传统行政法对具有直接强制理念的执行罚的强调,失信联合惩戒更注重在工作、入学、出行等具有非直接强制理念方面采取相应限制。综合或独立法律责任说认为,失信法律责任涵盖了民事责任、行政责任、刑事责任以及其他一些特殊责任,具有经济法律责任的综合性或独立性;政府管制手段说认为,不同于传统的行政许可、行政处罚、行政强制等传统政府监管手段,失信联合惩戒是一种独立的非传统的监管措施,有着独立的价值属性。类型化说主张按照一定的标准,将失信联合惩戒行为分别归属为某种行政行为类型。

第四节 安全生产刑事责任

一、安全生产刑事责任的性质

安全生产刑事法律责任,是指安全生产刑事法律关系主体因违反刑事法律而应当承担的法定的不利后果。行为人违反刑事法律的行为必须具备犯罪的构成要件才承担刑事责任。刑事责任的主体,不仅包括公民,也包括法人和其他社会组织。刑事责任的方式为惩罚,即责任主体受到国家强制力的制裁。刑事责任是最严厉的一种法律责任。

根据罪刑法定原则,对于什么是犯罪,有哪些犯罪,各种犯罪构成条件是什么,有哪些刑种,各个刑种如何适用,以及各种罪的具体量刑幅度如何等,均应由刑法加以规定。对于刑法没有规定为犯罪的行为,不得定罪处罚,即"法无明文规定不为罪,法无明文规定不处罚"。在刑事立法和司法活动中,确立罪刑法定原则是人类社会法治文明的里程碑,是对个人自由的基本保证,可以使公民免受司法擅断行为,对于保障公民权益和推动社会法治发展具有重要意义。

二、安全生产刑事责任的立法模式

根据罪刑法定原则,现行安全生产法律体系对刑事法律责任的规定采用的都是准用性规范,常见的最主要规定方式是"构成犯罪的,依法追究刑事责任"。所以,安全生产刑事责任主要体现在刑法典的相关规定。安全生产法律法规及相关标准对于犯罪构成起到一定的补充作用,如《刑法》中规定,违反相关管理规定,这个"相关管理规定"指的就是安全生产法律法规的规定,应当参照有关安全生产的地方性法规、规章及国家标准、行业标准,必要时可参考安全生产领域公认的惯例和生产经营单位制定的安全生产规章制度、操作规程。

三、安全生产行政执法与刑事司法衔接

负有安全生产监督管理职责的部门在行政执法过程中发现行使公权力的公职人员涉嫌安全生产犯罪的问题线索,或者安全生产行政监督管理部门、公安机关、人民检察院在查处有关违法犯罪行为过程中发现行使公权力的公职人员涉嫌贪污贿赂、失职渎职等职务违法或者职务犯罪的问题线索,应当依法及时移送监察机关处理。

1. 日常执法中的案件移送与法律监督

应急管理部门在查处违法行为过程中发现涉嫌安全生产犯罪案件的，应当立即指定行政执法人员组成专案组专门负责，核实情况后提出移送涉嫌犯罪案件的书面报告。负有安全生产监督管理职责的部门批准移送的，应当向同级公安机关移送；不批准移送的，应当将不予批准的理由记录在案。

负有安全生产监督管理职责的部门向公安机关移送涉嫌安全生产犯罪案件，应当附案件移送书、案件调查报告、涉案物品清单、附有鉴定机构和鉴定人资质证明或者其他证明文件的检验报告或者鉴定意见、证据材料等，并将案件移送书抄送同级人民检察院。

公安机关对负有安全生产监督管理职责的部门移送的涉嫌安全生产犯罪案件，应当出具接受案件的回执或者在案件移送书的回执上签字。公安机关应当对移送的涉嫌安全生产犯罪案件材料进行审查，作出立案或不予立案的决定。人民检察院对符合逮捕、起诉条件的犯罪嫌疑人，应当依法批准逮捕、提起公诉。

2. 事故调查中的案件移送与法律监督

事故发生地有管辖权的公安机关根据事故的情况，对涉嫌安全生产犯罪的，应当依法立案侦查。

事故调查中发现涉嫌安全生产犯罪的，事故调查组或者负责火灾调查的消防机构应当及时将有关材料或者其复印件移交有管辖权的公安机关依法处理。

事故调查过程中，事故调查组或者负责火灾调查的消防机构可以召开专题会议，向有管辖权的公安机关通报事故调查进展情况。

对有重大社会影响的涉嫌安全生产犯罪案件，上级公安机关采取挂牌督办、派员参与等方法加强指导和督促，必要时，可以按照有关规定直接组织办理。

组织事故调查的部门及同级公安机关、人民检察院对涉嫌安全生产犯罪案件的事实、性质认定、证据采信、法律适用以及责任追究有意见分歧的，应当加强协调沟通。必要时，可以就法律适用等方面问题听取人民法院意见。

3. 协作机制

各级应急管理部门、公安机关、人民检察院、人民法院建立安全生产行政执法与刑事司法衔接长效工作机制。明确本单位的牵头机构和联系人，加强日常工作沟通与协作。定期召开联席会议，协调解决重要问题，并以会议纪要等方式明确议定事项。

应急管理部门、公安机关、人民检察院、人民法院应当每年定期联合通报辖区内有关涉嫌安全生产犯罪案件移送、立案、批捕、起诉、裁判结果等方面信息。

人民法院应当在有关案件的判决、裁定生效后，按照规定及时将判决书、裁定书在互联网公布。适用职业禁止措施的，应当在判决、裁定生效后将判决书、裁定书送达罪犯居住地的县级应急管理部门和公安机关，同时抄送罪犯居住地的县级人民检察院。

人民检察院、人民法院发现有关生产经营单位在安全生产保障方面存在问题或者有关部门在履行安全生产监督管理职责方面存在违法、不当情形的，可以发出检察建议、司法建议。有关生产经营单位或者有关部门应当按规定及时处理，并将处理情况书面反馈提出建议的人民检察院、人民法院。

第五节　我国《刑法》关于安全生产类犯罪的具体规定

一、重大责任事故罪

《刑法》第一百三十四条规定，在生产、作业中违反有关安全管理的规定，因而发生重大伤亡事故或者造成其他严重后果的，处三年以下有期徒刑或者拘役；情节特别恶劣的，处三年以上七年以下有期徒刑。

本罪的犯罪主体，包括对生产、作业负有组织、指挥或者管理职责的负责人、管理人员、实际控制人、投资人等人员，以及直接从事生产、作业的人员。

一般情况下，对生产、作业负有组织、指挥或者管理职责的负责人、管理人员、实际控制人、投资人，违反有关安全生产管理规定，对重大生产安全事故的发生起决定性、关键性作用的，应当承担主要责任。对于直接从事生产、作业的人员违反安全管理规定，发生重大生产安全事故的，要综合考虑行为人的从业资格、从业时间、接受安全生产教育培训情况、现场条件、是否受到他人强令作业、生产经营单位执行安全生产规章制度的情况等因素认定责任，不能将直接责任简单等同于主要责任。

本罪中"违反有关安全管理的规定"，是指违反有关法律、行政法规有关规定，参照地方性法规、规章及国家标准、行业标准，必要时可参考公认的惯例和生产经营单位制定的安全生产规章制度、操作规程。具体的违反安全管理规定的表现方式是多种多样的，既可以表现为作为，如在禁火区使用明火作业等，也可以表现为不作为，如值班时睡觉、精神力不集中等。

行为人违反有关安全管理的行为必须引发了重大伤亡事故或造成其他严重后果。虽然有违规行为，但尚未造成重大伤亡事故或造成其他严重后果的，不构成本罪。

二、危险作业罪

《刑法》第一百三十四条之一规定，在生产、作业中违反有关安全管理的规定，有下列情形之一，具有发生重大伤亡事故或者其他严重后果的现实危险的，处一年以下有期徒刑、拘役或者管制：

（1）关闭、破坏直接关系生产安全的监控、报警、防护、救生设备、设施，或者篡改、隐瞒、销毁其相关数据、信息的；

（2）因存在重大事故隐患被依法责令停产停业、停止施工、停止使用有关设备、设施、场所或者立即采取排除危险的整改措施，而拒不执行的；

（3）涉及安全生产的事项未经依法批准或者许可，擅自从事矿山开采、金属冶炼、建筑施工，以及危险物品生产、经营、储存等高度危险的生产作业活动的。

传统刑法观认为，刑法作为最后手段，需恪守谦抑性，不应积极主动介入社会关系的调整。随着风险社会的到来，人们寄希望于刑法有更多作为，直接影响了我国刑法观念的变革，正如有学者指出的，刑法体系并非完全自主的，而是受到外部社会环境的巨大压力，导致刑法体系具有应变性的面向，随着风险日益为人们感知，安全问题成为正常关注的核心，并日益影响刑法体系的设定，由此而促成预防导向的刑法。即在实害出现之前进行积极预防为主导的刑事立法，已是大势所趋。

我国刑法原来规定的危害生产安全犯罪均为结果犯，这就意味着只有发生实际的法益侵害结果，才有可能追究违法行为人的刑事责任。而对于现实中极有可能导致严重后果发生危险的，恶意破坏安全设施设备、拒不执行重大事故隐患整改指令以及未经许可从事高度危险的生产作业活动等多发易发的违法行为，却并没有相应的刑事惩处措施加以规制，导致一些领域事故频发，给人民群众生命财产安全造成严重危害。2020年12月通过《中华人民共和国刑法修正案（十一）》新增了危险作业罪，只要求具有发生重大伤亡事故或者其他严重后果的现实危险即可入刑，实现了其"事前预防"的积极功能。

三、强令、组织他人违章冒险作业罪

《刑法》第一百三十四条规定，强令他人违章冒险作业，或者明知存在重大事故隐患而不排除，仍冒险组织作业，因而发生重大伤亡事故或者造成其他严重后果的，处五年以下有期徒刑或者拘役；情节特别恶劣的，处五年以上有期徒刑。

本罪的主体包括对生产、作业负有组织、指挥或者管理职责的负责人、管理人员、实际控制人、投资人等人员。"强令"既包括利用职权、地位命令指使他人，也包括采取威胁等方式逼迫他人。"违章"是指违反生产、作业中有关安全管理规定。"冒险"是指存在对人的生命、身体的客观危险。"组织"，是指指使、指挥、动员他人冒险作业。

《最高人民法院、最高人民检察院关于办理危害生产安全刑事案件适用法律若干问题的解释》规定，明知存在事故隐患、继续作业存在危险，仍然违反有关安全管理的规定，实施下列行为之一的，应当认定为刑法第一百三十四条第二款规定的"强令他人违章冒险作业"：

（1）利用组织、指挥、管理职权，强制他人违章作业的。
（2）采取威逼、胁迫、恐吓等手段，强制他人违章作业的。
（3）故意掩盖事故隐患，组织他人违章作业的。
（4）其他强令他人违章作业的行为。

四、劳动安全事故罪

《刑法》第一百三十五条规定，安全生产设施或者安全生产条件不符合国家规定，因而发生重大伤亡事故或者造成其他严重后果的，对直接负责的主管人员和其他直接责任人员，处三年以下有期徒刑或者拘役；情节特别恶劣的，处三年以上七年以下有期徒刑。

本罪的行为主体为特殊主体，即生产经营单位对安全生产设施条件不符合国家规定并因而发生重大伤亡事故或者造成其他严重后果的直接负责的主管人员和其他直接责任人员，通常是指生产经营单位的法定代表人、经理、厂长、投资人、实际控制人，主管安全生产的副经理、副厂长，以及直接负责有关安全生产工作的安全员、对安全生产设施条件负有管理维护职责的人员。

五、危险物品肇事罪

《刑法》第一百三十六条规定，违反爆炸性、易燃性、放射性、毒害性、腐蚀性物品的管理规定，在生产、储存、运输、使用中发生重大事故，造成严重后果的，处三年以下有期徒刑或者拘役；后果特别严重的，处三年以上七年以下有期徒刑。

危险物品，是指易燃易爆物品、危险化学品、放射性物品等能够危及人身安全和财产安全的物品。例如爆炸物、易燃气体、压缩气体、液化气体、易燃液体等。

本罪在客观方面表现为违反爆炸性、易燃性、放射性、毒害性、腐蚀性物品的管理规定，例如《安全生产法》中规定的未经依法批准，擅自生产、经营、储存危险物品就是一种违反危险物品管理规定的行为。

本罪主体限于从事生产、储存、运输、使用爆炸性、易燃性、放射性、毒害性、腐蚀性危险物品的人员。

本罪与重大责任事故罪存在法条竞合关系，前者是特别犯罪，后者是普通犯罪，同时符合二者犯罪构成的，按危险物品肇事罪论处。

六、工程重大安全事故罪

《刑法》第一百三十七条规定，建设单位、设计单位、施工单位、工程监理单位违反国家规定，降低工程质量标准，造成重大安全事故的，对直接责任人员，处五年以下有期徒刑或者拘役，并处罚金；后果特别严重的，处五年以上十年以下有期徒刑，并处罚金。

本罪在客观方面表现为违反国家规定，降低工程质量标准，造成重大安全事故的行为。本罪的主体为特殊主体，即建设单位、设计单位或者是施工单位及工程监理单位对建筑工程质量安全负有直接责任的人员。其中"建设单位"，是指对建设工程拥有所有权或者使用权的部门，也就是"业主"。"设计单位"，是指对建设工程进行专门设计的单位；"施工单位"，主要是指按照设计单位的设计及各种标准、要求进行建筑物建设的部门。"工程监理单位"，是指受建设单位聘请，担任工程质量监督工作的单位。

七、消防责任事故罪

《刑法》第一百三十九条规定，违反消防管理法规，经消防监督机构通知采取改正措施而拒绝执行，造成严重后果的，对直接责任人员，处三年以下有期徒刑或者拘役；后果特别严重的，处三年以上七年以下有期徒刑。

本罪在客观方面需具备3个要素。首先，违反消防管理法规，所谓违反消防管理法规，是指违反了我国《消防法》等消防法律法规。其次，经消防监督机构通知采取改正措施而拒绝执行。消防监督机构依据有关法律、法规建立的专门负责消防监督检查工作的机构。最后，造成了严重后果，且违反消防管理法规与严重后果之间有因果关系，即严重后果是由违反消防管理法规的行为引起的。

八、不报、谎报安全事故罪

《刑法》第一百三十九条之一规定，在安全事故发生后，负有报告职责的人员不报或者谎报事故情况，贻误事故抢救，情节严重的，处三年以下有期徒刑或者拘役；情节特别严重的，处三年以上七年以下有期徒刑。

本罪的主体为"负有报告职责的人员"，即负有组织、指挥或者管理职责的负责人、管理人员、实际控制人、投资人，以及其他负有报告职责的人员。在安全事故发生后，与负有报告职责的人员串通，不报或者谎报事故情况，贻误事故抢救，情节严重的，依照本罪规定，以共犯论处。

所谓不报，是指安全事故发生后，不按照规定进行报告。谎报，是指故意不如实报告事故发生的时间、地点、类别、伤亡人数、直接经济损失等有关内容。瞒报，是指故意隐瞒已经发生的事故，并经有关部门查证属实。

《生产安全事故报告和调查处理条例》规定，报告事故应当包括下列内容：

（1）事故发生单位概况。

（2）事故发生的时间、地点以及事故现场情况。

（3）事故的简要经过。

（4）事故已经造成或者可能造成的伤亡人数（包括下落不明的人数）和初步估计的直接经济损失。

（5）已经采取的措施。

（6）其他应当报告的情况。

事故发生后，事故现场有关人员应当立即向本单位负责人报告；单位负责人接到报告后，应当于1小时内向事故发生地县级以上人民政府安全生产监督管理部门和负有安全生产监督管理职责的有关部门报告。情况紧急时，事故现场有关人员可以直接向事故发生地县级以上人民政府安全生产监督管理部门和负有安全生产监督管理职责的有关部门报告。

安全生产监督管理部门和负有安全生产监督管理职责的有关部门接到事故报告后，应当依照规定向上级部门上报事故情况，每级上报的时间不得超过2小时。必要时，可以越级上报事故情况。

根据《最高人民法院、最高人民检察院关于办理危害生产安全刑事案件适用法律若干问题的解释》规定，具有下列情形之一的，应当认定为不报、谎报安全事故罪规定的"情节严重"：

（1）导致事故后果扩大，增加死亡一人以上，或者增加重伤三人以上，或者增加直接经济损失一百万元以上的。

（2）实施下列行为之一，致使不能及时有效开展事故抢救的：

1）决定不报、迟报、谎报事故情况或者指使、串通有关人员不报、迟报、谎报事故情况的。

2）在事故抢救期间擅离职守或者逃匿的。

3）伪造、破坏事故现场，或者转移、藏匿、毁灭遇难人员尸体，或者转移、藏匿受伤人员的。

4）毁灭、伪造、隐匿与事故有关的图纸、记录、计算机数据等资料以及其他证据的。

（3）其他情节严重的情形。具有下列情形之一的，应当认定为不报、谎报安全事故罪规定的"情节特别严重"：

1）导致事故后果扩大，增加死亡三人以上，或者增加重伤十人以上，或者增加直接经济损失五百万元以上的。

2）采用暴力、胁迫、命令等方式阻止他人报告事故情况，导致事故后果扩大的。

3）其他情节特别严重的情形。

值得注意的是，在安全事故发生后，直接负责的主管人员和其他直接责任人员故意阻挠开展抢救，导致人员死亡或者重伤，或者为了逃避法律追究，对被害人进行隐藏、遗弃，致使被害人因无法得到救助而死亡或者重度残疾的，分别依照刑法关于故意杀人、故意伤害的规定，以故意杀人罪或者故意伤害罪定罪处罚。

九、提供虚假证明文件罪

《刑法》第二百二十九条规定，承担资产评估、验资、验证、会计、审计、法律服务、保荐、安全评价、环境影响评价、环境监测等职责的中介组织的人员故意提供虚假证明文件，情节严重的，处五年以下有期徒刑或者拘役，并处罚金；有下列情形之一的，处五年以上十年以下有期徒刑，并处罚金：

（1）提供与证券发行相关的虚假的资产评估、会计、审计、法律服务、保荐等证明文件，情节特别严重的。

（2）提供与重大资产交易相关的虚假的资产评估、会计、审计等证明文件，情节特别严重的。

（3）在涉及公共安全的重大工程、项目中提供虚假的安全评价、环境影响评价等证明文件，致使公共财产、国家和人民利益遭受特别重大损失的。

本罪主体为特定主体，即承担资产评估、验资、验证、会计、审计、法律服务、保荐、安全评价、环境影响评价、环境监测等职责的中介组织的人员。在主观方面必须出于故意，即明知自己所提供的有关证明文件有虚假内容但仍决意提供。

除中介组织人员外，单位也可构成本罪，单位行为构成本罪的，对单位判处罚金,并对其直接负责的主管人员和其他直接责任人员,依照本罪的规定处罚。

十、出具证明文件重大失实罪

《刑法》第二百二十九条规定,承担资产评估、验资、验证、会计、审计、法律服务、保荐、安全评价、环境影响评价、环境监测等职责的中介组织的人员,严重不负责任,出具的证明文件有重大失实,造成严重后果的,处三年以下有期徒刑或者拘役,并处或者单处罚金。

本罪的主体和提供虚假证明文件罪相同,但本罪行为主体的主观方面为过失,即应当预见自己严重不负责任的行为可能造成证明文件的重大失实并产生严重后果,却因疏忽大意没有预见或者已经预见但轻信能够避免,因而造成了证明文件重大失实并发生了严重后果。

所谓严重不负责任,既可以表现为应为而根本不为,也可以表现为马马虎虎草率应付,不认真而为。重大失实,则是指内容与实际情况存在重大出入,与事实不符。

十一、生产、销售不符合安全标准的产品罪

《刑法》第一百四十六条规定,生产不符合保障人身、财产安全的国家标准、行业标准的电器、压力容器、易燃易爆产品或者其他不符合保障人身、财产安全的国家标准、行业标准的产品,或者销售明知是以上不符合保障人身、财产安全的国家标准、行业标准的产品,造成严重后果的,处五年以下有期徒刑,并处销售金额百分之五十以上二倍以下罚金;后果特别严重的,处五年以上有期徒刑,并处销售金额百分之五十以上二倍以下罚金。

《最高人民法院、最高人民检察院关于办理危害生产安全刑事案件适用法律若干问题的解释》规定,生产不符合保障人身、财产安全的国家标准、行业标准的安全设备,或者明知安全设备不符合保障人身、财产安全的国家标准、行业标准而进行销售,致使发生安全事故,造成严重后果的,依照刑法第一百四十六条的规定,以生产、销售不符合安全标准的产品罪定罪处罚。

十二、公职人员的犯罪

国家机关工作人员在履行安全监督管理职责时滥用职权、玩忽职守,致使公共财产、国家和人民利益遭受重大损失的,或者徇私舞弊,对发现的刑事案件依法应当移交司法机关追究刑事责任而不移交,情节严重的,分别依照刑法相关规定,以

滥用职权罪、玩忽职守罪或者徇私舞弊不移交刑事案件罪定罪处罚。

公司、企业、事业单位的工作人员在依法或者受委托行使安全监督管理职责时滥用职权或者玩忽职守，构成犯罪的，应当依照相关规定，适用渎职罪的规定追究刑事责任。

国家工作人员违反规定投资入股生产经营，构成危害生产安全犯罪的，或者国家工作人员的贪污、受贿犯罪行为与安全事故发生存在关联性的，从重处罚；同时构成贪污、受贿犯罪和危害生产安全犯罪的，依照数罪并罚的规定处罚。

第六节 安全生产法律责任追究

一、安全生产责任追究的发展过程

安全生产的责任追究有3个层面：一是道义上的责任，向受害者和公众负责；二是承担政治责任，向党和政府负责；三是承担法律责任，向相关法律法规负责。

早期，重大安全事故造成几十甚至上百生命瞬间消亡，对此负有责任的行政官员辞职或受到处分，这首先体现了其应当承担的道义责任，至少可以在一定程度上抚慰罹难者亲属的悲痛，彰显责任政府精神。

政治责任是指政治官员制定符合民意的公共政策或推动符合民意的公共政策执行的职责，以及没有履行好相关职责时受的谴责和制裁。前者是积极意义的政治责任，后者是消极意义的政治责任。

法律责任是由于违反了法定义务或契约义务或不当行使法定权利、权力，法律迫使行为人或其关系人所处的受制裁、强制和给他人以补救（赔偿、补偿）的必为状态。

随着中国特色社会主义法治体系的不断完善，我国安全生产责任追究的性质已经从道义责任、政治责任逐步走向法律责任。正如本章前面所述，我国关于安全生产民事、行政、刑事法律责任的相关规定已基本健全。此外，关于安全生产行政法律责任的追究，针对党政公职人员我国还专门出台了《国务院关于特大安全事故行政责任追究的规定》《安全生产领域违法违纪行为政纪处分暂行规定》《地方党政领导干部安全生产责任制规定》等相关法规、规章或规范性文件。

二、安全生产法律责任追究的主体

安全生产法律责任追究的主体主要包括监察机构、行政机关、司法机关等。

1. 监察机关

《监察法》规定，各级监察委员会是行使国家监察职能的专责机关，依照本法对所有行使公权力的公职人员进行监察，调查职务违法和职务犯罪，开展廉政建设和反腐败工作，维护宪法和法律的尊严。对于在安全生产过程中，行使公权力的各类公职人员，其行为依法构成职务违法和职务犯罪的，监察机关依法进行监察问责。

2. 行政机关

根据《公职人员政务处分法》，政务处分的主体既包括监察机关，又包括公职人员的任免机关、单位。此处的任免机关、单位一般是公职人员所在的行政机关。

3. 司法机关

人民检察院是法律监督机关，依法实施法律监督。人民法院是国家审判机关，人民法院依法行使审判权、严惩安全生产犯罪。人民检察院、人民法院发现有关生产经营单位在安全生产保障方面存在问题或者有关部门在履行安全生产监督管理职责方面存在违法、不当情形的，可以发出检察建议、司法建议。有关生产经营单位或者有关部门应当按规定及时处理，并将处理情况书面反馈提出建议的人民检察院、人民法院。《安全生产法》规定，因安全生产违法行为造成重大事故隐患或者导致重大事故，致使国家利益或者社会公共利益受到侵害的，人民检察院可以根据民事诉讼法、行政诉讼法的相关规定提起公益诉讼。

三、安全生产法律责任追究机制

安全生产法律责任追究机制，可以从责任问责对象、追究标准、追究程序3个层面进行分析。

1. 问责对象

安全生产民事法律责任的问责对象主要是生产经营单位。行政、刑事法律责任的问责对象包括生产经营单位及其从业人员，也包括安全生产监督管理部门及其他公职人员。其中，公职人员包括以下6类：

（1）中国共产党机关、人民代表大会及其常务委员会机关、人民政府、监察委员会、人民法院、人民检察院、中国人民政治协商会议各级委员会机关、民主党派机关和工商业联合会机关的公务员，以及参照《中华人民共和国公务员法》管理的人员。

（2）法律、法规授权或者受国家机关依法委托管理公共事务的组织中从事公务的人员。

（3）国有企业管理人员。

（4）公办的教育、科研、文化、医疗卫生、体育等单位中从事管理的人员。

（5）基层群众性自治组织中从事管理的人员。

（6）其他依法履行公职的人员。

2. 追究标准

安全生产责任追究的标准，应当严格依照安全生产法律规范及其他相关法律进行。安全生产民事法律责任的追究标准，主要适用《民法典》的相关规定。安全生产行政法律责任的追究标准，对于生产经营单位及其从业人员，主要适用《安全生产法》《矿山安全法》等安全生产法律法规；对于公职人员的责任追究，相关标准主要适用《国务院关于特大安全事故行政责任追究的规定》《安全生产领域违法违纪行为政纪处分暂行规定》《地方党政领导干部安全生产责任制规定》等相关规定。安全生产刑事法律责任的追究则主要适用《刑法》及相关司法解释。其中，最为复杂的是针对公职人员的问责，因涉及各部门职责、相关法律法规具有一定的重复交叉，往往面临责任追究弹性较大等问题。

3. 追究程序

正当的程序决定了法治与恣意的人治之间的基本区别。责任追究也尊重和保障问责对象的合法权益，避免随意性。安全生产民事法律责任追究的程序主要依据《工伤保险条例》《民事诉讼法》等相关法律法规；安全生产行政法律责任的追究程序，主要适用《安全生产法》《监察法》《公职人员政务处分法》；安全生产刑事法律责任则主要适用《刑事诉讼法》的相关规定。

四、安全生产法律责任追究评析

安全生产的法律责任体系中，民事责任的配比是最少的，这主要是因为国家的强势介入，对生产经营单位的各项义务作了详尽的规定，而对其责任的追究也采用了惩罚性更强的行政责任和刑事责任的形式。这也主要是考虑到，相对生产经营单位而言，劳动者处于相对弱势的地位，要其自己去主张权利，对搞生产经营单位会比较困难。因而在工伤保险责任追究上，引入了无过错责任原则，这也体现了国家对劳动者权利的一种倾斜性保障。

国家介入并追究生产经营单位的行政、刑事法律责任，固然能发挥重大作用，但也不可避免的存在效率不高、成本过大等问题，如何进一步加大劳动者和其他受害人的民事损害赔偿权利，并给予切实保障对于建立安全生产责任追究的长效机制具有重要意义。

从法的威慑功能看，事故风险规模与用人单位应付出的注意成本应当构成线性比例关系。从法经济学的角度看,对生产经营者追加更高的民事赔偿法律责任,可以实现其违法成本的完全内部化(而非将相关责任转嫁给政府和社会),也有利于受害人积极利用法律武器维护自身合法权益,从而减轻政府的行政成本支出,也可以激励潜在加害人采取最佳活动水平。无论是对于补偿受害人、威慑企业的违法动机,还是出于公平责任角度的社会风险和利益再分配都具有极大现实意义。

本 章 小 结

本章简要介绍了责任与法律责任、安全生产法律责任的概念,以及安全生产法律责任的种类和安全生产责任追究的工作机制;介绍了安全生产民事法律责任概念及其性质、归责原则,以及安全生产刑事责任的性质、立法模式以及安全生产行政执法与刑事司法衔接关系;详细阐述了《刑法》中重大责任事故罪、危险作业罪、强令、组织他人违章冒险作业罪、劳动安全事故罪、危险物品肇事罪、工程重大安全事故罪、消防责任事故罪、不报、谎报安全事故罪、提供虚假证明文件罪、出具证明文件重大失实罪、生产、销售不符合安全标准的产品罪、公职人员的犯罪的构成要件和处罚量刑。

复习思考题

1. 简述安全生产法律责任的特征及其构成。
2. 简述安全生产法律责任的种类划分。说明安全生产行政责任具有哪些特征。
3. 简述安全生产民事法律责任的性质、归责原则。
4. 简要说明安全生产刑事责任的性质。
5. 简述《刑法》中重大责任事故罪犯罪的构成要件和处罚量刑。
6. 简述《刑法》中危险作业罪的构成要件和处罚量刑。
7. 简述《刑法》中强令、组织他人违章冒险作业罪的构成要件和处罚量刑。
8. 简述《刑法》中危险物品肇事罪的构成要件和处罚量刑。
9. 简述《刑法》中工程重大安全事故罪的构成要件和处罚量刑。
10. 简述《刑法》中不报、谎报安全事故罪的构成要件和处罚量刑。
11. 简述《刑法》中生产、销售不符合安全标准的产品罪的构成要件和处罚量刑。

第八章　中国安全生产监督管理

本章学习目标

1. 了解安全生产监督管理体制概念及其形成和发展、安全生产监察概念，安全生产行政执法人员的工作要求，安全生产行政执法文书的概念。

2. 熟悉我国现行安全生产监督管理体制，安全生产监督管理模式及其特征，安全生产有关部门的安全生产工作任务，煤矿安全监察、非煤矿山安全监察和特种设备安全监察，安全生产行政执法文书的特征、种类与分类。

3. 掌握我国现行安全生产监督管理体制、应急管理部门安全生产工作的主要任务、安全生产行政执法人员的类别、职责和任职条件、行政执法资格条件，以及安全生产行政执法文书的制作、送达、移送及其归档程序与要求。

第一节　安全生产监督管理体制

一、安全生产监督管理体制

1. 行政管理体制

行政管理体制是指国家政治制度在行政管理领域的实现方式，即通过权力的分配和运行来实现制度的内在要求。行政管理体制核心是行政权的结构和运行。权力结构是权力的静态体现，是权力在不同主体进行分配的结果。权力运行是权力的动态体现，指的是权力的运行规则和实现方式。

2. 安全生产监督管理体制

安全生产监督管理体制属于行政管理体制的范畴，是指安全生产监督管理权力的归属、分配和行使,包括机构设置、职权分配、组织制度和运行方式。其中涉及由谁代表政府对安全生产活动实施监督管理,以及如何界定中央政府与地方政府、综合监督管理部门与行业领域监督管理部门的职责权限,以及如何协调监督管理机构与相关机构、监督管理主体与监督管理对象之间的关系,监督管理系统内部如何运转等。

二、安全生产监督管理体制的形成和发展

中华人民共和国成立以来,随着经济体制、政府机构改革和安全生产形势的发展变化,我国安全生产监督管理体制也适时进行改革和调整,并逐步趋于完善。

1. 1949年10月—1998年6月,工业经济部门负责行业安全管理、劳动部门履行综合监督管理职责的阶段

该阶段我国经济成分比较单一,工业生产活动集中在公有制企业,分别隶属于不同的工业经济部门,直接接受政府相关部门的监督管理,工矿企业安全生产监督管理由工业经济部门负责实施。各工业经济部门在安排部署生产任务的同时,也承担安全生产监督管理职能,负责研究制定本行业领域安全生产政策、法规和标准,组织开展监督检查,协调进行重特大事故抢险救援和调查处理。

1949年11月,根据《中央人民政府组织法》,成立劳动部。政务院批准的《中央人民政府劳动部暂行组织条例》规定,劳动部的主要职责任务为:"监督一切公营企业、合作社企业,私营企业及公私合营企业遵守有关劳动问题之法律法令""检查各种企业、工厂、矿场之安全卫生设备状况"。政务院批准的《省、市劳动局暂行组织通则》规定,省、市劳动局的主要职责任务为:"检查工矿安全卫生并监督劳保实施事宜""监督与指导公私营企业中女工、童工的保护事宜"。劳动部设劳动保护司,地方各级劳动部门设劳动保护处(科、股),负责对本行政区劳动保护工作实施综合监督管理。而后,国务院批准的《劳动部组织简则》规定,劳动部负责"管理劳动保护工作,监督检查国民经济各部门的劳动保护、安全技术和工业卫生工作,领导劳动保护监督机构的工作,检查企业中的重大事故并且提出结论性的处理意见"。

"十年动乱"期间,劳动部门受到冲击,新成立的各级"革命委员会"有的内设劳动小组,有的则予以彻底取消。

1970年,劳动部并入国家计划经济委员会(简称国家计委),安全生产综合管理职能相应转移。1975年9月,国务院发布《关于调整国务院直属机构的通知》,在国家计委劳动局基础上组建国家劳动总局,内设劳动保护局。1982年5月,国

家劳动总局、国家人事局、国务院科技干部局和国家编制委员会合并为劳动人事部，负责相关安全生产综合管理工作。1988年3月，劳动和人事两部分设，安全生产综合管理工作职能划归劳动部。1993年7月，改由劳动部负责"管理全国安全生产工作，对安全生产行使国家监察职权"，代表国家履行安全生产综合监管和行政监察职责。

2. 1998年6月—2003年3月，国家综合经济部门履行安全生产监管职责的阶段

1998年6月，国务院机构改革，撤销了有关工业经济部门，设立国家经济贸易委员会（简称国家经贸委）。在国家经贸委设安全生产局，负责综合管理全国安全生产工作，代表国家行使安全生产监督职权。女职工和未成年工特殊保护、工作时间和休息休假等，由新组建的劳动和社会保障部门负责。2001年2月，国家经贸委管理的9个国家工业局撤销，成立副部级的国家安全生产监督管理局（与国家煤矿安全监察局"一个机构、两块牌子"），仍由国家经贸委管理。

3. 2003年3月—2018年3月，国务院直属的专门机构履行安全生产综合监管职责的阶段

2003年3月，国务院改革方案明确，国家安全生产监督管理局（国家煤矿安全监察局）调整为国务院直属机构，代表国务院履行对全国安全生产综合监管职能。2005年2月，国务院下发《关于国家安全生产监督管理局（国家煤矿安全监察局）机构调整的通知》，决定将国家安全生产监督管理局调整为正部级的国家安全生产监督管理总局（简称国家安监总局），国家煤矿安全监察局调整为单独设立、由国家安监总局管理的国家局。

国家安监总局负责对全国安全生产工作实施综合监督管理，负责对工矿商贸和中央企业安全生产实行直接监督管理。消防、交通、建筑施工、电力、水利、国防工业、核工业、特种设备、旅游、学校等其他行业领域的安全监督管理，分别由相应行业领域主管部门负责，煤矿安全实行国家监察与地方监管相结合。水上交通安全监督管理和特种设备安全监察实行省以下垂直管理。

4. 2018年4月至今，应急管理部门履行安全生产综合监管职责的阶段

2018年3月，中共中央印发的《深化党和国家机构改革方案》《国务院机构改革方案》明确，撤销国家安监总局，组建应急管理部，应急管理部承继国家安监总局的全部职责，即应急管理部负责对全国安全生产工作实施综合监督管理以及对工矿商贸和中央企业安全生产实行直接监督管理（2020年9月，根据中共中央办公厅、国务院办公厅有关规定，非煤矿山安全监管职责划归国家矿山安全监察局）。

三、我国现行安全生产监督管理体制

1. 我国现行安全生产监督管理模式及其特征

我国现行安全生产监督管理体制是在各级党委和政府领导下的综合监督管理和行业领域专项监督管理相结合的安全生产监督管理模式。该模式有如下主要特征。

（1）坚持中国共产党的领导。《安全生产法》规定，安全生产工作坚持中国共产党的领导。中央有关党政文件指出，地方各级党委和政府要始终把安全生产摆在重要位置，加强组织领导。党的领导是我国安全生产监督管理体制的本质特征。

（2）综合监管与专项监管相结合。《安全生产法》规定，管行业必须管安全、管业务必须管安全、管生产必须管安全，我国实行的是安全生产监督管理部门综合监管、行业领域主管部门直接监管、地方政府属地监管的模式。安全生产综合监督管理与专项监管相结合是我国安全生产监督管理体制的特征之一。

（3）实施社会共治。我国坚持系统治理，严密层级治理和行业治理、政府治理、社会治理相结合的安全生产治理体系，组织动员各方面力量实施社会共治，综合运用多种手段和措施，提升全社会安全生产治理能力。社会共治是我国安全生产监督管理体制的特征之一。

2. 我国现行安全生产监督管理体制

我国现行安全生产监督管理的体制是，在各级党委和政府统一领导下，应急管理部门对安全生产工作实施综合监督管理，行业领域主管部门对本行业领域的安全生产工作实施专项监督管理。

（1）地方各级党委和政府领导。地方各级党委和政府在安全生产方面的职责有：

1）认真贯彻执行党的安全生产方针，与经济社会发展同步推进安全生产工作，定期研究决定安全生产重大问题。

2）加强安全生产监管部门领导班子、干部队伍建设。

3）及时研究部署安全生产工作，严格落实属地监管责任，严格安全生产履职绩效考核和失职责任追究。

4）强化安全生产宣传教育和舆论引导。

5）发挥人大对安全生产工作的监督促进作用和政协对安全生产工作的民主监督作用。

6）推动组织、宣传、政法、机构编制等单位支持保障安全生产工作。

7）动员社会各界积极参与、支持、监督安全生产工作。

8）把安全生产纳入经济社会发展总体规划，制定实施安全生产专项规划，健全安全投入保障制度。

9）充分发挥安全生产委员会作用，实施安全生产责任目标管理。建立安全生产巡查制度，督促各部门和下级政府履职尽责。

10）加强安全生产监管执法能力建设，推进安全科技创新，提升信息化管理水平。

11）严格安全准入标准，指导管控安全风险，督促整治重大隐患，强化源头治理。

12）加强应急管理，完善安全生产应急救援体系。

13）依法依规开展事故调查处理，督促落实问题整改。

(2) 应急管理部门负责安全生产综合监督管理。应急管理部门依法依规履行如下安全生产综合监管职责：

1）按照职责拟订安全生产法律、法规、规章、标准、规程，并监督实施。

2）统筹安排安全生产工作，协调、解决安全生产工作中的重大问题，对安全生产工作实施综合监督管理。

3）指导协调、监督检查本级人民政府有关部门和下级人民政府安全生产工作，组织开展安全生产考核巡查。

4）对生产经营单位安全生产条件和安全管理情况进行监督检查。

5）受理和查处举报的事故隐患和安全生产违法行为。

6）组织实施安全生产事故应急救援工作。

7）授权组织调查处理生产安全事故，发布安全生产信息和事故处理情况。

8）实施生产安全事故罚款处罚。

(3) 有关行业领域主管部门负责安全生产专项监督管理。交通运输、住建、水力、民航等有关部门依法在各自的职责范围内对有关行业领域的安全生产工作实施监督管理。职责主要有：

1）研究部署专项安全生产行政执法工作，对本行业领域的安全生产实施专项监督管理。

2）按照职责拟订或者制定本行业领域的安全生产法律、法规、规章和安全标准、规程，并监督检查生产经营单位的执行情况。

3）负责本行业领域法定的专项安全生产许可。

4）对本行业领域生产经营单位的安全生产条件和安全管理情况进行监督检

查,并依法实施行政处罚。

5) 受理和查处举报的本行业领域生产经营单位的事故隐患和安全生产违法行为。

6) 配合开展生产安全事故应急救援工作。

7) 依法组织或参与有关生产安全事故的调查处理工作。

第二节 安全生产有关部门的安全生产工作任务

一、应急管理部门安全生产工作的主要任务

应急管理部门是各级政府负责安全生产综合监督管理的部门,也是承担危险化学品和工贸行业领域安全生产监督管理职责的部门,设有国家、省、市、县4级,实施分级属地监管。应急管理部安全生产工作任务主要有:

(1) 拟订安全生产方针政策,组织编制国家安全生产规划,起草安全生产相关法律法规草案,指导协调全国安全生产工作,综合管理全国安全生产统计工作,分析和预测全国安全生产形势,发布全国安全生产信息,协调解决安全生产中的重大问题。

(2) 负责安全生产综合监督管理工作,依法行使国家安全生产综合监督管理职权,指导协调、监督检查国务院有关部门和各省(自治区、直辖市)政府安全生产工作,组织开展安全生产和消防工作考核、巡查。

(3) 负责工贸行业安全生产监督管理工作,按照分级、属地原则,依法监督检查工贸生产经营单位贯彻执行安全生产法律法规和标准情况及其安全生产条件和有关设备(特种设备除外)、材料、劳动防护用品的安全生产管理工作。负责监督管理工贸行业中央企业安全生产工作。承担海洋石油安全生产综合监督管理工作。

(4) 依法组织并指导监督实施安全生产准入制度。

(5) 负责危险化学品安全生产监管工作和危险化学品安全监管综合工作,负责烟花爆竹生产、经营的安全生产监督管理工作。

(6) 负责对全国的消防工作实施监督管理,指导地方消防监督、火灾预防、火灾扑救等工作。

(7) 组织制定相关行业安全生产规章、规程和标准并监督实施,指导监督相关行业企业安全生产标准化、安全预防控制体系建设工作。会同有关部门推进安全生产责任保险实施工作。

(8) 组织协调全国性安全生产检查以及专项督查、专项整治等工作，依法组织指导生产安全事故调查处理，监督事故查处和责任追究落实情况。按照职责分工对工贸行业事故发生单位落实防范和整改措施的情况进行监督检查。

(9) 指导应急预案体系建设，建立完善事故灾难分级应对制度，组织编制国家生产安全事故应急预案和安全生产类专项应急预案，综合协调应急预案衔接工作，组织开展预案演练。

(10) 指导各地区各部门应对安全生产类突发事件，组织指导协调安全生产应急救援工作，负责生产安全事故救援等专业应急救援力量建设，健全完善全国安全生产应急救援体系。

(11) 指导监督职责范围内建设项目安全设施"三同时"工作。

(12) 负责安全生产宣传教育和培训工作［矿山（含地质勘探）除外，下同］，组织指导并监督特种作业人员的操作资格考核工作和危险化学品、烟花爆竹、金属冶炼等生产经营单位主要负责人、安全生产管理人员的安全生产知识和管理能力考核工作，监督检查工贸生产经营单位安全生产培训工作。

(13) 指导全国安全评价检测检验机构管理工作，拟订注册安全工程师制度并组织实施。

(14) 指导协调和监督全国安全生产行政执法工作。

(15) 组织拟订安全生产科技规划并组织实施，指导安全生产科学技术研究、推广应用和信息化建设工作。

(16) 组织开展安全生产方面的国际交流与合作，组织参与安全生产类等突发事件的国际救援工作。

(17) 承担国务院安全生产委员会的日常工作和国务院安全生产委员会办公室的主要职责。

二、住房和城乡建设部门安全生产工作的主要任务

住房和城乡建设部门是承担建设工程等安全生产监督管理的政府主管部门，设有国家、省、市、县4级，实施分级属地监管。住房和城乡建设部的安全生产工作主要任务有：

(1) 依法对全国的建设工程安全生产实施监督管理（按照国务院规定职责分工的铁路、交通、水利、民航、电力、通信等专业建设工程除外）。

(2) 负责拟订建筑安全生产政策、规章制度并监督执行，依法查处建筑安全生产违法违规行为。

（3）监督管理房屋建筑工地和市政工程工地用起重机械、专用机动车辆的安装、使用。

（4）指导农村住房建设、农村住房安全和危房改造，指导农村管道天然气工程质量和运行安全。

（5）指导城市市政公用设施建设、安全和应急管理，指导城市供水、燃气、热力、市政设施、园林、市容环境治理、城市规划区绿化、城镇污水处理设施和管网等安全运行监督管理，指导城市地铁、轨道交通规划和建设的安全监督管理，指导城市地下空间开发利用安全监督管理。

（6）负责建筑施工、建筑安装、建筑装饰装修、勘察设计、建设监理等建筑业和房地产开发、物业服务、房屋征收拆迁等房地产业安全生产监督管理工作。

（7）负责指导和监督省级建设主管部门负责的建筑施工企业安全生产准入管理，指导建筑施工企业从业人员安全生产教育培训工作。

（8）指导建设工程消防设计审查验收工作。

（9）负责建筑业、房地产业和住房城乡建设系统安全生产统计分析。

（10）依法组织或参加有关事故的调查处理，按照职责分工对事故发生单位落实防范和整改措施的情况进行监督检查。

三、交通运输部门安全生产工作的主要任务

交通运输部门是负责公路、水上交通运输安全生产监督管理的政府主管部门，设有国家、省、市、县4级，实施分级属地监管。交通运输部安全生产工作任务主要有：

（1）指导公路、水路行业安全生产和应急管理工作。

（2）拟订并监督实施公路、水路行业安全生产政策、规划和应急预案，指导有关安全生产和应急处置体系建设，承担公路、水路重大突发事件处置的组织协调工作，承担有关公路、水路运输企业安全生产监督管理工作。

（3）负责指导交通运输综合执法和队伍建设有关工作。

（4）负责水上交通安全监督管理。负责水上交通管制、船舶及相关水上设施检验、登记和防治污染、航海保障、救助打捞、通信导航、船舶保安等工作，指导港口设施保安工作。

（5）负责拟订渔业船舶检验政策法规及标准，渔业船舶检验监督管理和行业指导等工作，负责船员管理有关工作。

（6）负责危险货物水路运输安全监督管理。

（7）负责中央管理水域水上交通安全事故、船舶及相关水上设施污染事故的应急处置，指导地方水上交通安全监督管理工作。

（8）负责道路运输管理工作。指导运输线路、营运车辆、枢纽、运输场站等管理工作；负责拟订经营性机动车营运安全标准并监督实施，指导机动车维修、营运车辆综合性能检测管理，参与机动车报废政策、标准制定工作，负责机动车驾驶员培训机构和驾驶员培训管理工作；指导公共汽车、城市地铁和轨道交通运营、出租汽车、汽车租赁等安全监督管理工作。

（9）负责公路、水路建设工程安全生产监督管理工作。按规定制定公路、水路工程建设有关政策、制度和技术标准并监督实施。指导公路、水路有关工程建设安全生产监督管理工作，指导交通运输基础设施管理和维护，承担有关重要设施的管理和维护。

（10）按照职责分工指导并组织开展交通运输行业安全生产专项整治工作。指导各地组织实施公路安全生命防护工程，加强道路交通安全设施建设；负责查处船舶超载和打击无牌、无证、报废船舶营运等违法行为；指导或配合有关部门查处车辆超限超载和打击无牌、无证、报废车辆营运等违法行为。

（11）指导危险货物道路运输、水路运输的许可以及运输工具的安全管理和从业人员资格认定。按照职责范围组织拟订危险货物有关标准。

（12）负责河道采砂影响航道及通航安全的管理工作。

（13）指导有关交通运输企业安全生产标准化建设和从业人员的安全生产教育培训工作。

（14）负责交通运输行业安全生产统计分析，依法组织或参加有关事故的调查处理，按照职责分工对事故发生单位落实防范和整改措施的情况进行监督检查。

国务院交通运输主管部门管理的国家铁路局、国家邮政局、中国民用航空局，分别负责监督管理铁路行业、邮政行业、民航行业的安全生产工作。

四、工业和信息化部门安全生产工作的主要任务

工业和信息化部门是负责通信等行业领域安全生产监督管理的政府主管部门，设有国家、省、市、县4级，实施分级属地监管。工业和信息化部安全生产工作任务主要有：

（1）指导工业、通信业加强安全生产管理。在行业发展规划、政策法规、标准规范等方面统筹考虑安全生产，严格行业规范和准入管理，实施传统产业技术改造，淘汰落后工艺和产能，指导重点行业排查治理隐患，促进产业结构升级和布局

调整，促进工业化和信息化深度融合，从源头治理上指导相关行业提高企业本质安全水平。

（2）负责通信业及通信设施建设和民用飞机、民用船舶制造业安全生产监督管理，制定相关行业安全生产规章制度、标准规范并组织实施，指挥协调生产安全事故应急通信。

（3）负责民用爆炸物品生产、销售的安全监督管理，组织查处非法生产、销售（含储存）民用爆炸物品的行为。

（4）依法负责危险化学品生产、储存的行业规划和布局。严格道路机动车辆生产企业及产品准入许可。会同有关部门推动安全（应急）产业发展。

（5）负责相关行业安全生产统计分析，依法参加有关事故的调查处理，对事故发生单位落实防范和整改措施的情况进行监督检查。

五、公安机关安全生产工作的主要任务

公安机关是负责道路交通等行业领域安全监督管理的政府主管部门，设有国家、省、市、县4级，并在乡镇街道设派出机构，实施分级属地监管。公安部安全生产工作任务主要有：

（1）负责全国道路交通安全管理工作，拟订道路交通安全管理的政策、规定，指导、监督地方公安机关预防和处理道路交通事故，维护道路交通安全、道路交通秩序，以及开展机动车辆（不含拖拉机）、驾驶人管理工作，组织指导道路交通安全宣传教育工作。

（2）指导、协调、监督地方公安机关对民用爆炸物品购买、运输、爆破作业及烟花爆竹道路运输、燃放环节实施安全监管，监控民用爆炸物品流向，按照职责分工组织查处非法购买、运输、使用（含储存）民用爆炸物品的行为和非法运输、燃放烟花爆竹的行为。

（3）指导、监督地方公安机关依法核发剧毒化学品购买许可证、剧毒化学品道路运输通行证，并负责危险化学品运输车辆的道路交通安全管理。

（4）指导、监督地方公安机关依法开展防火工作。

（5）指导、监督地方公安机关依法对相关大型群众性活动实施安全管理。

（6）负责公安部门有关安全生产统计分析，依法组织或参加有关事故的调查处理，按照职责分工对事故发生单位落实防范和整改措施的情况进行监督检查；指导地方公安机关查处相关刑事案件和治安案件。

六、生态环境部门安全生产工作的主要任务

生态环境部门是承担核占辐射安全和危险废物安全监管的政府主管部门,设有国家、省、市、县4级,分别实施监管,核安全实行垂直管理,危险废物安全实行属地监管。生态环境部下设华北核与辐射安全监督站、华东核与辐射安全监督站、华南核与辐射安全监督站、西南核与辐射安全监督站、东北核与辐射安全监督站、西北核与辐射安全监督站,分别负责有关地区核与辐射安全的监督工作。生态环境部(加挂国家核安全局的牌子)安全生产工作任务的主要有:

(1) 负责核安全和辐射安全的监督管理。拟订有关政策、规划、标准,牵头负责核安全工作协调机制有关工作,参与核事故应急处理,负责辐射环境事故应急处理工作。监督管理核设施安全、放射源安全,监督管理核设施、核技术应用、电磁辐射、伴有放射性矿产资源开发利用中的污染防治。对核材料的管制和民用核安全设备的设计、制造、安装和无损检验活动实施监督管理。负责全国放射性废物的安全监督管理工作,对放射性物品运输的核与辐射安全实施监督管理。

(2) 依法对废弃危险化学品等危险废物的收集、储存、处置等进行安全监督管理,防止人身伤亡和财产损失事故发生。按照职责分工负责危险化学品生产安全事故相关环境污染、生态破坏问题调查和事故现场应急环境监测。

(3) 指导协调地方政府开展生产安全事故次生环境污染和其他相关突发环境事件的应急、预警和处置工作。

(4) 指导督促地方和相关企业单位对重点环保设施和项目组织开展安全风险评估和隐患排查治理。

七、市场监管部门安全生产工作的主要任务

市场监管部门是负责特种设备等安全生产监督管理的政府主管部门,设有国家、省、市、县4级监督管理机构,实施分级属地监管。国家市场监督管理总局安全生产工作任务的主要有:

(1) 指导地方市场监管部门严格依法办理涉及安全生产前置审批事项的市场主体登记注册。

(2) 配合有关部门加强对商品交易市场的安全检查和促进市场主办单位依法加强安全管理。

(3) 负责特种设备安全监督管理,综合管理特种设备安全监察、监督工作。拟订特种设备目录和安全技术规范。监督检查特种设备的生产(包括设计、制造、

安装、改造、修理)、经营、使用、检验检测和进出口。监督管理特种设备检验检测机构和检验检测人员、作业人员的资质资格。推动特种设备安全科技研究并推广应用。

(4) 依法负责保障劳动安全的产品、影响生产安全的产品质量安全监督管理。负责危险化学品及其包装物、容器(不包括储存危险化学品的固定式大型储罐)生产企业的工业产品生产许可证的管理工作，并依法对其产品质量实施监督，对烟花爆竹实施质量监督。

(5) 负责会同有关部门根据技术进步和产业升级需要，组织制修订安全生产国家标准。

(6) 配合有关部门开展安全生产专项整治，按照职责依法查处无照经营等非法违法行为；对有关前置许可审批部门依法吊销、撤销许可证或者其他批准文件，或者许可证、其他批准文件有效期届满的生产经营单位，根据有关部门的通知，配合主管部门依法督促其办理变更登记或注销登记，对于擅自从事相关经营活动情节严重的，依法吊销营业执照；配合有关部门依法查处未经安全生产(经营)许可的生产经营单位。

(7) 配合有关部门委托相关技术机构开展风险评估、检验检测等技术服务工作，为小型游乐设施安全管理提供指导和服务。

(8) 负责特种设备安全生产统计分析，依法组织或参加有关事故的调查处理，按照职责分工对事故发生单位落实防范和整改措施的情况进行监督检查。

八、能源管理机构安全生产工作的主要任务

能源管理机构是负责电力等行业安全生产管理，由各级政府发展改革部门管理的专门机构。国家能源局安全生产工作任务的主要有：

(1) 制定实施有利于能源安全生产的政策措施，指导督促能源行业加强安全生产管理，严格行业准入条件，提高行业安全生产水平。

(2) 按规定权限核准、审核国家规划内和年度计划规模内能源投资项目时将安全设施"三同时"纳入建设项目管理程序。

(3) 负责核电管理，按规定参与核电厂的核事故应急管理工作。

(4) 负责电力安全生产监督管理、可靠性管理和电力应急工作，制定除核安全外的电力运行安全、电力建设工程施工安全、工程质量安全监督管理办法并组织监督实施，组织实施依法设定的行政许可，负责水电站大坝的安全监督管理。指导和监督电力行业安全生产教育培训考核工作，组织电力安全生产新技术的推广

应用。

（5）指导督促油气输送管道企业落实安全生产主体责任，加强日常安全管理。履行油气管道行业管理职责，协同相关部门开展油气输送管道保护和安全生产监督检查等工作，保障管道安全运行。

（6）负责电力行业和石油天然气管道保护安全生产统计分析，依法组织或参加有关事故的调查处理，按照职责分工对事故发生单位落实防范和整改措施的情况进行监督检查。

第三节　安全生产监察

一、煤矿安全监察

我国煤矿实施安全监察，在履行职责过程中坚持和加强党对煤矿安全监察工作的集中统一领导。国家矿山安全监察局在煤矿安全监察方面的主要职责为：

（1）拟订煤矿安全生产（含地质勘探，下同）方面的政策、规划、标准，起草相关法律法规草案、部门规章草案并监督实施。

（2）负责国家煤矿安全监察工作。监督检查地方政府煤矿安全监管工作。组织实施煤矿安全生产抽查检查，对发现的重大事故隐患采取现场处置措施，向地方政府提出改善和加强煤矿安全监管工作的意见和建议，督促开展重大隐患整改和复查。

（3）指导煤矿安全监管工作。制定煤矿安全准入、监管执法、风险分级管控和事故隐患排查治理等政策措施并监督实施，指导地方煤矿安全监督管理部门编制和完善执法计划，提升地方煤矿安全监管水平和执法能力。依法对煤矿企业贯彻执行安全生产法律法规情况进行监督检查，对煤矿企业安全生产条件、设备设施安全情况进行监管执法，对发现的违法违规问题实施行政处罚、监督整改落实并承担相应责任。

（4）负责统筹煤矿安全生产监管执法保障体系建设，制定监管监察能力建设规划，完善技术支撑体系，推进监管执法制度化、规范化、信息化。

（5）参与编制煤矿安全生产应急预案，指导组织协调煤矿事故应急救援工作。依法组织或参与煤矿生产安全事故调查处理，监督事故查处落实情况。负责统计分析和发布煤矿安全生产信息和事故情况。

（6）负责煤矿安全生产宣传教育，组织开展煤矿安全科学技术研究及推广应用工作。指导煤矿企业安全生产基础工作,会同有关部门指导和监督煤矿生产能力核定工作。对煤矿安全技术改造和瓦斯综合治理与利用项目提出审核意见。

二、非煤矿山安全监察

2020年9月以前,国家实行非煤矿山安全生产监督管理体制,由县级以上地方政府负责安全生产监督管理职责的部门承担非煤矿山安全生产监督管理。2020年9月,国家煤矿安全监察局更名为国家矿山安全监察局,由应急管理部管理。应急管理部的非煤矿山安全监督管理职责划入国家矿山安全监察局,同时,设国家矿山安全监察局省级局。

国家矿山安全监察局的省级局对所辖行政辖区内的非煤矿山安全生产工作履行如下主要职责:

(1) 贯彻落实党中央关于矿山安全生产工作的方针政策和决策部署,坚持和加强党对矿山安全监管监察工作的集中统一领导,履行全面从严治党主体责任。

(2) 监督检查地方政府非煤矿山安全监管工作,督促落实矿山安全准入、监管执法、风险分级管控和隐患排查治理等政策措施。

(3) 向地方政府提出改善和加强非煤矿山安全监管工作的意见建议。

(4) 对辖区内非煤矿山安全生产抽查检查,对抽查检查中发现的重大安全隐患采取现场处置措施,督促地方开展非煤矿山重大隐患整改和复查。

(5) 参与编制辖区内非煤矿山安全生产应急预案,参与非煤矿山事故应急救援工作。

(6) 参与重大及以下非煤矿山生产安全事故调查处理,监督非煤矿山生产安全事故查处落实情况。

(7) 督促地方政府有关部门落实非煤矿山安全监管执法人员资格管理制度。

三、特种设备安全监察

国家市场监督管理总局是国务院负责特种设备安全监察的主管部门,负责特种设备安全监督管理,负责特种设备综合安全监察、监督工作。县级以上地方政府市场监督管理部门是本地区负责特种设备安全监察的部门,对本行政区域内特种设备安全实施监督管理。

国家市场监督管理总局内设特种设备安全监察局,其主要职能是:拟订特种设备目录和安全技术规范;监督检查特种设备的生产、经营、使用、检验检测和进出口,以及高耗能特种设备节能标准、锅炉环境保护标准的执行情况;按规定权限组织调查处理特种设备事故并进行统计分析；查处相关重大违法行为；监督管理特种设备检验检测机构和检验检测人员、作业人员；推动特种设备安全科技研究并推广应用。

此外，铁路安全管理机构对铁路机车有关特种设备实施监督管理；交通运输主管部门海事管理机构、国家海洋行政主管部门对海上设施和船舶相关特种设备实施监督管理；矿山安全监管监察部门对矿山井下使用的特种设备实施监督管理；民航管理部门对民用机场专用设备实施监督管理；建设行政主管部门对房屋建筑工地、市政工程工地用起重机械和场（厂）内专用机动车辆的安装、使用负责实施监督管理。

第四节　安全生产行政执法人员

一、安全生产行政执法人员种类及执法辅助人员

1. 安全生产行政执法人员的种类

（1）负有安全生产监督管理职责的行政机关执法类公务员。中共中央办公厅、国务院办公厅印发的《行政执法类公务员管理规定（试行）》第二条规定，行政执法类公务员是指依照法律、法规对行政相对人直接履行行政许可、行政处罚、行政强制、行政征收、行政收费、行政检查等执法职责的公务员，其职责具有执行性、强制性。据此，负有安全生产监督管理职责的行政机关执法类公务员属于公务员，既要符合担任公务员的法定条件，也要符合安全生产行政执法人员的基本要求。

（2）法律法规授权或者委托的组织中从事安全生产行政执法的人员。行政执法人员不仅包括行政执法类公务员，还包括不具有公务员身份、在法律法规授权或委托的组织中从事安全生产行政执法的人员。这些人员有的属于事业编制，有的是企业编制。例如，原国家安监总局海洋石油安全管理办公室设在中石油、中石化和中海油的3个分部的工作人员就属于企业编制的人员，他们负责所在石油企业的海洋石油安全生产监督检查。

（3）行政执法辅助人员。行政执法辅助人员是指行政执法机关聘用的辅助行政执法机关及其行政执法人员履行行政执法职责的人员。应急管理部、司法部印发的《应急管理综合行政执法技术检查员和社会监督员工作规定（试行）》（应急〔2021〕93号）规定，应急管理综合行政执法技术检查员是指按照权限和程序聘用

的，为应急管理部门综合行政执法工作提供专业技术支撑，协助开展行政执法工作的人员。

2. 安全生产行政执法资格

2021年修订的《行政处罚法》第四十二条规定，行政处罚应当由具有行政执法资格的执法人员实施。《行政强制法》第十七条规定，行政强制措施应当由行政机关具备资格的行政执法人员实施，其他人员不得实施。

中共中央办公厅、国务院办公厅《关于深化应急管理综合行政执法改革的意见》（中办发〔2020〕35号）要求，对现有执法人员，全部实行执法考试合格并取得执法资格证后方可上岗，对新招录人员，坚持凡进必考，严格实施执法人员持证上岗和资格管理制度，没有取得执法资格证的不得从事执法活动。

法律法规规定，行政执法资格是安全生产行政执法人员从事行政执法工作的先决条件，安全生产行政执法应该由取得安全生产行政执法资格的人员实施。

3. 安全生产行政执法证件

行政执法证件是行政执法人员通过行政执法资格考试后，由有权机关颁发的证件。目前，安全生产行政执法资格及其证件由国务院负有安全生产监督管理职责的部门分别颁发，或者由有关省级人民政府委托司法行政部门考核颁发。《安全生产违法行为行政处罚办法》第十三条规定，安全生产行政执法人员在执行公务时，必须出示省级以上安全生产监督管理部门或者县级以上地方人民政府统一制作的有效行政执法证件。

二、安全生产行政执法人员的任职条件

1. 安全生产行政执法资格条件

资格条件即行政执法人员必须取得的行政执法资格。

（1）属于行政执法类公务员的安全生产行政执法人员的一般性条件包括：

1）具有中华人民共和国国籍。

2）年满十八周岁。

3）拥护《中华人民共和国宪法》，拥护中国共产党领导和社会主义制度，坚持中国共产党的领导。

4）具有良好的政治素质和道德品行。

5）具有正常履行职责的身体条件和心理素质。

6）具有符合职位要求的文化程度和业务水平、执法能力。

7）法律规定的其他条件。

（2）不具有公务员身份、在法律法规授权或委托的组织中从事安全生产行政执法的人员的一般性条件，其中包括：

1）属于上述组织中的在编在职人员。

2）年满十八周岁且具有正常履行职责的身体条件和心理素质。

3）具有符合职位要求的文化程度和工作能力。

4）熟悉相关法律、法规、规章。

5）法律、法规、规章规定的其他条件。

申请取得安全生产行政执法资格，应当按规定参加公共法律知识、安全生产法律知识、安全生产专业知识的培训，经考试和考核合格。

2. 安全生产行政执法人员的特殊规定

一些行业领域对安全生产行政执法人员有一些特殊的要求，满足这些要求的人员，才能申请取得特定行业领域的行政执法资格。如煤矿安全监察员应当具备下列条件：

（1）热爱煤矿安全监察工作，熟悉国家有关煤矿安全的方针、政策、法律、法规、规章、标准、规程。

（2）熟悉煤矿安全监察业务，具有煤矿安全方面的专业知识。

（3）具有大学专科以上学历。

（4）符合国家煤矿安全监察机构规定的工作经历和年龄要求。

（5）身体健康，适应煤矿安全监察工作需要。

3. 专职安全生产技术检查员条件

专职技术检查员属于安全生产行政执法辅助人员。《应急管理综合行政执法技术检查员和社会监督员工作规定（试行）》第八条规定，专职安全生产技术检查员应当从符合下列条件的人员中通过考试的方式聘用：

（1）遵守宪法和法律法规，具有良好的道德品行。

（2）具有安全生产、防灾减灾救灾等相关安全类专业本科以上学历，或者相关行业领域中级以上专业技术职称、二级（技师）以上职业资格，或者注册安全工程师等职业资格。

（3）适应岗位要求的身体条件。

（4）满足岗位所需的其他条件。从事安全生产、防灾减灾救灾相关行业领域工作满10年、实践经验丰富的专业技术人员（含退休人员），可以不受前款第二项规定的限制，通过考核的方式聘用为专职技术检查员。

三、安全生产行政执法人员的工作要求与奖惩

1. 对安全生产行政执法人员的工作要求

（1）《公务员法》对安全生产行政执法人员的工作要求。《公务员法》对行政执法类公务员工作的基本要求是，公务员应当忠于职守，勤勉尽责，服从和执行上级依法作出的决定和命令，按照规定的权限和程序履行职责，努力提高工作质量和效率。

（2）《安全生产法》对安全生产监督管理人员的工作要求。《安全生产法》对安全生产监督管理人员的工作要求是：

1）忠于职守。忠于职守是安全生产行政执法人员应当具备的最基本职业素养。安全生产监督检查人员是从事保障人民群众生命财产安全的特殊公务员，必须忠于党、忠于人民，坚持命字在心，严字当头，恪尽职守，履职尽责。

2）坚持原则。坚持原则就是要按照法定的要求，依法说话办事，自觉抵制各种不正之风和腐败现象的侵蚀，做到有法必依、执法必严、违法必究。

3）秉公执法。安全生产监督检查人员应当做到执法上的公开、公平、公正，不徇私情，不滥用职权，严格依法办事，履行法定职责，平等对待行政管理相对人，不偏私、不歧视。应当按照平等原则、比例原则，确保大致相同的违法行为适用法律大体一致。

4）安全生产监督检查人员执行监督检查任务时，必须出示有效的执法证件。

5）对涉及被检查单位的技术秘密和业务秘密，应当为其保密。

（3）《安全生产执法手册（2020 版）》对安全生产行政执法人员的工作要求。

应急管理部《安全生产执法手册（2020 版）》对应急管理系统安全生产行政执法人员提出的基本要求为：

1）按照规定的权限和程序，在法定职责范围内实施监督检查，符合立法标准的及时立案。

2）在执行监督检查任务时，应当着装整洁、统一规范、举止端正、姿态良好、语言文明、用语规范，出示有效的行政执法证件。

3）调查取证合法、及时、客观、全面，确保案件事实清楚，证据确实充分，适用法律正确，程序合法，内容适当。

4）清正廉洁，公道正派，服从和执行上级依法作出的决定和命令。

5）对涉及被检查单位的技术秘密和业务秘密，应当为其保密。

6）行政执法文书规范、完备，案卷装订规范。

《安全生产执法手册（2020 版）》明确了安全生产行政执法人员在执法中的严

禁行为，包括：

①推诿或者拒绝履行法定职责，越权执法，滥用职权。

②索取或者接受执法对象的财物，或者为自己、亲友、他人谋求其他利益，或者依个人好恶执法。

③参加监管对象安排、组织或者支付费用的宴请、娱乐、旅游、出访等活动。

④在对安全生产事项的审查、验收中收取费用；要求接受审查、验收的单位购买其指定品牌或者指定生产、销售单位的安全设备、器材或者其他产品。

⑤以任何形式从事安全生产中介活动，或者收取中介机构提供的钱物。

⑥违反"收支两条线"规定，私自处理、留置罚没财产。

⑦弄虚作假，隐瞒、包庇、纵容违法行为。

⑧其他违法违纪行为。

应急管理综合行政执法技术检查员不得从事下列工作：

①办理涉及国家秘密的事项。

②独立从事行政执法工作。

③作出行政执法决定。

④实施行政强制措施。

⑤法律法规规章规定应当由应急管理部门行政执法人员从事的工作。

2. 安全生产行政执法人员的奖励、惩戒与免责

为了调动安全生产行政执法人员的积极性、主动性，实施了奖惩制度。同时，为了支持安全生产行政执法人员秉公执法、敢于与违法行为作斗争，有关文件作出了安全生产行政执法人员依法执法的免责规定。

（1）安全生产行政执法人员的奖励。《公务员法》规定，公务员或者公务员集体有下列情形之一的，给予奖励：

1）忠于职守，积极工作，勇于担当，工作实绩显著的。

2）遵纪守法，廉洁奉公，作风正派，办事公道，模范作用突出的。

3）在工作中有发明创造或者提出合理化建议，取得显著经济效益或者社会效益的。

4）为增进民族团结，维护社会稳定做出突出贡献的。

5）爱护公共财产，节约国家资财有突出成绩的。

6）防止或者消除事故有功，使国家和人民群众利益免受或者减少损失的。

7）在抢险、救灾等特定环境中做出突出贡献的。

8）同违纪违法行为作斗争有功绩的。

9）在对外交往中为国家争得荣誉和利益的。

10）有其他突出功绩的。

安全生产行政执法公务人员的奖励遵照《公务员法》的规定执行，其他性质的安全生产行政执法人员和执法辅助人员的奖励参照执行。《公务员法》规定，奖励分为嘉奖、记三等功、记二等功、记一等功、授予称号。对受奖励的公务员或者公务员集体予以表彰，并对受奖励的个人给予一次性奖金或者其他待遇。

（2）安全生产行政执法人员的惩戒。对安全生产行政执法人员的惩戒包括：

1）组织调整或者组织处理。对党政领导干部进行组织调整或者组织处理的方式有：停职检查、调整职务、责令辞职、责令公开道歉、引咎辞职、降职免职。

2）政务处分。政务处分是指各级监察机关对行政执法人员进行监察，调查职务违法行为，并依法依规作出的惩处措施。根据监察法规定，政务处分的种类有警告、记过、记大过、降级、撤职、开除等6种。

3）党纪处分。对党员行政执法人员的纪律处分种类有警告、严重警告、撤销党内职务、留党察看、开除党籍等5种。安全生产行政执法人员属于党员适用该条例予以追究党纪责任。

4）刑事责任。刑事责任是指责任主体违反安全生产法律规定构成犯罪，由司法机关依照刑事法律处以刑罚的一种制裁措施。适用安全生产执法人员的罪名主要有滥用职权罪、玩忽职守罪和徇私舞弊不移交刑事案件罪等。

此外，安全生产行政执法人员还有其他惩戒方式。如《国家赔偿法》第十六条规定，赔偿义务机关赔偿损失后，应当责令有故意或者重大过失的工作人员或者受委托的组织或者个人承担部分或者全部赔偿费用。

（3）安全生产行政执法人员的尽职免责

根据法规和文件的规定，安全生产行政执法人员的尽职免责应综合考虑，做到依法问责、合理问责、科学问责。具体法规、规范性文件及其规定如下：

1）《中共中央 国务院关于推进安全生产领域改革发展的意见》指出，要严格责任追究制度。实行党政领导干部任期安全生产责任制，日常工作依责尽职、发生事故依责追究。依法依规制定各有关部门安全生产权力和责任清单，尽职照单免责、失职照单问责。

2）最高人民法院发布的《关于进一步加强危害生产安全刑事案件审判工作的意见》（法发〔2011〕20号）规定，要正确确定责任，对于负有安全生产管理、监督职责的工作人员，应根据其岗位职责、履职依据、履职时间等，综合考察工作职责、监管条件、履职能力、履职情况等，合理确定罪责。

3)《国务院关于加强和规范事中事后监管的指导意见》(国发〔2019〕18号)规定,要健全尽职免责、失职问责办法。加快完善各监管执法领域尽职免责办法,明确履职标准和评判界线,对严格依据法律法规履行监管职责、监管对象出现问题的,应结合动机态度、客观条件、程序方法、性质程度、后果影响以及挽回损失等情况进行综合分析,符合条件的要予以免责。

4)《应急管理行政执法人员依法履职管理规定》(应急管理部令第9号)第十条规定,有下列情形之一的,不予追究有关行政执法人员的行政执法责任:因行政执法依据不明确或者对有关事实和依据的理解认识不一致,致使行政执法行为出现偏差的,但故意违法的除外;因行政相对人隐瞒有关情况或者提供虚假材料导致作出错误行政执法决定,且已按照规定认真履行审查职责的;依据检验、检测、鉴定、评价报告或者专家评审意见等作出行政执法决定,且已按照规定认真履行审查职责的;行政相对人未依法申请行政许可或者登记备案,在其违法行为造成不良影响前,应急管理部门未接到投诉举报或者由于客观原因未能发现的,但未按照规定履行监督检查职责的除外;按照批准、备案的安全生产年度监督检查计划以及有关专项执法工作方案等检查计划已经认真履行监督检查职责,或者虽尚未进行监督检查,但未超过法定或者规定时限,行政相对人违法的;因出现新的证据致使原认定事实、案件性质发生变化,或者因标准缺失、科学技术、监管手段等客观条件的限制未能发现存在问题、无法定性的,但行政执法人员故意隐瞒或者因重大过失遗漏证据的除外;对发现的违法行为或者事故隐患已经依法立案查处、责令改正、采取行政强制措施等必要的处置措施,或者已依法作出行政处罚决定,行政相对人拒不改正、违法启用查封扣押的设备设施或者仍违法生产经营的;对拒不执行行政处罚决定的行政相对人,已经依法申请人民法院强制执行的;因不可抗力或者其他难以克服的因素,导致未能依法履行职责的;不当执法行为情节显著轻微并及时纠正,未造成危害后果或者不良影响的;法律、法规、规章规定的其他不予追究行政执法责任的情形。

第五节 安全生产行政执法文书

一、安全生产行政执法文书

1. 行政执法文书

行政执法文书是行政执法机关依照法定的职责和权限,依照法定程序制作的、用于行政管理和行政处罚的法律文书。行政执法文书体现了国家行政权力的权威性、法律规范的强制性和行政执法的严谨性，必须符合法定的要求，具备规范的格式。

2. 安全生产行政执法文书

安全生产行政执法文书是行政执法文书的一种类型，是指负有安全监督管理职责的部门在执行安全生产法律法规规章、作出具体的行政行为过程中，依照法定的职权，按照固定的格式，经过法定的程序所形成的法律文书。

目前，常用的安全生产行政执法文书是行政检查、行政强制、行政处罚方面的执法文书。应急管理部发布的《安全生产执法手册（2020年版）》中规定了安全生产行政执法文书的式样。

二、安全生产行政执法文书的特征

安全生产行政执法文书具有5个特征，分别为法定性、程序性、强制性、规范性和证据性。

1. 法定性

安全生产行政执法文书是安全生产法律、法规和规章规定必须使用的法定文书，是安全生产行政执法必备的形式要件，每一份安全生产行政执法文书的制作都有其相应的法律依据，具有法定的性质和法律效力。使用安全生产行政执法文书，反映行政管理相对人贯彻执行安全生产法律、法规和规章的情况，记录负有安全监督管理职责的部门和行政执法人员履行法定职责的情况。

2. 程序性

安全生产行政执法文书是安全生产监管执法程序指引，即使安全生产监管执法人员依法定执法程序的要求，按照法定的步骤和顺序，如实填写相关的法律文书，记载生产经营单位安全生产状况和违法行为，以及安全监管执法部门采取相关的行政管理措施送达行政管理相对人后将产生相应的法律后果。

3. 强制性

安全生产行政执法文书的部分内容具有强制性的执行力和法律效力，行政管理相对人收到后应当按规定接受相应的处理或者处罚，不得拒绝、抗拒。

4. 规范性

安全生产行政执法文书是一种格式化的文书，无论其形式还是内容，均有严格的规范性要求，表现为结构固定、用语固定、事项固定，必须十分严肃、严格、严谨。未经制定机关批准，其他任何单位和个人不得擅自更改文书格式和内容。

5. 证据性

安全生产行政执法文书是一种纪实性的法律文书，具有如实、准确、全面反映生产经营单位生产经营情况及其违法行为，以及安全生产监管执法全过程的真实记录功能，是判定安全生产行政执法人员是否失职、渎职或者负有责任的证据之一。

三、安全生产行政执法文书的制作要求和种类

1. 安全生产行政执法文书的制作

按照国务院要求，司法部负责制定统一的行政执法文书基本格式标准，国务院有关部门可以参照该标准，结合本部门执法实际，制定本部门、本系统统一适用的行政执法文书格式文本。地方各级人民政府可以在行政执法文书基本格式标准基础上，参考国务院部门行政执法文书格式，结合本地实际，完善有关文书格式。

按照国务院的要求，负有安全生产监督管理职责的部门制定本部门、本系统的安全生产行政执法文书。制作安全生产行政执法文书的基本要求是，遵循格式、写全事项，主旨鲜明、阐述精当，叙事清楚、材料真实，依法说理、理据充分，语言精确、朴实庄重。

（1）安全生产行政执法文书格式的基本要求。执法文书在格式上要求高度统一和规范，包括：对文书的版面、尺寸、字号、字体、名称、文号、正文、落款以及所用纸张的要求，对叙述式行政执法文书的首部、正文的段落层次、尾部落款的格式和内容要求，以及对填充式行政执法文书的具体联数、用途、正文中的具体内容、各联之间的骑缝线等格式要求等。

（2）安全生产行政执法文书内容的基本要求。填充式行政执法文书由于整个文书已经印制成固定格式，只需根据案件具体情况加以填写即可；叙述式行政执法文书的首部和尾部也有比较固定的格式，正文部分则需要行政执法人员根据案件的不同情况拟制，具体拟制这部分文书时，应注意：

1）叙述执法事实的基本要求，如实反映客观事实。基本要素包括：时间、地点、人员、原因、动机、情节、手段、后果等，要求主次分明、详略得当。

2）叙述证据的基本要求，列举证据时，力求具体明确，要重点描述主要证据。注意证据的证明力和锁链性，突出最具有证明力的直接证据，间接证据要能形成一个完整的证明体系，作出的结论具有单一性、排他性。

3）阐明理由和结论的基本要求，做到以事实为根据和以法律为准绳的有机结合。

（3）安全生产行政执法文书语言文字的基本要求。安全生产行政执法文书的语言文字要明确、规范、简明、庄严。文书遣词造句要准确，语义要单一；文书组词造句、表情达意要准确，符合语法规则、语言通顺，使用法律术语；语言要简明扼要，言简意赅，通俗易懂；法律文书的语体特色必须与法律的权威性和庄严性一致，言必有据，不言过其实，不带个人感情色彩。

2. 安全生产行政执法文书的种类

目前，我国安全生产行政执法文书的种类很多、分类方法也很多，如按照行政执法业务分类、按照适用对象内外部管理分类、按照管理要求分类、按照功能分类、按照行政执法部门分类等。

（1）按照行政执法业务分类。按照行政执法业务分类是常用的分类方法。以应急管理部安全生产行政执法文书为例，截至2021年底，共有40种，分别是：

1）立案审批表。
2）现场检查方案。
3）现场检查记录。
4）现场处理措施决定书。
5）责令限期整改指令书。
6）整改复查意见书。
7）查封扣押决定书。
8）查封扣押（场所、设施、财物）清单。
9）延长查封扣押期限决定书。
10）查封扣押处理决定书。
11）停止供电（供应民用爆炸物品）通知书。
12）停止供电（供应民用爆炸物品）决定书。
13）恢复供电（供应民用爆炸物品）通知书。
14）调查询问通知书。
15）询问笔录。
16）勘验笔录。
17）抽样取证凭证。
18）先行登记保存证据通知书。
19）先行登记保存证据处理决定书。
20）鉴定委托书。

21）行政处罚告知书。

22）行政处罚听证会通知书。

23）听证笔录。

24）听证会报告书。

25）行政处罚集体讨论记录。

26）案件处理呈批表。

27）行政（当场）处罚决定书。

28）行政执法决定法制审核意见书。

29）行政处罚决定书。

30）罚款缴纳催告书。

31）加处罚款决定书。

32）延期（分期）缴纳罚款批准书。

33）文书送达回执。

34）行政强制执行事先催告书。

35）强制执行申请书。

36）案件移送书。

37）行政执法有关事项审批表。

38）结案审批表。

39）案卷（首页）。

40）卷内目录。

（2）按照适用对象管理分类。按照适用对象管理，可分为内部文书和外部文书。内部文书是指在某部门内部使用的安全生产行政执法文书。如立案审批表、现场检查方案、行政强制审批表、行政处罚集体讨论记录、结案审批表等。外部文书是指某部门对外使用，对行政管理相对人具有法律效力的安全生产行政执法文书。如现场检查记录、现场处理措施决定书、责令限期整改指令书、整改复查意见书。

（3）按照用途分类。安全生产行政执法文书一般为联联式，分为一联式、两联式和三联式的文书。

1）一联式行政执法文书及其用途。一联式行政执法文书，即制作一份，供部门存档用，不需要送达行政执法相对人。这类文书有立案审批表、当事人陈述、申辩笔录等。

2) 两联式行政执法文书及其用途。两联式行政执法文书，即制作两份，行政执法部门存档 1 份，送达给行政执法相对人 1 份。这类文书有查封扣押决定书、行政处罚决定书、听证告知书等，如没有送达当事人，有关行政执法文书不发生法律效力。

3) 三联式行政执法文书及其用途。三联式行政执法文书，即制作三份，部门存档 1 份，送达给行政执法相对人 1 份，抄送有关部门 1 份。

（4）按照功能分类。按照安全生产行政执法文书功能分类，可分为以下 6 类：

1) 日常检查文书。在日常执法检查中使用频率极高文书。包括现场检查方案、责令限期整改指令书、整改复查意见书、现场处理措施决定书。

2) 证据文书。经常使用的证据文书包括现场检查记录、调查询问笔录、抽样取证文书、现行登记保存文书、鉴定文书等。

3) 审批文书。有立案审批表、行政执法有关事项审批表、案件处理呈批表、行政处罚集体讨论记录等。

4) 行政处罚文书。包括行政处罚告知书、听证会通知书、听证笔录、听证会报告书、行政处罚（当场）处罚决定书、行政处罚决定书等。行政处罚文书是执法文书中最重要的文书之一。

5) 送达执行文书。包括文书送达回执、罚款催缴通知书、延期（分期）缴纳罚款批准书、强制执行申请书等。

6) 结案文书。包括结案审批表、案卷（首页）、卷内目录。

四、安全生产行政执法文书的送达

安全生产行政执法文书的送达是具体行政执法行为的重要步骤，也是要求当事人履行法定义务、接受行政处罚的重要一环。送达行政执法文书，应当按照规定的步骤、形式和要求执行，不得随意改变或者简化送达的程序。

1. 送达基本要求

安全生产行政执法文书的送达按照《行政处罚法》要求执行。《行政处罚法》第六十一条规定，行政处罚决定书应当在宣告后当场交付当事人；当事人不在场的，行政机关应当在 7 日内依照《民事诉讼法》的有关规定，将行政处罚决定书送达当事人。当事人同意并签订确认书的，行政执法机关可以采用传真、电子邮件等方式，将行政处罚决定书等送达当事人。

2. 送达方式

安全生产行政执法文书的送到方式有直接送达、留置送达、委托送达、邮寄送达、公告送达和其他送达等方式。

（1）直接送达。直接送达即将安全生产行政执法文书直接送交受送达人。

1）受送达人是公民的，应当由本人签收。本人不在的，交给其同住成年家属签收，并在《送达回执》备注栏内注明与受送达人的关系。

2）受送达人是法人或者其他组织的，应当由法人的法定代表人、其他组织的主要负责人或者该法人、组织负责收件的人签收。

3）受送达人委托代理人的，交其代理人签收并注明受当事人委托的情况。

4）受送达人指定代收人的，交其代收人签收并注明受当事人委托的情况。

（2）留置送达。当受送达人或者他的同住成年家属拒绝接收安全生产行政执法文书时，可以采用留置送达方式。送达人可以邀请有关基层组织或者所在单位的代表到场，说明情况，在送达回执上记明拒收的事由和日期，由送达人、见证人签名或者盖章，将文书留在受送达人住址；也可以把文书留在受送达人的住所，并采用拍照、录像等方式记录送达过程，即视为送达。有关基层组织和所在单位的代表，可以是受送达人的住所地的居民委员会、村民委员会的工作人员以及受送达人所在单位的工作人员。

（3）委托送达。直接送达确有困难的，可委托当地部门代为送达，成为委托送达。代为送达的地方部门收到文书后，应当及时交受送达人签收，以受送达人在送达回执上的签收日期为送达日期。

（4）邮寄送达。直接送达确有困难的，可采用邮寄送达方式。以挂号邮寄将安全生产行政执法文书送达，以回执上注明的收件日期为送达日期。

（5）公告送达。当受送达人下落不明，或者用以上4种送达方式无法送达时，可以公告送达方式。公告送达自公告发布之日起经过60日，即视为送达。采用公告送达时，应当在案卷中注明原因和经过。

（6）其他送达。例如《行政处罚法》规定，在当事人同意并签订确认书的情况下，可以采取电子送达方式等。

五、安全生产行政执法案件及其文书移送

安全生产行政执法案件及其文书移送是指负有安全生产行政执法的部门依照《安全生产行政执法与刑事司法衔接工作办法》和部门职责规定等相关规定，使用

行政执法文书将安全生产行政执法过程中发现的违法案件按程序移交给有管辖权的行政机关或司法机关依法处理的过程。

一个部门可以向另一个部门移送的包括在安全生产行政执法中发现的其他违法非法行为和安全生产涉嫌犯罪案件。这两种情形的部门、事实、过程有所不同。

1. 一般案件移送情形和程序

在安全生产行政执法过程中，发现涉嫌其他违法非法行为可以移送至具有相应监督管理职责的部门。比如：涉嫌超层越界开采、无证勘查开采矿产资源等行为的，应当移送自然资源部门；涉嫌违法非法用工的，应当移送人力资源和社会保障部门；涉嫌违法生产、经营、使用特种设备、安全防护计量器具及烟花爆竹产品质量、危险化学品及其包装物容器（不包括储存危险化学品的固定式大型储罐）产品质量不符合要求的，应当移送市场监督管理部门；涉嫌防雷设施未按照要求检验检测的，应当移送气象等主管部门；涉嫌未按规定配备消防设施设备或者安全出口、防火间距、"三合一"场所以及危险化学品仓库的耐火等级等不符合消防要求的，应当移送消防部门。

安全生产行政执法人员认为属于其他部门查处职责范围内的案件，应当提出移送意见，填写案件移送审批表。对于移送其他行政机关处理的案件实行单位负责人审批制，部门负责人应当及时作出是否批准移送的决定；需移送其他行政机关办理的案件，经部门负责人审批后，行政执法人员应当及时将案件移送书及有关材料移交给有管辖权的行政机关依法处理；负责办理移送的行政执法人员应办理移送登记手续。

2. 安全生产涉嫌犯罪案件移送情形和程序

安全生产监管执法中，发现违法事实涉及的金额、违法事实的情节、违法事实造成的后果等，根据刑法有关规定和最高人民法院、最高人民检察院有关司法解释以及最高人民检察院、公安部有关追诉标准等规定，涉嫌犯罪的，应及时向公安机关移送。

移送办理涉嫌犯罪案件，应当指定至少两名以上执法人员专门负责。案件移送前，执法人员应当将安全生产涉嫌犯罪案件调查报告等材料一并报请本部门主要负责人审查决定。安全生产涉嫌犯罪案件调查报告应当包括当事人及案由、案件调查经过及证据、涉嫌犯罪事实分析、处理意见。部门主要负责人应当自收到申请报告之日起3日内作出批准移送或者不批准移送的决定。决定批准的，应当在24小时内移送；决定不批准的，应当将不予批准的理由记录在案。

部门移送涉嫌犯罪案件时，应当附有案件移送书、案件调查报告、涉案物品清单、检验报告或鉴定意见、案件有关证据材料、行政处罚决定书（如有）；移送案件时，可将包括查封、扣押决定书在内的案卷材料先行移送，接到公安机关立案通知后，在法定期限内移送查封、扣押财物。移送财物同时，应当将移送情况书面告知当事人。

六、安全生产行政执法文书立卷归档

安全生产行政立卷归档是使用行政执法文书的最后一道程序。执法文书是检查、考核执法部门履行法定职责的重要档案，应当齐全完整、分类立卷、妥善保管。

1. 立卷规定

（1）归档的单位。安全生产行政执法部门应当建立健全安全生产监管执法档案管理制度，对文件材料的归档范围、时间、质量要求、程序等作出具体规定。按照"谁形成，谁归档"的原则确定归档责任人员，确保归档文件材料齐全、完整、准确、系统。

（2）归档的范围。安全生产行政执法档案由安全生产监管执法中形成的执法文书和相关材料组成。

（3）归档的基本要求。安全生产监管执法文件材料应于执法次年 6 月 30 日以前归档；也可以按照有关规定分阶段归档。归档的文件材料必须办理完毕、齐全完整、具有保存价值。本部门监管执法过程中形成的文件材料，必须归档保存原件；确无原件的，须在备考表中予以说明。归档的文件所使用的书写工具、纸张材料、装订方法应符合档案保护要求。案卷装订前，要对卷内文书材料进行检查整理等。

（4）立卷的要求。安全生产行政执法部门应根据本单位实际情况，对归档文件进行科学系统分类、排列、编目和保管，采用先进技术和管理方法，推动文档一体化进程，实现档案管理现代化。

2. 档案移交登记

安全生产行政处罚档案应由本单位档案机构集中统一管理，任何部门和个人不得据为己有。办案人员应及时将已办结的案件档案移交本单位档案室集中统一保管。确因工作需要或者保管条件限制的，业务部门可以暂时管理两年，有关业务部门应当保障档案安全。

案件档案必须履行登记手续，编制档案存放登记表，做到专柜储存、专人保管。档案放置应科学合理和便于查找，案件档案柜上、档案盒上应标有档案年度和案卷流水号。

3. 档案保密借阅

对于涉及国家秘密、商业秘密或者个人隐私的安全生产案卷，档案管理人员必须严格遵守保密制度，不得违反规定向他人提供案卷或者扩大利用范围，不得向他人泄漏案卷的内容。案卷的借阅必须严格执行审批制度，履行审批手续。某部门及其有关工作人员因工作需要查阅和摘录案卷材料的，应当填写档案借阅登记表，经审批同意后，方可查阅和摘录。查阅和摘录原则上在档案室进行。确需复制案卷材料的，应经相关负责人审批同意。

第六节　安全生产行政执法文书典型案例分析

一、安全生产现场检查记录

安全生产现场检查记录是安全监督管理人员对生产经营单位进行检查时，对检查的时间、地点、内容、发现的问题及其处理情况，作出的书面记录，是日常执法过程中使用频率较高的文书。

1. 安全生产行政执法文书

安全生产行政执法文书

现场检查记录

（××）应急现记〔2021〕3 号

被检查单位：××县××矿业有限公司

地　　址：××乡××村

法定代表人（负责人）：__×××__　职务：__法人__　联系电话：__××××××__

检查场所：__办公室、选厂车间__

检查时间：__××××__年__1__月__11__日__10__时__00__分至__1__月__11__日__11__时__55__分

我们是__××县__应急管理厅（局）执法人员__×××__、__×××__，证件号码为＿×××＿、＿×××＿，这是我们的证件（出示证件）。现依法对你单位进行现场检查，请予以配合。

检查情况：检查当时，发现问题如下：
　　　　　1. 车间大破前端需加高防护网；
　　　　　2. 大破运转过程中，人员不得进行辅助工作；
　　　　　3. 机器设备停车、开机前需有工作人员统计票；
　　　　　4. 车间内废弃杂物需尽快清理；
　　　　　5. 进一步加强疫情防控工作，作好消毒和体温检测工作。

检查人员（签名）：＿＿×××＿＿、＿＿×××＿＿

被检查单位现场负责人（签名）：＿×××＿＿＿＿

2021 年 1 月 11 日

共 1 页　第 1 页

2. 存在问题分析

这份《现场检查记录》存在的问题有：

（1）用语不规范，如"大破"不是规范简称，应写为"大破碎机"；"法人"应改为"董事长"等相应职务名称。

（2）第 2 项"车间大破前端需加高防护网"不是问题，而是整改要求，应改为"车间大破碎机前端防护网高度不足"，特别是检查发现的问题应有法律、法规、法规、标准及规程等为依据，并写明"不符合××规定第××条××款××项规定"。第 3、第 4 项存在的问题与第 2 项相同。

（3）加强疫情防控工作虽然非常重要，但不属于安全生产执法事项，不宜写入文书中。

（4）即使需要写"作好消毒和体温检查工作"，其中的"作好"应为"做好"。

（5）应当要求被检查单位现场负责人签署"以上情况属实"的意见。

（6）文书空白处应注明"以下空白"。

二、安全生产现场处理措施决定书

安全生产现场处理措施决定书是指安全监管执法人员在监督检查中,发现生产经营单位存在的安全生产违法行为或者事故隐患,依法作出现场处理决定而使用的文书,是安全生产常用执法文书。

1. 安全生产行政执法文书

安全生产行政执法文书

现场处理措施决定书

(××)应急现决〔2021〕非煤04号

××黄金有限公司(××厂××生产系统):

××应急管理厅邀请有关专家,会同××市应急管理局于 2021 年 3 月 1 日现场检查时,下发《××黄金有限公司××厂现场安全检查意见》《现场检查记录》,于2021年3月11日下发《安全生产督办通知书》(2021第4号);发现你单位有下列违法违规行为和事故隐患:

1.586生产系统(571~700 m)未安装机械通风系统,与安全设施设计不符。

2. ××公司编制的《××黄金有限公司××厂586系统安全现状评价报告(2018.5)》,评价结论为:具备安全生产条件。此报告未如实反映上述问题。

3. (以下空白) 。(此栏不够,可另附页)

以上存在的问题无法保证安全生产,依据《中华人民共和国安全生产法》第六十二条第三项和《非煤矿矿山企业安全生产许可证实施办法》(国家安全生产监督管理总局令第20号)第六条第十二项、第四十条及《金属非金属矿山重大事故隐患判定标准》(矿安〔2022〕88号)的规定,现作出如下现场处理决定:

1. 责令暂时停产停业。

2. 暂扣《安全生产许可证》,编号:×××××××。

3. 根据《××黄金有限公司××厂现场安全检查意见》《现场检查记录》《安全生产督办通知书》(2021第4号)的要求,制定安全措施和整改方案。(此栏不够,可另附页)

如果不服本决定,可以依法在60日内向 ×× 人民政府或者 ××应急管理厅 申请行政复议,或者在6个月内依法向 ××市 人民法院提起行政诉讼,但本决定不停止执行,法律另有规定的除外。

安全生产行政执法人员（签名）：___×××___ 证号：×××
___×××___ 证号：___×××___
被检查单位负责人（签名）：___×××___

××应急管理部门（印章）
2021 年 3 月 16 日

本文书一式两份：一份由应急管理部门备案，另一份交被检查单位。共 1 页　第 1 页

2. 存在问题分析

这份《现场处理措施决定书》存在的问题有：

（1）擅自更改应急管理部印发的执法文书式样。一是文书第一段规范格式为："本机关于××××年××月××日现场检查时，发现你单位有下列违法违规行为和事故隐患"；二是文书中提到的《××黄金有限公司××厂现场安全检查意见》《安全生产督办通知书》（2021 第 4 号），并非上级规定的执法文书格式内容，建议不在本文书列出。

（2）"《中华人民共和国安全生产法》第六十二条第三项"应改为"《中华人民共和国安全生产法》第六十五条第三项"。《金属非金属矿山重大事故隐患判定标准》之后应当写明具体的条款序号。

（3）暂扣《安全生产许可证》是一种行政处罚，使用本文书作出该决定违反了《行政处罚法》的规定，应采用《行政处罚决定书》作出暂扣安全生产许可证的行政处罚。

（4）第 3 项要求企业制定安全措施和整改方案，不属于现场处理决定措施规范用语，应改为"责令限期改正"，并另行使用《责令限期整改指令书》作出指令。

三、安全生产行政处罚告知书

安全生产行政处罚告知书是部门在作出行政处罚决定前，告知当事人拟作出行政处罚决定的事实、理由、依据，以及当事人依法享有陈诉权和申辩权的通知性文书。行政处罚告知书采用说理式方式填写，适用于安全生产行政处罚一般程序。

1. 安全生产行政执法文书

安全生产行政执法文书

行政处罚告知书

（××）应急告〔2021〕1001号

××有限公司　　　　：

现查明，你单位存在下列行为：2021年5月9日8时13分，你公司发生一起高处坠落事故，造成1人死亡。

以上事实主要证据如下：证据一：对职工安全生产教育培训和危险区域辨识不到位；证据二：职工安全意识和防护意识不强；证据三：执行安全生产规章制度和安全操作规程不严格；证据四：对作业场所检查不够；证据五：不能落实安全生产主体责任。

以上行为违反了《中华人民共和国安全生产法》第四条、第五条、第二十八条的规定，依据《中华人民共和国安全生产法》第一百一十四条的规定，拟对你单位作出罚款人民币三十一万元的行政处罚。

如对上述处罚有异议，根据《中华人民共和国行政处罚法》第四十四条和第四十五条的规定，你单位有权在收到本告知书之日起3日内向　××市　应急管理部门进行陈述和申辩，逾期不提出申请的，视为放弃上述权利。

应急管理部门地址：××市××区××街××号　　　　　
联系人：　张××　联系电话：　××××××　邮政编码：　××××××

××市应急管理部门（印章）

2021年10月15日

本文书一式两份：一份由应急管理部门备案，另一份交被处罚当事人。

2. 存在问题分析

这份《行政处罚告知书》存在的问题有：

（1）第一段关于违法行为的描述没有说明该起事故被处罚单位是否负有责任。

（2）第二段相关事实主要证据均不属于认定拟处罚单位负有事故责任的证据。

（3）第三段违反的法律条文引用《安全生产法》第四条、第五条、第二十八条欠妥，直接引用第一百一十四条即可。

四、安全生产行政处罚集体讨论记录

安全生产行政处罚集体讨论记录，是在案件调查后，确认了违法事实，在下达行政处罚决定书前，应当由应急管理部门的负责人对案件的性质、处理依据和内容进行集体讨论的法律文书。该记录为下达处罚决定书的依据。

1. 安全生产行政执法文书

安全生产行政执法文书

行政处罚集体讨论记录

案件名称：××化工厂"5·13"车辆伤害事故瞒报案

讨论时间：2021 年 5 月 7 日 9 时 0 分至 2021 年 5 月 × 日 12 时 0 分

地　　点：××市应急管理局三楼会议室

主 持 人：秦×× 汇报人：张×× 记录人：谭××

出席人员姓名及职务：副局长秦××、危化处处长张××、危化处副处长陈××、法规处处长余××、事故调查处副处长古××、事故调查处一级主任科员于××

讨论内容：1. 拟处罚主体是否合法；2. 执法程序是否合法；3. 违法事实是否清楚；4. 处罚依据是否正确；5. 处罚数额是否适当。

讨论记录：第一项：张××汇报案件调查情况和市政府批复意见

　　　　　第二项：与会同志审议、发表意见

　　副局长秦××：无意见

　　危化处处长张××：无意见

　　危化处副处长陈××：无意见

　　法规处处长余××：无意见

　　事故调查处副处长古××：无意见

　　事故调查处一级主任科员于××：无意见

结论性意见：经集体讨论，一致同意对按照市政府批复意见对××化工厂进行行政处罚，共计罚款162.3万元。

　　出席人员签名（手写）：秦××、张××、陈××、余××、古××、于××

2. 存在问题分析

这份《行政处罚集体讨论记录》存在的问题有：

（1）参会人员不符合《行政处罚法》第五十七条第二款"对情节复杂或者重大违法行为给予行政处罚，行政机关负责人应当集体讨论决定"的规定，此类讨论会应由应急管理局负责人参加并发表意见。

（2）与会人员发表意见不应简单说"无意见"，应充分阐明观点和理由。

（3）非应急管理局负责同志参加会议，无权发表审议意见。

（4）本次会议无权作出结论性意见。

五、安全生产行政（当场）处罚决定书（单位）

安全生产行政（当场）处罚决定书（单位）是对案情简单、违法事实清楚、证据确凿的违法案件（单位）按照简易程序依法当场作出处理决定的法律文书。

1. 安全生产行政执法文书

安全生产行政执法文书

行政（当场）处罚决定书（单位）

（×）应急罚当〔2021〕57号

被处罚单位：××矿业有限公司

地　　址：××市小城区××街2号　　邮政编码：×××

法定代表人（负责人）：钱××　职务：总经理　联系电话：××××××

违法事实及证据：2021年7月19日在××矿业有限公司执法检查过程中，发现该公司在施工过程中，有数名工人未佩戴安全帽。（此栏不够，可另附页）

以上事实违反了《安全生产违法行为行政处罚办法》第四十五条第三项的规定，依据《安全生产违法行为行政处罚办法》第四十五条第三项的规定，决定给予警告，并处伍佰元的行政处罚。

罚款的履行方式和期限（见□打√处）：

□√当场缴纳

□自收到本决定书之日起15日内缴至　××××　，账号　××××　，到期不缴每日按罚款数额的3%加处罚款。

如果不服本处罚决定，可以依法在60日内向　××　区人民政府或者　××市应急管理局　申请行政复议，或者在6个月内依法向　××市　人民法院提起行政诉讼，但本决定不停止执行，法律另有规定的除外。逾期不申请行政复议、不提起行政诉讼又不履行的，本机关将依法申请人民法院强制执行或者依照有关规定强制执行。

安全生产行政执法人员（签名）：　×××　、　×××

当事人或者委托代理人（签名）：　×××

应急管理部门（印章）
2021 年 10 月 15 日

本文书一式两份：一份由应急管理部门备案，另一份交被处罚单位。

2. 存在问题分析

这份《行政（当场）处罚决定书（单位）》存在的问题有：

（1）《行政处罚法》规定，只有罚款 100 元以下或者不当场收缴事后难以执行的，才当场收缴。

（2）《安全生产违法行为行政处罚办法》第四十五条第三项中的罚款最低为 1 000 元，没有 500 元的数额，且文书中没有描述减轻处罚的情节，故给予 500 元罚款不妥。

（3）告知被处罚单位向市人民法院提请行政诉讼，不符合《行政诉讼法》有关管辖的规定，应改为向区人民法院提请行政诉讼。

本 章 小 结

本章简要介绍了中国安全生产监督管理体制的概念、形成和发展，以及现行安全生产监督管理体制及其监督管理模式和特征；介绍了现行安全生产监督管理体制下，应急管理部门、住房城乡建设部门、交通运输部门、工业和信息化部门、公安机关、生态环境部门、市场监管部门、能源管理机构的安全生产工作任务；阐述了安全生产监察情况及其安全生产行政执法人员的种类、任职条件及其职责，以及安全生产行政执法文书的分类方法、种类和制作、送达、移送、立卷归档的程序、要求和内容，用实例分析了常见的安全生产执法文书问题。

复习思考题

1. 什么是安全生产监督管理体制？什么是安全生产监察？

2. 简述我国现行安全生产监督管理模式及其特征。
3. 应急管理部门的安全生产工作任务主要是什么？
4. 国家矿山安全监察局在煤矿安全监察方面的主要职责有哪些？
5. 安全生产行政执法人员有哪几类？
6. 安全生产行政执法必须取得哪些行政执法资格？
7. 什么是行政执法文书？什么是安全生产行政执法文书？
8. 简述安全生产行政执法文书的特征。
9. 简述安全生产行政执法文书格式、文书内容以及文书语言文字的基本要求。
10. 什么是安全生产现场检查记录？结合实例说明常见的安全生产执法文书问题。

第九章 其他安全生产法律法规

本章学习目标

1. 了解道路交通、矿山、危险化学品、建设施工等行业领域安全生产法律法规体系。

2. 熟悉《道路运输条例》《煤矿安全规程》《危险化学品安全管理条例》《金属非金属矿山安全规程》《建设工程安全生产管理条例》。

3. 掌握《道路交通安全法》《矿山安全法》的制修订过程。

第一节 道路交通安全法

一、道路交通安全法规体系

2003年10月28日,第十届全国人大常委会第五次会议通过《道路交通安全法》,自2004年5月1日起施行。《道路交通安全法》实施以来,与之配套的法规、规章、规范性文件相继出台,逐渐形成了较为完善的道路交通安全法律法规体系。

行政法规主要有:《道路交通安全法实施条例》《机动车交通事故责任强制保险条例》《校车安全管理条例》。部门规章如《超限运输车辆行驶公路管理规定》《道路交通事故处理程序规定》《最高人民法院关于审理道路交通事故损害赔偿案件适用法律若干问题的解释》《道路交通安全违法行为处理程序规定》《最高人民法院、最高人民检察院、公安部关于办理醉酒驾驶机动车刑事案件适用法律若干问题的意见》《道路交通安全违法行为记分管理办法》。各省区市和具有立法权的市制定了一些地方性道路交通安全法规,如《北京市实施〈道路交通安全法〉办法》《河南省道路交通安全条例》《广东省道路交通安全条例》《郑州市城市道路交通安全管理条例》等。

同时，制定了一批道路交通安全安全标准，如国家标准《道路交通标志与标线》（GB 5768）、《机动车运行安全技术条件》（GB 7258—2017）、《道路交通事故现场图绘制》（GA/T 49—2019）和地方标准《公交专用车道设置规范》（DB12/T 1032—2021）等。

二、《道路交通安全法》

1. 《道路交通安全法》的制修订过程

2003年10月28日第十届全国人大常委会第五次会议审议通过《道路交通安全法》，而后，适应经济社会发展的需要和安全理念、道路交通安全管理体制的变化，进行过三次修正。2007年12月29日第十届全国人大常委会第三十一次会议审议通过《关于修改〈道路交通安全法〉的决定》，进行了第一次修正；2011年4月22日第十一届全国人大常委会第二十次会议审议通过《关于修改〈道路交通安全法〉的决定》进行了第二次修正；2021年4月29日全国人大常委会审议通过了关于修改《道路交通安全法》等八部法律的决定，进行了第三次修正。

2. 《道路交通安全法》简介

《道路交通安全法》共8章、124条，对道路交通安全的立法目的、指导思想和道路交通安全管理体制机制、车辆和驾驶人、道路通行条件、道路通行规定、执法监督、法律责任和名词术语等作出了规定。

（1）第一章　总则，共7条，为第一条~第七条。主要内容包括：

1）明确《道路交通安全法》的立法目的是为了维护道路交通秩序，预防和减少交通事故，保护人身安全，保护公民、法人和其他组织的财产安全及其他合法权益，提高通行效率。

2）明确了道路交通安全工作原则，应当遵循依法管理、方便群众的原则，保障道路交通有序、安全、畅通。

3）明确的道路交通安全管理工作体制。国务院公安部门负责全国道路交通安全管理工作，县级以上地方各级人民政府公安机关交通管理部门负责本行政区域内的道路交通安全管理工作。县级以上各级人民政府交通、建设管理部门依据各自职责，负责有关的道路交通工作。

（2）第二章　车辆和驾驶人，共2节、17条，为第八条~第二十四条。

1）对机动车和非机动车、机动车驾驶人提出了明确的要求、作出了明确规定，主要内容包括：

①国家对机动车实行登记制度。机动车经公安机关交通管理部门登记后，方可上

道路行驶。尚未登记的机动车，需要临时上道路行驶的，应当取得临时通行牌证。

②国家实行机动车强制报废制度。根据机动车的安全技术状况和不同用途，规定不同的报废标准；应当报废的机动车必须及时办理注销登记；达到报废标准的机动车不得上道路行驶。报废的大型客、货车及其他营运车辆应当在公安机关交通管理部门的监督下解体。

③特殊车辆管理。警车、消防车、救护车、工程救险车应当按照规定喷涂标志图案，安装警报器、标志灯具。其他机动车不得喷涂、安装、使用上述车辆专用的或者与其相类似的标志图案、警报器或者标志灯具；警车、消防车、救护车、工程救险车应当严格按照规定的用途和条件使用；公路监督检查的专用车辆，应当依照公路法的规定，设置统一的标志和示警灯。

2）针对机动车驾驶人提出了明确的要求，主要内容包括：

①驾驶机动车，应当依法取得机动车驾驶证。申请机动车驾驶证，应当符合国务院公安部门规定的驾驶许可条件；经考试合格后，由公安机关交通管理部门发给相应类别的机动车驾驶证。持有境外机动车驾驶证的人，符合国务院公安部门规定的驾驶许可条件，经公安机关交通管理部门考核合格的，可以发给中国的机动车驾驶证。驾驶人应当按照驾驶证载明的准驾车型驾驶机动车；驾驶机动车时，应当随身携带机动车驾驶证。

②依法驾驶、安全驾驶、文明驾驶的规定。机动车驾驶人应当遵守道路交通安全法律、法规的规定，按照操作规范安全驾驶、文明驾驶。饮酒、服用国家管制的精神药品或者麻醉药品，或者患有妨碍安全驾驶机动车的疾病，或者过度疲劳影响安全驾驶的，不得驾驶机动车。任何人不得强迫、指使、纵容驾驶人违反道路交通安全法律、法规和机动车安全驾驶要求驾驶机动车。

③实行累积记分制度。公安机关交通管理部门对机动车驾驶人违反道路交通安全法律、法规的行为，除依法给予行政处罚外，实行累积记分制度。公安机关交通管理部门对累积记分达到规定分值的机动车驾驶人，扣留机动车驾驶证，对其进行道路交通安全法律、法规教育，重新考试；考试合格的，发还其机动车驾驶证。对遵守道路交通安全法律、法规，在一年内无累积记分的机动车驾驶人，可以延长机动车驾驶证的审验期。具体办法由国务院公安部门规定。

(3) 第三章道路通行条件，共20条，为第二十五条～第三十四条。主要内容包括：

1）全国实行统一的道路交通信号。交通信号包括交通信号灯、交通标志、交通标线和交通警察的指挥。交通信号灯、交通标志、交通标线的设置应当符合道路交通安全、畅通的要求和国家标准，并保持清晰、醒目、准确、完好。交通信号灯由红灯、绿灯、黄灯组成。红灯表示禁止通行，绿灯表示准许通行，黄灯表示警示。任何单位和个人不得擅自设置、移动、占用、损毁交通信号灯、交通标志、交通标线。

2）铁路与道路平面交叉的道口，应当设置警示灯、警示标志或者安全防护设施。无人看守的铁路道口，应当在距道口一定距离处设置警示标志。

3）道路、停车场和道路配套设施的规划、设计、建设，应当符合道路交通安全、畅通的要求，并根据交通需求及时调整。

4）因工程建设需要占用、挖掘道路，或者跨越、穿越道路架设、增设管线设施，应当事先征得道路主管部门的同意；影响交通安全的，还应当征得公安机关交通管理部门的同意。

5）学校、幼儿园、医院、养老院门前的道路没有行人过街设施的，应当施划人行横道线，设置提示标志。城市主要道路的人行道，应当按照规划设置盲道。盲道的设置应当符合国家标准。

（4）第四章　道路通行规定，共35条，为第三十五条~第六十九条。

1）一般规定的主要内容包括：

①机动车、非机动车实行右侧通行；根据道路条件和通行需要，道路划分为机动车道、非机动车道和人行道的，机动车、非机动车、行人实行分道通行。没有划分机动车道、非机动车道和人行道的，机动车在道路中间通行，非机动车和行人在道路两侧通行。

②车辆、行人应当按照交通信号通行；遇有交通警察现场指挥时，应当按照交通警察的指挥通行；在没有交通信号的道路上，应当在确保安全、畅通的原则下通行。

③遇有自然灾害、恶劣气象条件或者重大交通事故等严重影响交通安全的情形，采取其他措施难以保证交通安全时，公安机关交通管理部门可以实行交通管制。

2）关于机动车通行规定。主要内容包括：

①机动车上道路行驶，不得超过限速标志标明的最高时速。在没有限速标志的路段，应当保持安全车速。夜间行驶或者在容易发生危险的路段行驶，以及遇有沙尘、冰雹、雨、雪、雾、结冰等气象条件时，应当降低行驶速度。

②同车道行驶的机动车，后车应当与前车保持足以采取紧急制动措施的安全距离。同时明确了限制超车的条件。

③机动车通过交叉路口，应当按照交通信号灯、交通标志、交通标线或者交通警察的指挥通过；通过没有交通信号灯、交通标志、交通标线或者交通警察指挥的

交叉路口时，应当减速慢行，并让行人和优先通行的车辆先行。

④机动车载物应当符合核定的载质量，严禁超载；载物的长、宽、高不得违反装载要求。

⑤机动车载运爆炸物品、易燃易爆化学物品以及剧毒、放射性等危险物品，应当经公安机关批准后，按指定的时间、路线、速度行驶，悬挂警示标志并采取必要的安全措施。

⑥机动车载人不得超过核定的人数，客运机动车不得违反规定载货。禁止货运机动车载客。

⑦机动车行驶时，驾驶人、乘坐人员应当按规定使用安全带，摩托车驾驶人及乘坐人员应当按规定戴安全头盔。

3）关于非机动车通行规定的主要内容包括：

①驾驶非机动车在道路上行驶应当遵守有关交通安全的规定。非机动车应当在非机动车道内行驶；在没有非机动车道的道路上，应当靠车行道的右侧行驶。

②残疾人机动轮椅车、电动自行车在非机动车道内行驶时，最高时速不得超过十五公里。

③非机动车应当在规定地点停放。未设停放地点的，非机动车停放不得妨碍其他车辆和行人通行。

4）关于行人和乘车人通行规定的主要内容包括：

①行人应当在人行道内行走，没有人行道的靠路边行走。

②行人通过路口或者横过道路，应当走人行横道或者过街设施；通过有交通信号灯的人行横道，应当按照交通信号灯指示通行；通过没有交通信号灯、人行横道的路口，或者在没有过街设施的路段横过道路，应当在确认安全后通过。

③行人不得跨越、倚坐道路隔离设施，不得扒车、强行拦车或者实施妨碍道路交通安全的其他行为。

④学龄前儿童以及不能辨认或者不能控制自己行为的精神疾病患者、智力障碍者在道路上通行，应当由其监护人、监护人委托的人或者对其负有管理、保护职责的人带领。

⑤乘车人不得携带易燃易爆等危险物品，不得向车外抛洒物品，不得有影响驾驶人安全驾驶的行为。

5）关于高速公路的特别规定的主要内容包括：

①行人、非机动车、拖拉机、轮式专用机械车、铰接式客车、全挂拖斗车以及其他设计最高时速低于七十公里的机动车，不得进入高速公路。高速公路限速标志标明的最高时速不得超过一百二十公里。

②任何单位、个人不得在高速公路上拦截检查行驶的车辆，公安机关的人民警察依法执行紧急公务除外。

(5) 第五章　交通事故处理，共8条，为第七十条~第七十七条。针对道路交通事故处理作出了明确规定，主要内容包括：

1) 在道路上发生交通事故，车辆驾驶人应当立即停车，保护现场；造成人身伤亡的，车辆驾驶人应当立即抢救受伤人员，并迅速报告执勤的交通警察或者公安机关交通管理部门。因抢救受伤人员变动现场的，应当标明位置。乘车人、过往车辆驾驶人、过往行人应当予以协助。在道路上发生交通事故，未造成人身伤亡，当事人对事实及成因无争议的，可以即行撤离现场，恢复交通，自行协商处理损害赔偿事宜；不即行撤离现场的，应当迅速报告执勤的交通警察或者公安机关交通管理部门。

2) 车辆发生交通事故后逃逸的，事故现场目击人员和其他知情人员应当向公安机关交通管理部门或者交通警察举报。举报属实的，公安机关交通管理部门应当给予奖励。

(6) 第六章　执法监督，共9条，为第七十八条~第八十六条。主要内容包括：

1) 公安机关交通管理部门应当对交通警察进行法制和交通安全管理业务培训、考核。交通警察经考核不合格的，不得上岗执行职务。

2) 交通警察执行职务时，应当按照规定着装，佩戴人民警察标志，持有人民警察证件，保持警容严整，举止端庄，指挥规范。

3) 公安机关交通管理部门及其交通警察执行职务，应当自觉接受社会和公民的监督。任何单位和个人都有权对公安机关交通管理部门及其交通警察不严格执法以及违法违纪行为进行检举、控告。收到检举、控告的机关，应当依据职责及时查处。

4) 任何单位不得给公安机关交通管理部门下达或者变相下达罚款指标；公安机关交通管理部门不得以罚款数额作为考核交通警察的标准。

(7) 第七章　法律责任，共32条，为第八十七条~第一百一十八条。对法律责任主体、处罚形式和处罚裁量基准等作出了明确的规定。如对道路交通安全违法行为的处罚种类包括：警告、罚款、暂扣或者吊销机动车驾驶证、拘留。

(8) 第八章　附则，共6条，为第一百一十九条~第一百二十四条。主要是对《道路交通安全法》相关用语含义的解释，以及其他附加说明。

三、《道路运输条例》

2004年4月14日，国务院第48次常务会议通过《道路运输条例》，2004年4

月30日国务院令第406号公布，自2004年7月1日起施行。而后，分别根据2012年11月9日《国务院关于修改和废止部分行政法规的决定》（国务院令第628号），2016年2月6日《国务院关于修改部分行政法规的决定》（国务院令第666号），2019年3月2日《国务院关于修改部分行政法规的决定》（国务院令第709号），2022年3月29号《国务院关于修改和废止部分行政法规的决定》（国务院令第752号）和2023年7月20日《国务院关于修改和废止部分行政法规的决定》（国务院令第764号）进行过5次修订。

《道路运输条例》适用于从事道路运输经营及道路运输相关业务，包括道路旅客运输经营（以下简称客运经营）和道路货物运输经营（以下简称货运经营），道路运输相关业务包括站（场）经营、机动车维修经营、机动车驾驶员培训。

《道路运输条例》针对道路运输经营中安全事宜提出了明确的规定和要求。

1. 客运经营安全管理

（1）客运经营许可制度。申请从事客运经营的，应当依法向市场监督管理部门办理有关登记手续后，向相应的地方人民政府交通运输主管部门提出申请并提交符合规定条件的相关材料，经审查取得道路运输经营许可。

（2）客运经营者的义务。班线客运经营者取得道路运输经营许可证后，应当向公众连续提供运输服务，不得擅自暂停、终止或者转让班线运输。

（3）客运中的安全保障

客运经营者应当为旅客提供良好的乘车环境，保持车辆清洁、卫生，并采取必要的措施防止在运输过程中发生侵害旅客人身、财产安全的违法行为。

2. 货运经营安全管理

（1）货运经营许可制度。申请从事危险货物运输经营以外的货运经营的，应当依法向市场监督管理部门办理有关登记手续后，向县级人民政府交通运输主管部门提出申请并提交符合规定条件的相关材料，车辆营运证应随车，不得转让、出租。从事货运经营的，应当具备符合规定条件的驾驶人员，具备健全的安全生产管理制度，并取得道路运输管理机构的许可。

（2）货运经营者的义务。货运经营者应当采取必要措施，防止货物脱落、扬撒等；防止危险货物燃烧、爆炸、辐射、泄漏等。运输危险货物应当配备必要的押运人员，保证危险货物处于押运人员的监管之下，并悬挂明显的危险货物运输标志。

（3）危险货物托运人的义务。托运危险货物的，应当向货运经营者说明危险货物的品名、性质、应急处置方法等情况，并严格按照国家有关规定包装，设置明显标志。

3. 客运和货运的共同规定

（1）作业人员管理。客运经营者、货运经营者应当加强对从业人员的安全教育、职业道德教育，确保道路运输安全。道路运输从业人员应当遵守道路运输操作规程，不得违章作业。驾驶人员连续驾驶时间不得超过4小时。

（2）运输车辆管理。生产（改装）客运车辆、货运车辆的企业应当按照国家规定标定车辆的核定人数或者载重量，严禁多标或者少标车辆的核定人数或者载重量。

（3）事故应急管理。客运经营者、货运经营者应当制定有关交通事故、自然灾害以及其他突发事件的道路运输应急预案。

（4）健全的安全生产管理制度。涉及道路运输的安全生产管理制度主要指道路运输企业的安全生产制度，包括安全生产涉及的部门以及各部门的责任；客运、货运、站场、机动车维修等道路运输安全生产操作规程；道路运输安全生产检查制度，包括日检、月检和进站、出站、出厂时的检查；消除道路运输安全隐患的措施等。

第二节　矿山安全法

一、矿山安全法律法规体系

目前，我国已经初步建立以《矿山安全法》为基本法的矿山安全法规体系，包括法律、行政法规、部门规章和规范性文件。

1992年制定实施的《矿山安全法》，是矿山安全的基本法，是针对20世纪90年代矿山安全事故多发而制定的一部矿山安全单项法律，适用于矿山企业安全管理和矿山安全监察机构的安全监管监察。

与《矿山安全法》配套的行政法规有《矿山安全法实施条例》《煤矿安全监察条例》《国务院关于预防煤矿生产安全事故的特别规定》《安全生产许可证条例》等。由于煤矿和非煤矿山的安全监管监察体制机制的差异，为了适应监督管理工作的需要，制定了一些煤矿安全和非煤矿山安全的部门规章、规范性文件和强制性标准。

二、《矿山安全法》

1992年11月7日第七届全国人大常委会第二十八次会议审议通过《矿山安全法》，1992年11月7日主席令第六十五号公布，自1993年5月1日起施行；2009

年 8 月进行过一次修正。

《矿山安全法》的立法目的是为了保障矿山生产安全，防止矿山事故，保护矿山职工人身安全，促进采矿业的发展。《矿山安全法》包括总则、矿山建设的安全保障、矿山开采的安全保障、矿山企业的安全管理、矿山安全的监督和管理、矿山事故处理、法律责任和附则共计八章 50 条。

1. 《矿山安全法》的适用范围

（1）空间范围。《矿山安全法》第二条规定，在中华人民共和国领域和中华人民共和国管辖的其他海域从事矿产资源开采活动，必须遵守本法。中华人民共和国领域是指我国主权管辖的领陆、领水和领空，领水包括 12 海里以内的领海；中华人民共和国管辖的其他海域包括我国法律规定的领海毗连区和领海以外 200 海里的专属海洋经济区。

（2）主体范围。在中华人民共和国领域和中华人民共和国管辖的其他海域从事矿产资源开采活动的公民、法人或者其他组织，均应遵守该法的规定。不管是中国公民、法人或者其他组织，还是外国公民、法人或者其他组织，只要在中国从事矿产资源开采活动，必须遵守《矿山安全法》。

（3）矿产资源范围。我国所有矿种的开发的安全都适用《矿山安全法》，包括：能源矿产的煤、煤层气、石煤、油页岩、石油、天然气、页岩气、铀，金属矿产的铁、铜、金、铝土矿，非金属矿产的金刚石、石墨、磷、自然硫、天然卤水，水气矿产的地下水、矿泉水、二氧化碳气等。

2. 矿山建设的安全保障

（1）矿山建设工程安全设施"三同时"。《矿山安全法》第七条规定：矿山建设工程的安全设施必须和主体工程同时设计、同时施工、同时投入生产和使用。

（2）矿山建设工程安全设施的设计和竣工验收。《矿山安全法》第八条规定：矿山建设工程的设计文件，必须符合矿山安全规程和行业技术规范，并按照国家规定经管理矿山企业的主管部门批准；不符合矿山安全规程和行业技术规范的，不得批准。安全设施是矿山安全生产的物质保障，安全设施的设计是否可靠、科学、规范，是保证矿井生产安全系统能否保障安全的首要环节。

（3）矿井安全出口和运输通信设施。《矿山安全法》第十条规定：每个矿井必须有两个以上能行人的安全出口，出口之间的直线水平距离必须符合矿山安全规程和行业技术规范。矿井安全出口是指直达地表的安全出口和各生产水平（包括中段和分段）的安全出口，矿井安全出口是用于矿山开采和矿山事故发生时紧急撤离的安全通道，安全出口的数量和间距应当满足安全要求。《矿山安全法》第十一条规定，矿山必须有与外界相通的、符合安全要求的运输和通信设施。矿山运输设施是保证矿山开采的运送传输设施,其正常运行可有效预防安全事故;通信设施是传递组织生产和安全管理的各种信息的电信设施,必须保持通信畅通。

3. 矿山开采的安全保障

(1) 矿山开采的基本要求。《矿山安全法》第十三条规定,矿山开采必须具备保障安全生产的条件,执行开采不同矿种的矿山安全规程和行业技术规范。

(2) 矿用特殊设备装置的安全保障。一是矿山使用的有特殊安全要求的设备、器材、防护用品和安全检测仪器,必须符合国家安全标准或者行业安全标准;不符合国家安全标准或者行业安全标准的,不得使用。二是矿山企业必须对机电设备及其防护装置、安全检测仪器定期检查、维修,保证使用安全。

(3) 开采作业的安全保障。一是矿山设计规定保留的矿柱、岩柱,在规定的期限内,应当予以保护,不得开采或者毁坏。二是矿山企业必须对作业场所中的有毒有害物质和井下空气含氧量进行检测,保证符合安全要求。三是矿山企业必须针对事故隐患采取预防措施。四是矿山企业对使用机械、电气设备,排土场、矸石山、尾矿库和矿山闭坑后可能引起的危害,应当采取预防措施。

4. 矿山企业的安全管理

(1) 建立健全安全生产责任制。《矿山安全法》第二十条规定,矿山企业必须建立、健全安全生产责任制。根据《矿山安全法实施条例》的规定,安全生产责任制包括行政领导岗位安全生产责任制、职能机构安全生产责任制和岗位人员的安全生产责任制。

(2) 明确矿长安全生产职责。《矿山安全法》第二十条规定,矿长对本企业的安全生产工作负责。根据《矿山安全法实施条例》的规定,矿长负有下列责任:一是认真贯彻执行《矿山安全法》和本条例以及其他法律、法规中有关矿山安全生产的规定。二是制定本企业安全生产管理制度。三是根据需要配备合格的安全工作人员,对每个作业场所进行跟班检查。四是采取有效措施,改善职工劳动条件,保证安全生产所需要的材料、设备、仪器和劳动防护用品的及时供应。五是依照本条例的规定,对职工进行安全教育、培训。六是制定矿山灾害的预防和应急计划。七是及时采取措施,处理矿山存在的事故隐患。八是及时、如实向劳动行政主管部门(现为矿山安全监管监察部门)和管理矿山企业的主管部门报告矿山事故。

(3) 安全培训。首先,矿长必须经过考核,具备安全专业知识,具有领导安全生产和处理矿山事故的能力。二是矿山安全生产管理人员必须具备必要的安全专业知识和矿山安全工作经验。三是矿山企业的特种作业人员必须接受专门培训,经考核合格取得操作资格证书的,方可上岗作业。四是矿山企业必须对职工进行安全教育、培训;未经安全教育、培训的,不得上岗作业。

（4）矿山企业职工的权利和义务。《矿山安全法》第二十二条规定，矿山企业职工必须遵守有关矿山安全的法律、法规和企业规章制度。矿山企业职工有权对危害安全的行为，提出批评、检举和控告。

（5）劳动保护。《矿山安全法》第二十八条规定，矿山企业必须向职工发放保障安全生产所需的劳动防护用品。第二十九条规定，矿山企业不得录用未成年人从事矿山井下劳动。矿山企业对女职工按照国家规定实行特殊保护，不得分配女职工从事矿山井下劳动。

（6）安全技术措施专项费用。《矿山安全法》第三十条二规定，矿山企业必须从矿产品销售额中按照国家规定提取安全技术措施专项费用。安全技术措施专项费用必须全部用于改善矿山安全生产条件，不得挪作他用。

（7）矿山安全的内部监督。通过职代会、职工和工会实施矿山企业安全生产的内部监督，要求矿长应当定期向职工代表大会或者职工大会报告安全生产工作。矿山企业职工有权对危害安全的行为，提出批评、检举和控告。矿山工会依法维护职工生产安全的合法权益，组织职工对矿山安全工作进行监督。矿山企业工会发现企业行政方面违章指挥、强令工人冒险作业或者生产过程中发现明显重大事故隐患和职业危害，有权提出解决的建议。发现危及职工生命安全的情况时，有权向矿山企业行政方面建议组织职工撤离危险现场，矿山企业行政方面必须及时做出处理决定。

（8）矿山事故防范和救援。矿山企业必须制定矿山事故防范措施，并组织落实；矿山企业应当配备专职或者兼职人员组成的救护和医疗急救组织，配备必要的装备、器材和药物。

三、《煤矿安全规程》

2021年8月17日应急管理部第27次部务会议审议通过《应急管理部关于修改〈煤矿安全规程〉的决定》，以应急管理部令第8号公布，自2022年4月1日起施行。

1. 《煤矿安全规程》的重要作用

《煤矿安全规程》是煤炭行业最重要的安全生产部门规章，是安全生产法律法规体系的重要组成部分，是煤矿安全工作最全面、最具体、最重要的一部基本规程，是安全生产监管监察执法的重要依据，是规范煤矿安全生产行为的重要准绳，具有重要的法律地位。

2. 《煤矿安全规程》的主要内容

《煤矿安全规程》包括总则、地质保障、井工煤矿、露天矿山、职业病危害防治和应急救援等6编32章721条，各编和章节层次结构如表9-1所示。

表9-1 《煤矿安全规程》篇章节目录

编名称	章名称	节名称
第一编 总则		
第二编 地质保障		
第三编 井工煤矿	第一章 矿井建设	第一节 一般规定 第二节 井巷掘进与支护 第三节 井塔、井架及井筒装备 第四节 建井期间生产及辅助系统
	第二章 开采	第一节 一般规定 第二节 回采和顶板控制 第三节 采掘机械 第四节 建（构）筑物下、水体下、铁路下及主要井巷煤柱开采 第五节 井巷维修和报废 第六节 防止坠落
	第三章 通风、瓦斯和煤尘爆炸防治	第一节 通风 第二节 瓦斯防治 第三节 瓦斯和煤尘爆炸防治
	第四章 煤（岩）与瓦斯（二氧化碳）突出防治	第一节 一般规定 第二节 区域综合防突措施 第三节 局部综合防突措施
	第五章 冲击地压防治	第一节 一般规定 第二节 冲击危险性预测 第三节 区域与局部防冲措施 第四节 冲击地压安全防护措施
	第六章 防灭火	第一节 一般规定 第二节 井下火灾防治 第三节 井下火区管理
	第七章 防治水	第一节 一般规定 第二节 地面防治水 第三节 井下防治水 第四节 井下排水 第五节 探放水
	第八章 爆炸物品和井下爆破	第一节 爆炸物品贮存 第二节 爆炸物品运输 第三节 井下爆破

续表

编名称	章名称	节名称
第三编 井工煤矿	第九章 运输、提升和空气压缩机	第一节 平巷和倾斜井巷运输 第二节 立井提升 第三节 钢丝绳和连接装置 第四节 提升装置 第五节 空气压缩机
	第十章 电气	第一节 一般规定 第二节 电气设备和保护 第三节 井下机电设备硐室 第四节 输电线路及电缆 第五节 井下照明和信号 第六节 井下电气设备保护接地 第七节 电气设备、电缆的检查、维护和调整 第八节 井下电池电源
	第十一章 监控与通信	第一节 一般规定 第二节 安全监控 第三节 人员位置监测 第四节 通信与图像监视
第四编 露天煤矿	第一章 一般规定	
	第二章 钻孔爆破	第一节 一般规定 第二节 钻孔 第三节 爆破
	第三章 采装	第一节 一般规定 第二节 单斗挖掘机采装 第三节 破碎 第四节 轮斗挖掘机采装 第五节 拉斗铲作业
	第四章 运输	第一节 铁路运输 第二节 公路运输 第三节 带式输送机运输
	第五章 排土	
	第六章 边坡	
	第七章 防治水和防灭火	第一节 防治水 第二节 防灭火

续表

编名称	章名称	节名称
第四编　露天煤矿	第八章　电气	第一节　一般规定 第二节　变电所（站）和配电设备 第三节　架空输电线和电缆 第四节　电气设备保护和接地 第五节　电气设备操作、维护和调整 第六节　爆炸物品库和炸药加工区安全配电 第七节　照明和通信
	第九章　设备检修	
第五编　职业病危害防治	第一章　职业病危害管理	
	第二章　粉尘防治	
	第三章　热害防治	
	第四章　噪声防治	
	第五章　有害气体防治	
	第六章　职业健康监护	
第六编　应急救援	第一章　一般规定	
	第二章　安全避险	
	第三章　救援队伍	
	第四章　救援装备与设施	
	第五章　救援指挥	
	第六章　灾变处理	

四、《金属非金属矿山安全规程》

应急管理部和国家市场监督管理总局联合发布的《金属非金属矿山安全规程》（GB 16423—2020），于2021年9月1日起正式实施。

1. 《金属非金属矿山安全规程》的重要作用

《金属非金属矿山安全规程》是金属非金属矿山最重要的安全生产强制性技术标准，是金属非金属矿山安全生产的技术基础，是金属非金属矿山安全生产最重要、最具体、最全面的唯一统领性安全技术标准，是矿山生产建设所必须遵守的重要规范和依据，是从业人员必须遵守的行为准则，是各级安全监管人员监管执法的重要遵循，在金属非金属矿山安全标准体系中处于核心地位。

2. 《金属非金属矿山安全规程》的主要内容

《金属非金属矿山安全规程》适用范围涵盖全部金属非金属矿山，包括大型矿山和中小型矿山，涵盖金属非金属矿山的设计、建设、生产、闭坑等全生产过程和全生命周期，既包括技术要求，也包括管理要求。《金属非金属矿山安全规程》包括总则、露天矿山安全要求、地下矿山安全要求、特殊矿山安全要求、应急救援等5章662条，各章层次结构如表9-2所示。

表9-2 《金属非金属矿山安全规程》章节目录

章名称	节名称
1 范围 2 规范性引用文件 3 术语和定义	
4 总则	4.1 基本规定 4.2 矿山企业主要负责人 4.3 专职安全生产管理人员 4.4 安全生产管理机构 4.5 安全教育与培训 4.6 矿山建设 4.7 安全生产管理 4.8 闭坑
5 露天矿山	5.1 基本规定 5.2 露天开采 5.3 矿岩粗破碎 5.4 矿岩运输 5.5 排土 5.6 电气设施 5.7 防排水与防灭火
6 地下矿山	6.1 基本规定 6.2 矿山井巷 6.3 地下开采 6.4 提升运输 6.5 矿岩粗破碎 6.6 井下环境 6.7 电气设施 6.8 防排水 6.9 防灭火

续表

章名称	节名称
7 特殊开采	7.1 水力开采 7.2 挖掘船开采 7.3 饰面石材开采 7.4 盐湖开采 7.5 钻井水溶开采 7.6 井盐开采 7.7 地下原地浸出
8 应急救援	

第三节 危险化学品安全法

一、危险化学品安全概述

1. 危险化学品的概念及分类

一般认为，危险化学品是指具有毒害、腐蚀、爆炸、燃烧、助燃等性质，对人体、设施、环境具有危害的剧毒化学品和其他化学品。

危险化学品品种繁多，性质各异，而且一种危险化学品往往具有多重危险性。例如二硝基苯酚既有爆炸性、易燃性，又有毒害性。联合国组织编制了《全球化学品统一分类和标签制度》(Globally Harmonized System of Classification and Labeling of Chemicals，GHS)，按危险类型进行分类。根据GHS，我国制定了化学品危险性分类和标签规范系列标准，确立了化学品危险性28类的分类体系。

根据《危险化学品目录（2015版）》（国家安全监管总局等10部门公告2015年第5号），依据化学品分类和标签国家标准，从下列危险和危害特性类别中确定：

（1）物理危险。物理危险是指化学品的燃烧、爆炸、腐蚀、助燃、自反应和遇水反应等特性。根据化学品物理危险性不同，具体可分为16小类：爆炸物、易燃气体、气溶胶（又称气雾剂）、氧化性气体、加压气体、易燃液体、易燃固体、自反应物质和混合物、自燃液体、自燃固体、自热物质和混合物、遇水放出易燃气体的物质和混合物、氧化性液体、氧化性固体、有机过氧化物、金属腐蚀物。

（2）健康危害。健康危害是指化学品的急性毒性、腐蚀性、眼损伤、致敏性、致突变性、致癌性等危险特征。根据化学品健康危害性不同，具体可以分为以下

10 小类：急性毒性、皮肤腐蚀/刺激、严重眼损伤/眼刺激、呼吸道或皮肤致敏、生殖细胞致突变性、致癌性、生殖毒性、特异性靶器官毒性——次接触、特异性靶器官毒性—反复接触、吸入危害。

（3）环境危害。环境危害是指化学品的急性水生毒性、慢性水生毒性、危害臭氧层等危险特征。根据化学品环境危害性不同，具体可以分为危害水生环境和危害臭氧层 2 类。

2. 危险化学品的主要危险性

（1）燃烧性。爆炸品、压缩气体和液化气体中的可燃性气体、易燃液体、易燃固体、自燃物品、遇湿易燃物品、有机过氧化物等，在条件具备时均可能发生燃烧。

（2）爆炸性。爆炸品、压缩气体和液化气体、易燃液体、易燃固体、自燃物品、遇湿易燃物品、氧化剂和有机过氧化物等危险化学品均可能由于其化学活性或易燃性引发爆炸事故。

（3）毒害性。许多危险化学品可通过一种或多种途径进入人体和动物体内，当其在人体累积到一定量时，便会扰乱或破坏肌体的正常生理功能，引起暂时性或持久性的病理改变，甚至危及生命。

（4）腐蚀性。强酸、强碱等物质能对人体组织、金属等物品造成损坏，接触人的皮肤、眼睛或肺部、食道等时，会引起表皮组织坏死而造成灼伤。内部器官被灼伤后可引起炎症，甚至会造成死亡。

（5）放射性。放射性危险化学品通过放出的射线可阻碍和伤害人体细胞活动机能并导致细胞死亡。

3. 我国化工产业发展现状

我国是化学品生产和使用大国，主要化学品产量和使用量都居世界前列，目前全球能够生产十几万种化学品，我国能生产各种化学品 4 万多种。国家统计局数据显示，截至 2020 年 12 月末，石油和化工行业规模以上企业 26 039 家，实现营业收入 11.08 万亿元，主要化学品消费总量增长约 4.6%。

二、我国危险化学品安全法律法规体系

目前，我国还没有制定针对危险化学品安全的专门法，目前有一部专门的行政法规——《危险化学品安全管理条例》。危险化学品法律法规体系是，以涉及危险化学品安全的法律和《危险化学品安全管理条例》为基础，以相关行政法规、部门规章和标准为主体，以地方性法规、规章和标准为补充。

1. 法律

与危险化学品安全相关的法律较多，主要有《安全生产法》《突发事件应对法》《职业病防治法》《环境保护法》《消防法》《特种设备安全法》《石油天然气管道保护法》《固体废物污染环境防治法》《大气污染防治法》《水污染防治法》《放射性污染防治法》《土壤污染防治法》等多部法律。

《安全生产法》的多个条款的规定涉及危险化学品安全。《安全生产法》第二十四条规定，危险物品的生产、经营、储存、装卸单位，应当设置安全生产管理机构或者配备专职安全生产管理人员。第二十六条规定，危险物品的生产、储存单位以及矿山、金属冶炼单位的安全生产管理人员的任免，应当告知主管的负有安全生产监督管理职责的部门。第二十七条规定，危险物品的生产、经营、储存、装卸单位的主要负责人和安全生产管理人员，应当由主管的负有安全生产监督管理职责的部门对其安全生产知识和管理能力考核合格；危险物品的生产、储存、装卸单位应当有注册安全工程师从事安全生产管理工作。第三十二条规定，用于生产、储存、装卸危险物品的建设项目，应当按照国家有关规定进行安全评价。

2. 行政法规

与危险化学品安全相关的行政法规包括两大类：一类是规制危险化学品安全的专门行政法规，即《危险化学品安全管理条例》；另一类是与危险化学品安全相关的行政法规，主要有：《易制毒化学品管理条例》《生产安全事故应急条例》《民用爆炸物品安全管理条例》《烟花爆竹安全管理条例》《监控化学品管理条例》《农药管理条例》《使用有毒物品作业场所劳动保护条例》等。

3. 部门规章

目前，已经制定了一些与《危险化学品安全管理条例》配套的部门规章。应急管理部门制定发布了《危险化学品重大危险源监督管理暂行规定》《危险化学品建设项目安全监督管理办法》《危险化学品生产企业安全生产许可证实施办法》《危险化学品经营许可证管理办法》《危险化学品登记管理办法》《化学品物理危险性鉴定与分类管理办法》《危险化学品输送管道安全管理规定》等，这些部门规章涉及危险化学品、重大危险源、建设项目安全管理、安全生产许可、经营许可、危险性鉴定、管道运输等方面。

除应急管理部外，其他部委还制定了一些涉及危险化学品的部门规章。公安部制定了《易制爆危险化学品治安管理办法》，原卫生部制定了《消毒管理办法》，生态环境部制定了《新化学物质环境管理登记办法》，交通运输部等6部委发布了《危险货物道路运输安全管理办法》等。

4. 规范性文件

与危险化学品安全相关的规范性文件较多，如《国务院办公厅关于印发危险化学品安全综合治理方案的通知》《国务院办公厅关于进一步加强民用爆炸物品安全管理的通知》，中共中央办公厅、国务院办公厅于 2020 年印发的《关于全面加强危险化学品安全生产工作的意见》，应急管理部办公厅印发的《化工园区安全风险智能化管控平台建设指南（试行）》《危险化学品企业安全风险智能化管控平台建设指南（试行）》《淘汰落后危险化学品安全生产工艺技术设备目录（第一批）》《危险化学品企业生产安全事故应急准备指南》《化工园区安全风险排查治理导则（试行）》《危险化学品企业安全风险隐患排查治理导则》等。

5. 标准

标准在危险化学品安全监管和综合治理中发挥着基础保障和技术支撑作用，对于规范危险化学品全生命周期管理，提高危险化学品安全管理水平具有重要意义。

总的来看，危险化学品安全标准可以分为两大类，一类是危险化学品建设项目建设标准，如《石油化工企业设计防火规范》（GB 50160）、《爆炸和火灾危险环境电力装置设计规范》（GB 50058）。另一类是危险化学品安全管理标准，如《危险货物分类与品名编号》（GB 6944）、《化学品安全标签编写规定》（GB 15258）、《常用危险化学品储存通则》（GB 15603）、《危险化学品重大危险源辨识》（GB 18218—2018）。

三、《危险化学品安全管理条例》

2002 年 1 月 9 日国务院第 52 次常务会议通过了《危险化学品安全管理条例》，自 2002 年 3 月 15 日起施行。而后，分别于 2011 年和 2013 年对《危险化学品安全管理条例》进行了两次修订。现行《危险化学品安全管理条例》共 8 章 102 条，包括总则，生产、储存安全，使用安全，经营安全，运输安全，危险化学品登记与事故应急救援，法律责任以及附则。

1. 适用范围

《危险化学品安全管理条例》适用于危险化学品生产、储存、使用、经营和运输各环节的安全管理，对生产、储存、使用、经营和运输危险化学品的一切自然人、法人和其他组织均适用。

2. 方针原则

《危险化学品安全管理条例》第 4 条明确规定，危险化学品安全管理，应当坚持安全第一、预防为主、综合治理的方针，强化和落实企业的主体责任。"安全第

一、预防为主、综合治理",既是安全生产的总的指导方针,也是危化品安全领域行之有效的基本原则,体现了人民至上、生命至上的发展思想。

3. 主要法律制度

(1)危险化学品目录管理制度。我国对危险化学品的管理实行目录管理制度,列入《危险化学品目录》的危险化学品将依据国家的有关法律法规采取行政许可等手段进行重点管理。对于混合物和未列入《危险化学品目录》的化学品,为了全面掌握我国境内化学品的危险特性,我国实行化学品登记制度和鉴别分类制度,企业应该根据《化学品物理危险性鉴定与分类管理办法》及其他相关规定进行鉴定分类,如果经鉴定分类属于危险化学品的,应该进行危险化学品登记。

(2)危险化学品建设项目"三同时"制度。危险化学品建设项目"三同时"制度是指危险化学品新建、改建、扩建工程项目的安全设施,必须与主体工程同时设计、同时施工、同时投入生产和使用。具体包括以下制度内容:一是安全条件审查。二是安全设施设计审查。三是试生产(使用)确认。四是安全设施竣工验收。

(3)危险化学品安全许可制度。《危险化学品安全管理条例》明确规定了三项安全许可证,即危险化学品安全生产许可证、危险化学品安全使用许可证和危险化学品经营许可证。一是规定危险化学品生产企业进行生产前,应当取得危险化学品安全生产许可证。二是规定使用危险化学品从事生产并且使用量达到规定数量的化工企业应当取得危险化学品安全使用许可证。三是规定国家对危险化学品经营(包括仓储经营)实行许可制度。

(4)危险化学品行政备案制度。《危险化学品安全管理条例》共设定了危险化学品单位的五项工作报相应的政府管理部门备案。一是危险化学品单位要将安全评价报告以及整改方案的落实情况报所在地县级安全监管部门或港口行政部门备案。二是储存剧毒化学品以及储存数量构成重大危险源的其他危险化学品的单位要将其储存数量、储存地点以及管理人员的情况报县级安全监管部门或港口行政部门和公安机关备案。三是生产、储存危险化学品的单位转产、停产、停业或者解散的,应当采取有效措施,及时、妥善处置其危险化学品生产装置、储存设施以及库存的危险化学品;处置方案应当报所在地县级人民政府安全监管部门、工业和信息化主管部门、环境保护主管部门和公安机关备案。四是剧毒化学品、易制爆危险化学品的销售企业、购买单位应将销售、购买剧毒化学品、易制爆危险化学品的品种、数量及流向信息报所在地县级公安机关备案。五是危险化学品单位应将危险化学品事故应急预案报所在地设区的市级安全监管部门备案。

(5)危险化学品"一书一签"制度。"一书一签"制度的"一书"是指化学品安全技术说明书，"一签"是指化学品安全标签。《危险化学品安全管理条例》第十五条规定，危险化学品生产企业应当提供与其生产的危险化学品相符的化学品安全技术说明书，并在危险化学品包装（包括外包装件）上粘贴或者拴挂与包装内危险化学品相符的化学品安全标签，不得经营没有化学品安全技术说明书或者化学品安全标签的危险化学品。第三十七条还规定，危险化学品经营企业不得向未经许可从事危险化学品生产、经营活动的企业采购危险化学品，不得经营没有化学品安全技术说明书或者化学品安全标签的危险化学品。任何一个危险化学品进入市场，都必须有安全技术说明书和安全标签。

（6）危险化学品安全监管制度。《危险化学品安全管理条例》确立了危险化学品安全实行"谁主管谁负责"以及"属地管理"的原则。

按照规定，应急管理部门负责危险化学品安全监督管理综合工作；公安机关负责危险化学品的公共安全管理；质量监督检验检疫部门负责核发危险化学品及其包装物、容器生产企业的工业产品生产许可证；环境保护主管部门负责废弃危险化学品处置的监督管理；交通运输主管部门负责危险化学品道路运输、水路运输的许可以及运输工具的安全管理；铁路监管部门负责危险化学品铁路运输及其运输工具的安全管理；民用航空主管部门负责危险化学品航空运输以及航空运输企业及其运输工具的安全管理。

（7）法律责任制度。《危险化学品安全管理条例》明确了各个单位、部门、企业之间的义务，以及违反规定应负的法律责任。归纳起来，危险化学品安全法律责任，有两个方面的显著特点：

一是突出行政处罚措施。危险化学品单位受到行政处罚，是最常见的责任形态。一方面，明确列举了各类主体各种违法形态，包括生产、经营、使用国家禁止生产、经营、使用的危险化学品的，未经安全条件审查，新建、改建、扩建生产、储存危险化学品的建设项目的，未依法取得危险化学品安全生产许可证从事危险化学品生产，或者未依法取得工业产品生产许可证从事危险化学品及其包装物、容器生产的等；另一方面，明确了相应的行政处罚措施。依照严重程度，可将危险化学品安全违法行为划分为一般违法行为、拒不改正执法指令的行为、情节严重的违法行为，以及涉嫌犯罪的违法行为。

二是注重"法—法"衔接。一方面，注重与其他相关行政法律规范相衔接，形成分工合作的责任形态。另一方面，注重与《刑法》相衔接，形成行政处罚与刑事制裁配套的责任体系。

第四节　建设施工安全法律法规

一、建设施工安全法律法规的调整对象和体系

1. 建设施工安全法律法规的调整对象

建筑施工安全法律法规调整在中华人民共和国境内从事建设工程的新建、扩建、改建和拆除等有关活动的安全及建设工程安全生产的监督管理。从适用主体看，建筑施工安全法律法规既适用于从事建筑施工活动的施工单位以及与建筑施工活动密切相关的建设单位、监理单位、勘察设计单位，还适用于对建筑施工安全负有监管职责的有关部门。从适用具体"事项"看，建设施工安全法律法规既适用于施工单位、建设单位等单位在建筑施工活动中的安全职责，也适用于监管部门对建筑施工安全的监督管理。

2. 建设施工安全法律法规法律体系

我国现行有效的关于建设施工安全方面的法律法规规章构成建设施工安全法律法规体系。主要包括：关于建设施工安全的法律，主要有《安全生产法》《建筑法》等；关于建设施工安全的行政法规，主要有《建设工程安全生产管理条例》《生产安全事故应急条例》《生产安全事故报告和调查处理条例》《安全生产许可证条例》等；关于建设施工安全的部门规章，主要有《建设项目安全设施"三同时"监督管理办法》《建筑施工企业安全生产许可证管理规定》等。目前，我国还没有制定建、构筑物建设施工安全的专门法律，但《建设工程安全生产管理条例》对建设单位的安全责任、勘察、设计、工程监理及其他有关单位的安全责任、施工单位的安全责任、建筑施工安全监督管理、建筑施工事故报告和调查处理、法律责任等作了比较全面的规定，是专门调整建设施工安全的行政法规。该《条例》由国务院制定，自2004年2月1日起施行。

二、建设单位的建设施工安全生产职责

建设单位，又称发包单位，是将建设项目委托施工单位进行施工的单位。建设单位的安全生产职责主要包括：

1. 将建设工程发包给具有相应资质等级的施工单位

我国实行建设工程施工资质等级制度，只有具备相应资质等级的施工单位才可以承包相应的建设项目。建设单位不得将建设工程发包给不具备相应资质条件的施工单位。

2. 不得肢解建筑工程发包

建筑工程的发包单位可以将建筑工程的勘察、设计、施工、设备采购一并发包给一个工程总承包单位，也可以将建筑工程勘察、设计、施工、设备采购的一项或者多项发包给一个工程总承包单位；但是，不得将应当由一个承包单位完成的建筑工程肢解成若干部分发包给几个承包单位。

3. 建设项目安全设施设计、设计审查、施工、验收、投入使用等要符合《安全生产法》的规定

建设单位建设项目的安全设施必须做到"三同时"，即生产经营单位新建、改建、扩建工程项目的安全设施，必须与主体工程同时设计、同时施工、同时投入生产和使用。建设项目安全设施的设计人、设计单位应当对安全设施设计负责。矿山、金属冶炼建设项目和用于生产、储存、装卸危险物品的建设项目的安全设施设计应当按照国家有关规定报经有关部门审查，审查部门及其负责审查的人员对审查结果负责；上述建设项目的施工单位必须按照批准的安全设施设计施工，并对安全设施的工程质量负责；上述建设项目竣工投入生产或者使用前，应当由建设单位负责组织对安全设施进行验收；验收合格后，方可投入生产和使用。

4. 依法对高危建设项目进行安全评价

下列建设项目在进行可行性研究时，建设单位应当按照国家规定，进行安全评价：

（1）非煤矿矿山建设项目。

（2）生产、储存危险化学品（包括使用长输管道输送危险化学品）的建设项目。

（3）生产、储存烟花爆竹的建设项目。

（4）金属冶炼建设项目。

（5）使用危险化学品从事生产并且使用量达到规定数量的化工建设项目（属于危险化学品生产的除外）。

（6）法律、行政法规和国务院规定的其他建设项目。其他建设项目，建设单位应当对其安全生产条件和设施进行综合分析，形成书面报告备查。

5. 依法申领施工许可证

建筑工程开工前，建设单位应当按照国家有关规定向工程所在地县级以上人民政府住房和城乡建设主管部门申请领取施工许可证。应当申请领取施工许可证的建筑工程未取得施工许可证的，一律不得开工。在中华人民共和国境内从事各类房屋建筑及其附属设施的建造、装修装饰和与其配套的线路、管道、设备的安装，以及城镇市政基础设施工程的施工，建设单位在开工前应当依照规定，向工程所在地的县级以上地方人民政府住房和城乡建设主管部门申请领取施工许可证。国务院住房和城乡建设主管部门确定的限额以下的小型工程可以不申请办理施工许可证。"国务院住房和城乡建设主管部门确定的限额以下的小型工程"是指工程投资额在30万元以下或者建筑面积在300平方米以下的建筑工程。省、自治区、直辖市人民政府住房城乡建设主管部门可以根据当地的实际情况，对限额进行调整，并报国务院住房城乡建设主管部门备案。

按照国务院规定的权限和程序批准开工报告的建筑工程，不再领取施工许可证。但是，建设单位应当自开工报告批准之日起15日内，将保证安全施工的措施报送建设工程所在地的县级以上地方人民政府住房和城乡建设主管部门或者其他有关部门备案。

6. 拆除工程的施工备案

建设单位应当在拆除工程施工15日前，将下列资料报送建设工程所在地的县级以上地方人民政府住房和城乡建设主管部门或者其他有关部门备案：①施工单位资质等级证明；②拟拆除建筑物、构筑物及可能危及毗邻建筑的说明；③拆除施工组织方案；④堆放、清除废弃物的措施。实施爆破作业的，应当遵守国家有关民用爆炸物品管理的规定。建设单位未将拆除工程的有关资料报送有关部门备案的，责令限期改正，给予警告。

此外，建设单位还承担其他安全保障义务，主要有施工交底、不得对有关单位提出不合理的要求、不得压缩合同约定的工期、工程概算应包括安全费用、不得明示或者暗示施工单位不符合安全施工要求的有关用品等义务。

三、施工单位的安全生产职责

建筑施工单位，是指从事土木工程、建筑工程、线路管道设备安装工程的新建、扩建、改建等施工活动的企业，他是工程建设的施工方，应当承担建筑工程施工安全生产主体责任。施工单位的安全生产职责主要包括：

1. 不得超越施工单位资质等级许可范围承揽工程

施工单位从事建设工程的新建、扩建、改建和拆除等活动，应当具备国家规定的注册资本、专业技术人员、技术装备和安全生产等条件，依法取得相应等级的资质证书，并在其资质等级许可的范围内承揽工程。

2. 依法取得建筑施工企业安全生产许可证

国家对建筑施工企业实行安全生产许可制度。建筑施工企业未取得安全生产许可证的，不得从事建筑施工活动。国务院住房和城乡建设主管部门负责中央管理的建筑施工企业安全生产许可证的颁发和管理。省、自治区、直辖市人民政府住房和城乡建设主管部门负责本行政区域内上述以外的建筑施工企业安全生产许可证的颁发和管理，并接受国务院住房和城乡建设主管部门的指导和监督。市、县人民政府住房和城乡建设主管部门负责本行政区域内建筑施工企业安全生产许可证的监督管理，并将监督检查中发现的企业违法行为及时报告安全生产许可证颁发管理机关。

3. 施工单位项目负责人的安全生产职责

施工单位主要负责人应依法履行《安全生产法》第二十一条规定的安全生产职责，施工单位其他负责人对职责范围内的安全生产工作负责。施工单位承揽项目时，设项目负责人，施工单位的项目负责人应当由取得相应执业资格的人员担任，对建设工程项目的安全施工负责，落实安全生产责任制度、安全生产规章制度和操作规程，确保安全生产费用的有效使用，并根据工程的特点组织制定安全施工措施，消除安全事故隐患，及时如实报告生产安全事故。

4. 施工单位的安全保障义务

施工单位安全生产保障义务主要有：

（1）建立健全安全生产制度。

（2）依法使用安全费用。

（3）依法设置安全生产管理机构，配备专职安全管理人员。

（4）依法加强人员管理，确保工程建设活动安全。

（5）施工过程中，涉及临时用电以及其他达到一定规模的危险性较大的专项施工，应依法编制专项方案。

（6）依法设置安全警示标志。

（7）依法采取安全施工措施。

（8）施工现场的办公、生活区与作业区分开设置并保持安全距离。

（9）依法采取专项防护措施防止损害周围的人、物和环境。

（10）依法履行消防安全职责。

（11）依法为作业人员配备劳动防护用品。

（12）使用合格的施工用品或安全防护用品的义务。

（13）施工起重机械和整体提升脚手架、模板等自升式架设设施使用前应依法验收。

（14）依法采取措施预防坍塌事故。

（15）依法采取措施，预防高处坠落事故。

（16）为从事危险作业的人员办理意外伤害保险。

5. 施工单位的应急救援职责

施工单位的应急救援职责包括：

（1）制定生产安全事故应急救援预案并定期组织演练。

（2）建立应急救援组织或者配备应急救援人员。

（3）配备必要的应急救援器材、设备。

（4）及时、如实报告事故。

（5）保护事故现场。

6. 建设工程实行总承包时的安全管理职责

建设工程实行施工总承包的，由总承包单位对施工现场的安全生产负总责。总承包单位应当自行完成建设工程主体结构的施工。总承包单位依法将建设工程分包给其他单位的，分包合同中应当明确各自的安全生产方面的权利、义务。总承包单位和分包单位对分包工程的安全生产承担连带责任。分包单位应当服从总承包单位的安全生产管理，分包单位不服从管理导致生产安全事故的，由分包单位承担主要责任。

四、勘察、设计、工程监理及其他有关单位的建设施工安全生产职责

1. 勘察、设计单位的建设施工安全生产职责

从事建设工程勘察、设计活动，应当坚持先勘察、后设计、再施工的原则。建设工程勘察、设计质量直接决定工程安全。因此，我国对从事建设工程勘察、设计活动的单位，实行资质管理制度。建设工程勘察、设计单位应当在其资质等级许可的范围内承揽建设工程勘察、设计业务。禁止建设工程勘察、设计单位超越其资质等级许可的范围或者以其他建设工程勘察、设计单位的名义承揽建设工程勘察、设计业务。禁止建设工程勘察、设计单位允许其他单位或者个人以本单位的名义承揽建设工程勘察、设计业务。

（1）勘察单位的安全义务。建设工程勘察单位的安全义务主要包括：一是建筑工程勘察的质量必须符合国家有关建筑工程安全标准的要求。二是勘察单位应当按照法律、法规和工程建设强制性标准进行勘察，提供的勘察文件应当真实、准确，满足建设工程安全生产的需要。三是勘察单位在勘察作业时，应当严格执行操作规程，采取措施保证各类管线、设施和周边建筑物、构筑物的安全。

（2）设计单位的安全义务。设计单位的安全义务包括：一是设计单位应当按照法律、法规和工程建设强制性标准进行设计，防止因设计不合理导致生产安全事故的发生。二是设计单位应当考虑施工安全操作和防护的需要，对涉及施工安全的

重点部位和环节在设计文件中注明，并对防范生产安全事故提出指导意见。三是采用新结构、新材料、新工艺的建设工程和特殊结构的建设工程，设计单位应当在设计中提出保障施工作业人员安全和预防生产安全事故的措施建议。

2. 监理单位的建设施工安全生产职责及法律责任

我国实行建设工程监理资质制度。工程监理单位应当依法取得相应等级的资质证书，并在其资质等级许可的范围内承担工程监理业务。禁止工程监理单位超越本单位资质等级许可的范围或者以其他工程监理单位的名义承担工程监理业务。禁止工程监理单位允许其他单位或者个人以本单位的名义承担工程监理业务。工程监理单位不得转让工程监理业务。

监理单位的安全义务主要有：一是审查义务。工程监理单位应当审查施工组织设计中的安全技术措施或者专项施工方案是否符合工程建设强制性标准。二是建设工程安全生产的监理责任。工程监理单位和监理工程师应当按照法律、法规和工程建设强制性标准实施监理，并对建设工程安全生产承担监理责任。工程监理单位在实施监理过程中，发现存在安全事故隐患的，应当要求施工单位整改；情况严重的，应当要求施工单位暂时停止施工，并及时报告建设单位。施工单位拒不整改或者不停止施工的，工程监理单位应当及时向有关主管部门报告。

3. 注册执业人员的安全义务及法律责任

我国对建设工程勘察人、设计人和监理人实行注册制度。注册工程师、注册监理工程师作为注册执业人员，应执行法律、法规和工程建设强制性标准。

注册工程师实行注册执业管理制度。取得资格证书的人员，必须经过注册方能以注册工程师的名义执业。注册工程师，是指经考试取得中华人民共和国注册工程师资格证书，并按照本规定注册，取得中华人民共和国注册工程师注册执业证书和执业印章，从事建设工程勘察、设计及有关业务活动的专业技术人员。未取得注册证书及执业印章的人员，不得以注册工程师的名义从事建设工程勘察、设计及有关业务活动。

我国注册监理工程师实行注册执业管理制度。取得资格证书的人员，经过注册方能以注册监理工程师的名义执业。注册监理工程师，是指经考试取得中华人民共和国监理工程师资格证书，并按照本规定注册，取得中华人民共和国注册监理工程师注册执业证书和执业印章，从事工程监理及相关业务活动的专业技术人员。未取得注册证书和执业印章的人员，不得以注册监理工程师的名义从事工程监理及相关业务活动。

4. 为工程建设提供设备、配件、机械等单位的建设施工安全生产职责

一是为建设工程提供机械设备和配件的单位，应当按照安全施工的要求配备齐全有效的保险、限位等安全设施和装置。二是出租的机械设备和施工机具及配件，

应当具有生产（制造）许可证、产品合格证。出租单位应当对出租的机械设备和施工机具及配件的安全性能进行检测，在签订租赁协议时，应当出具检测合格证明。禁止出租检测不合格的机械设备和施工机具及配件。三是在施工现场安装、拆卸施工起重机械和整体提升脚手架、模板等自升式架设设施，必须由具有相应资质的单位承担。安装、拆卸施工起重机械和整体提升脚手架、模板等自升式架设设施，应当编制拆装方案、制定安全施工措施，并由专业技术人员现场监督。施工起重机械和整体提升脚手架、模板等自升式架设设施安装完毕后，安装单位应当自检，出具自检合格证明，并向施工单位进行安全使用说明，办理验收手续并签字。四是施工起重机械和整体提升脚手架、模板等自升式架设设施的使用达到国家规定的检验检测期限的，必须经具有专业资质的检验检测机构检测。经检测不合格的，不得继续使用。五是检验检测机构对检测合格的施工起重机械和整体提升脚手架、模板等自升式架设设施，应当出具安全合格证明文件，并对检测结果负责。

五、建设工程安全生产的监督管理

1. 综合监管与行业监管

国务院应急管理部门依照《安全生产法》的规定，对全国建设工程安全生产工作实施综合监督管理。县级以上地方人民政府应急管理部门依照《安全生产法》的规定，对本行政区域内建设工程安全生产工作实施综合监督管理。

国务院住房和城乡建设主管部门对全国的建设工程安全生产实施监督管理。国务院铁路、交通、水利等有关部门按照国务院规定的职责分工，负责有关专业建设工程安全生产的监督管理。县级以上地方人民政府住房和城乡建设主管部门对本行政区域内的建设工程安全生产实施监督管理。县级以上地方人民政府交通、水利等有关部门在各自的职责范围内，负责本行政区域内的专业建设工程安全生产的监督管理。

住房和城乡建设主管部门主管部门和其他有关部门应当将施工许可证等有关资料的主要内容抄送同级应急管理部门。

2. 施工许可证发放时对安全措施的审查义务

住房和城乡建设主管部门在审核发放施工许可证时，应当对建设工程是否有安全施工措施进行审查，对没有安全施工措施的，不得颁发施工许可证。住房和城乡建设主管部门或者其他有关部门对建设工程是否有安全施工措施进行审查时，不得收取费用。

3. 监督检查权

县级以上人民政府负有建设工程安全生产监督管理职责的部门在各自的职责范

围内履行安全监督检查职责时，有权采取下列措施：

（1）要求被检查单位提供有关建设工程安全生产的文件和资料。

（2）进入被检查单位施工现场进行检查。

（3）纠正施工中违反安全生产要求的行为。

（4）对检查中发现的安全事故隐患，责令立即排除；重大安全事故隐患排除前或者排除过程中无法保证安全的，责令从危险区域内撤出作业人员或者暂时停止施工。

4. 国务院住房和城乡建设主管部门会同国务院其他有关部门制定严重危及施工安全的工艺、设备、材料淘汰目录。

5. 县级以上人民政府住房和城乡建设主管部门和其他有关部门应当及时受理对建设工程生产安全事故及安全事故隐患的检举、控告和投诉。

本 章 小 结

本章简要介绍了我国道路交通、矿山、危险化学品和建设施工等行业领域的安全生产法律法规体系；介绍了《道路交通安全法》《矿山安全法》《危险化学品安全管理条例》《建设工程安全生产管理条例》《煤矿安全规程》和《金属非金属矿山安全规程》等法律法规和文件；阐明了建设单位、施工单位、勘察设计单位、监理单位以及其他单位建设工程安全生产职责及法律责任。

复习思考题

1. 简述我国道路交通安全法规体系。
2. 简述《道路交通安全法》的制修订过程。
3. 简述《道路运输条例》的主要适用范围。
4. 简述我国矿山安全法律法规体系。
5. 简述《矿山安全法》的主要适用范围。
6. 简述《矿山安全法》中有关矿山开采的安全保障的相关规定。
7. 简述我国危险化学品安全法律法规体系。
8. 简述《危险化学品安全管理条例》的主要适用范围。
9. 简述我国建设工程安全生产法律法规体系。
10. 简述监理单位的建设施工安全生产职责及法律责任。

第十章 国外职业安全健康法简介

本章学习目标

1. 了解美国职业安全健康概况、立法与监察进程、立法程序以及《美国联邦煤矿健康与安全法》《美国联邦职业安全健康法》；日本安全生产概况、职业安全健康立法历程、职业安全健康法律法规体系，以及《工厂法》《劳动基准法》《劳动安全健康法》《矿山安全法》《作业环境测定法》；英国安全生产概况、职业安全健康法的立法进程、职业安全健康法律法规体系；德国安全生产概况、职业安全健康法律法规体系以及《劳动保护法》《劳动安全法》和德国职业安全健康监管体制；澳大利亚职业安全生产概况、职业安全健康法律法规体系。

2. 熟悉美国职业安全健康工作手册和职业安全健康监察体制，美国《联邦职业安全健康法》，日本职业安全健康监察体制，英国《职业安全健康法》，澳大利亚联邦政府的职业安全健康法。

3. 掌握美国、日本、英国、德国和澳大利亚的职业安全健康法治特点。

第一节 美国职业安全健康法治

一、美国职业安全健康概况

美国的职业安全健康监察体系在世界工业发达国家中是较为完善和规范的国家之一，也是最早制定《职业安全健康法》的国家之一。美国职业安全健康法规标准文件门类齐全，可操作性强。目前，美国的职业安全健康监察重点由降低工伤事故转向人机工程学、职业病和肌骨损伤等职业伤害方面，而且特别注重安全健康教育培训和安全文化培育,强调全方位提高从业人员职业安全健康意识,以有效地避免与杜绝事故,即实现"零"事故,最大限度减少职业病的发生。

据美国劳工部劳工统计局(BLS)公布的数据,近年来,美国职业事故死亡人数和十万人死亡率均处于下降趋势,如图10-1所示。2006—2020年,美国共计发生了75 139起致命职业伤害。2006年美国职业事故导致5 840人死亡,2020年下降到4 704人死亡。

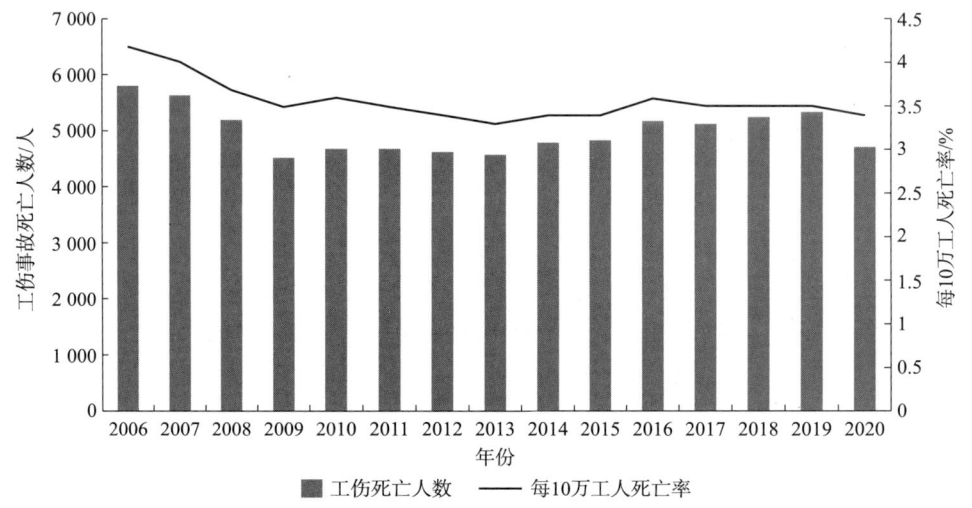

图10-1 美国2006—2020年职业事故导致死亡情况

对工伤事故数据进行分析与梳理可知,致命职业伤害人数与地区的经济发展程度、人口分布程度等因素呈现正相关的关系。2006—2020年,美国职业事故死亡人数整体呈现下降趋势,建筑业的伤亡事故数量最高,55~65岁及以上的工伤人数有所上升。

二、美国职业安全健康立法与监察进程

美国独立前是英国殖民地,其法律体系采用英国的判例法。美国宪法是世界最早的宪法之一,职业安全健康法同其他各种法律一样,都源于宪法。美国职业安全健康立法与监察进程概括起来,可分为四个时期。

1. 萌芽期

19世纪前,美国尚未建立工业体系,工人劳动条件十分恶劣,工人死伤无人过问。进入19世纪后,工业发展速度加快,与此同时,工业污染、工伤事故也越

来越多，工厂里生产作业场所中的安全健康条件越来越差，危险设备、化学制品、零散机件杂乱无章，劳动环境十分恶劣。

19 世纪 70 年代，美国政府开始制定工业安全规章。当时，恶劣的劳动环境频繁导致工伤事故等悲惨事件，促进了正在萌发中的劳工运动，要求制定安全健康法规，改善劳动环境。当时比较权威的调查报告报道显示，"恶劣作业条件所造成的作业场所职业伤害事故十分惨痛"。

1872 年，马萨诸塞州发布了几起令人特别恐怖事故的调查报告，引起全社会强烈震动，有力地推动了该州建立起了美国第一个监察工厂职业安全健康的政府部门。1877 年，该州通过了第一部工厂监察法。该法要求对传送带、齿轮、主轴等易出事故的危险机件安装安全防护装置，对升降机、电梯采取防护措施，要求在作业场所应设置足够的消防器材和安全门。该法的通过，大大推动了美国各州职业安全健康法规的制订工作。

到 1890 年时，美国已有 9 个州的法律中明确规定工厂必须设立安全检查员，13 个州的法律中要求对机器设备安装安全防护装置，21 个州制定的法律中有防控危害工人身心有害因素的条款。

2. 发展期

进入 20 世纪后，随着工业生产的迅速发展，煤矿、采石场、铁路等行业，工伤事故日益增多，遭到社会公众的谴责。加之频繁的劳工运动，迫使工厂主们越来越重视并着手研究雇员的职业安全健康问题，从而有力地推动和促进了职业安全健康立法。1902 年初，美国联邦公共安全服务部门开始着手研究制定职业安全健康规划。为实施规划，建立了美国联邦矿业局，研究和管理矿山井下职业安全健康问题。

20 世纪初，匹兹堡煤焦公司董事长亨利首次倡导把国家工业安全运动带入 20 世纪，提出了"安全第一，质量第二，成本第三"的新管理理念。为保障工人劳动安全和身心健康，1934 年在劳工部部长办公室下设立了劳工标准处（后改为劳工标准局），成为美国创建的第一个常设性的联邦机构。该处的工作重点是协助各州政府改进职业安全健康立法，提高立法水平，鼓励研制安全健康法规，促进各州制定与实施职业事故预防计划，促进劳动条件的改善，包括工业安全条件的改进，并会同联邦政府有关部门共同进行咨询和人员培训工作。此后，一系列适用于特定范围的安全法规逐步颁布实施。如 1936 年制定的《华尔胥—海雷法》，对一些与联邦政府合作的承包商提出了必须实施限定性的职业安全健康工作条件的规定。

第二次世界大战期间，工伤事故大量增加，进一步引起对工业安全健康计划的重视。1948年，召开了第一次由总统主持的职业安全健康会议，会议一致同意对工厂的有毒有害作业实行一整套全面的监督办法。

1958年，为保障工人的职业安全健康，联邦政府对《码头工人和港口工人补偿法》中的铁路工人、原子能工人职业安全健康条款作了补充与修订，使劳工部有权利对很小的工作单位（或某些特定部门），也制定出强制性的安全健康标准和法规，为美国职业安全健康立法打下了坚实基础。

3. 成熟期

高新技术的快速发展与广泛应用，加速了职业安全健康立法与监察的成熟期。20世纪六七十年代，美国在军事与民用工业领域，广泛利用新科技成果，不仅促进了传统工业的技术改造和高新技术产业的崛起，也促进了职业安全健康立法工作。高新技术带来一些新的不安全因素和污染问题，加上许多老企业存在很多长期未解决的问题，致使工伤事故与职业危害进一步加剧，严重威胁工人的生命安全与身心健康。

1968年，美国总统提出美国第一个综合性的职业安全健康监察议案，经过国会辩论被否决，而后总统又提出新法案，于1970年10月和11月在众参两院分别获得通过，制定出一个全国统一的综合性的《美国联邦职业安全健康法》，经总统签署后颁布实施。该法是国会参议院与众议院、共和党与民主党、劳工健康部与教育福利部、资方与劳方长期激烈争议、相互博弈、协商妥协的产物。1969年，联邦政府颁布《煤矿健康与安全法》，是美国历史上最严格最全面的煤矿安全法规，后增加了金属和非金属矿山安全法规内容，修订后的名称为《美国联邦矿山安全与健康法》。

4. 完善期

1970年《美国联邦职业安全健康法》颁布实施后，美国职业安全健康法治进入一个全新时期：

（1）1971年5月29日，《工作场所劳动安全保护标准》正式颁布实施。

（2）1972年1月17日，职业安全健康培训学院成立，正式开始培训国家职业安全健康监察员。

（3）1972年11月12日，首次批准在州执行美国职业安全健康管理局（OSHA）监察程序。

（4）1975年5月20日，职业安全健康免费咨询系统开通，大约有40万个企业享用此服务。

(5) 1977年，颁布实施《美国联邦矿山安全与健康法》。

(6) 1978年1月20日，最高法院把雇员安全健康标准列为国家计划。

(7) 1978年4月12日，新就业人员安全标准颁布，促进了雇主和雇员职业安全健康培训教育的实施；6月23日，《棉尘标准》颁布实施；11月14日，《铅标准》颁布实施。

(8) 1980年2月26日，惠尔埔会议最高法院确定了工人在安全健康活动中享有的权利。

(9) 1980年5月23日，制定了《药物剂量记录标准》，规定对接触药物和毒物的工人必须做好接触剂量的累计记录。

(10) 1982年7月2日，《义务安全健康保护条例》颁布实施，使安全健康条件差的工作场所一目了然，整改了近700个生产场所。

(11) 1984年11月12日，首次准许州独立行使职业安全健康监察权，并首先在维尔京群岛、夏威夷和阿拉斯加三地实施。

(12) 1986年4月1日，首例处罚案中国家安全健康研究院对西弗吉尼亚州的联合碳化钙厂提出了职业安全健康反对意见。

(13) 1989年1月26日，《安全健康监察程序管理指南》颁布实施。

(14) 1989年9月1日，《危险放射性物质处理封闭标准》颁布实施。

(15) 1991年12月6日，《职业接触血源病因物质的标准》颁布实施。

(16) 1992年10月1日，美国职业安全健康管理局（OSHA）培训教育中心编写出了统一的安全健康培训教材和课程安排。

(17) 1993年1月14日，《工作场所危险区域许可证限制标准》颁布实施。

(18) 1993年2月1日，《缅因州200方案》发布推广，促进了职业安全健康程序的发展，使企业重视控制群伤和职业病的发生。

(19) 1995年9月4日，美国职业安全健康管理局（OSHA）正式开通了Internet计算机宽带网络系统（www.osha.gov），通过Internet提供职业安全健康标准和程序服务。

(20) 1996年6月6日，美国职业安全健康管理局（OSHA）电话、电传投诉举报系统开通，使企业不安全和职业健康不达标的投诉问题可得以迅速解决。

(21) 1998年11月9日，《职业安全健康分级监察战略实施程序》。

(22) 1999年4月19日，《工作场所危害程度分级监察程序》颁布实施。

(23) 2000年11月14日，《人机工程学标准》颁布实施。

三、美国职业安全健康法的立法程序

美国的职业安全健康法的立法程序比较复杂。一项新的职业安全健康法规产生，除需经过事故调查、总统建议、组织制定程序外，还需要经过国会参众两院、劳资双方的辩论。往往由于民主党与共和党、劳方与资方的利益不同，形成矛盾，各持己见，争论不休，需要经过多个回合的复杂辩论，综合各方面的利益，才能使法案获得通过。

1. 美国职业安全健康法规的制定程序

概况而言，美国有关职业安全健康法规的制定过程大体包括以下三个程序，即事故调查、提出立法建议和经过参政两党辩论。

（1）事故调查。这是美国联邦有关职业安全健康法立法的重要一环，目的是为立法寻找依据。如在1907—1908年，对阿勒金尼郡工人的工作和生活条件进行了比较详细的调查，调查后发现，事故发生的主要原因来自雇主一方，于是这一调查结果成为制定《工人补偿法》的重要依据。美国每制定一项安全健康法规或标准，都要进行一系列的问题调查。

（2）提出立法建议。劳工部及美国职业安全健康管理局（OSHA）成立后，《美国联邦职业安全健康法》（1970年）授权劳工部部长主持，美国职业安全健康管理局（OSHA）组织，国家职业安全健康研究院或咨询委员会等提出立法方案的建议，草拟职业安全健康法规的草案。

（3）经参众两院辩论。职业安全健康法规草案需通过国会参众两院的劳方小组委员会举行听证会，由民众共和两党议员就制定的法规进行辩论，取得一致意见后表决通过，最后经总统签署意见，正式生效，成为美国联邦法律。

2. 美国职业安全健康标准的制定程序

依据《美国联邦职业安全健康法》（1970年）的规定，职业安全健康标准的制定及颁布施行，由劳工部部长参照任何"国家一致标准"或"已建立的联邦标准"法律规定，以确定性的命令，颁布为职业安全健康标准。在颁布（包括修改或废除）之前，要经过以下程序：

（1）在有关当事人和安全健康组织报告（包括调查论证和实验结果）的基础上，劳工部部长依法任命咨询委员会，咨询委员会在90天内（最长不超过270天）提出立法建议，由职业安全健康研究所组织提出职业安全健康标准（草案）。

（2）劳工部部长把标准公布令（包括修改令或废除令）和标准（草案）在联邦注册公告上刊印发表，在发表以后的30天内，供有关人员和社会各界提出书面

意见和建议。

（3）任何有关人员可以书面方式说明理由，对标准（草案）提出异议，也可以提出举行公开的听证会的要求。30 天内劳工部部长应公布社会各界所提出的异议，同时，指定公开举行听证会的时间、地点。

（4）劳工部部长在 60 天内提出并公开发布标准的颁布施行（包括修改或废除）或者不应发布的决定。

（5）任何雇主可向劳工部部长申请发布临时命令，准许他对某一标准或条款作暂时变动或降低要求。劳工部每年可以发布一项过渡性命令，有效期到听证会作出决定为止。

四、美国职业安全健康法律法规介绍

美国现行的联邦职业安全健康法有：《美国联邦煤矿健康与安全法》《美国联邦职业安全健康法》《美国联邦矿山安全与健康法》以及职业安全健康标准等。

1. 《美国联邦煤矿健康与安全法》

《美国联邦煤矿健康与安全法》（简称《煤矿法》）于 1969 年经国会通过、总统签署后，于 1970 年 3 月 1 日起实施。该法适用于所有煤矿。该法规定：每年对每个露天煤矿进行两次监察、每个地下煤矿进行四次监察，要求对所有违规行为处以罚款，并规定了对故意违法行为的刑事处罚条款。《煤矿法》规定，要进一步制定必须遵循的安全健康标准的特别程序，明确给予因吸入煤尘而引起的尘肺病导致完全或永久性残废矿工的补偿。

2. 《美国联邦职业安全健康法》

《美国联邦职业安全健康法》于 1970 年制定，1971 年 4 月 28 日生效，是美国职业安全健康领域第一个在联邦全面施行的职业安全健康法律，共有 34 节。该法立法目的为：通过授权贯彻执行在该法规基础上发展起来的各项标准；帮助和鼓励各州做出努力，确保安全健康的劳动条件，为职业安全健康领域提供科学研究、信息资料和教育训练，保障所有劳动者的安全和健康，保护人力资源。该法主要功能有以下 4 个方面：

（1）授予劳工部部长的权力。包括：

1）组织制定安全健康标准。

2）指导职业安全检查活动和调查研究工作。

3）公布违章行为，并建议给予的处罚。

4）缩短工时，以改正不安全或不利于健康的劳动条件。

5）要求雇主保管工伤事故和职业病的记录。
6）请求法院制止严重危险事态发生。
7）批准或否定州的职业安全健康计划。
8）负责执行《美国联邦职业安全健康法》人员的短期培训指导。
9）为雇主和雇员提供职业安全健康教育和培训计划。
10）为雇主和雇员提供预防职业伤亡和职业病有效措施的资料和建议。
11）为支持联邦机构落实工人安全健康计划提供评价、咨询和促进计划。
12）编制准确的工伤和职业病统计报表。

（2）决定建立若干机构及授予具体职能。包括：建立国家职业安全健康研究所（NIOSH），建立职业安全健康复查委员会，建立全国职业安全健康咨询委员会，建立州工人补偿法全国委员会等。

（3）明确规定雇主的责任。要求雇主必须为雇员提供不受公害的就业和就业场所，必须遵守本法令所颁布的职业安全健康标准。

（4）明确规定雇员的权利与义务。明确雇员的权利，包括：

1）请示拟定或废除某一标准并参加听证会。
2）获取有关受本法保护的权利、义务和了解受伤害及超标准等有关情况和资料。
3）有关法规标准实施方面的权利。如雇员代表参加监察员的检查，提出书面报告，请求召开听证会，受伤害雇员有权提起诉讼，受歧视可在30天内向职业安全健康监察局控告等。
4）每个雇员必须遵守职业安全健康标准，以及依据本法所制定的、适用于其作业和行为的法规、条例和命令。

3. 《美国联邦矿山安全与健康法》

《美国联邦矿山安全与健康法》（简称《矿山法》）于1977年10月美国国会通过，同年11月9日经总统签署，1978年3月9日生效实施。该法合并了《美国联邦金属和非金属法安全法》（1966年）和《美国联邦煤矿安全与健康法》（1969年），并作出了重大修改，也就是说《矿山法》是合并并废止《美国联邦金属和非金属法安全法》和《美国联邦煤矿安全与健康法》后的一部新法律。《矿山改进和新应急响应法》（2006年）对《矿山法》做了修订，改进了应急准备工作。

为保证《矿山法》准确、严格实施，该法授权、经国会批准成立了一个新的《矿山法》强制执行机构：美国矿山安全健康监察局（MSHA），该局隶属于劳工部。为解决《矿山法》执行过程中可能发生的一些争议，同时建立了一个独立的执法机构：联邦矿山安全健康复审委员会，该委员会负责对美国矿山安全健康监察局的重要强制执法行动进行司法复审。

《矿山法》是美国现行最重要的矿山安全健康法律，主要内容是包括：总则、法定健康标准、地下煤矿法定安全暂行标准及适用范围、尘肺抚恤金、行政管理研究。

《矿山法》授予劳工部制定、颁布和修改"健康与安全标准，以保护煤矿或其他矿山工人的生命安全和防止工伤事故的发生"的权力；规定每年必须对煤矿或其他矿山进行经常性的安全检查和调查；要求每个煤矿或其他矿山的经营者必须制定一个健康和安全培训计划，该计划必须经劳工部部长批准；明确无井下采矿经验的新矿工，在参加井下工作之前，必须接受不少于40小时的培训，所有矿工必须每12个月接受至少一次不少于8小时的在职培训。

4.《职业安全健康法规标准》

依据《美国联邦职业安全健康法》，美国职业安全健康管理局（OSHA）制定、颁布了一系列的职业安全健康法规和标准，被收录到联邦法典第29卷《职业安全健康法规标准》中。该法明确各行业、各部门要制定职业安全健康监督管理标准与操作规程，作为美国职业安全健康管理局（OSHA）监察员依法进行监察的工作指南，其主要内容包括：

（1）职业安全健康相关信息或材料的编制与发布。
（2）人员私人记录的保护。
（3）州协议的制定程序。
（4）监察传票与处罚建议。
（5）职业伤害与疾病的记录与报告。
（6）法规应用。
（7）个人诉讼中的证人管理与文件。
（8）咨询协议。
（9）职业安全健康标准的制定、发布修改、撤回的法规程序。
（10）美国职业安全健康管理局（OSHA）使用雇员医疗记录权的法规。
（11）联邦服务合同的职业安全健康标准。
（12）建筑业职业安全健康法规。
（13）道德标准与雇员复审委员会的执法规则。
（14）政府实施阳光法的执法规则。

（15）实施审判法的平等规则。

（16）实施隐私法的规则等。

5.《职业安全健康工作手册》

美国劳工部为了加强职业安全健康法的国家监察工作，1983年对《职业安全健康工作手册》进行了修订并颁布实施。《手册》共16章、78条，从各级安全健康监察官员的"一般职责"到各种"监察程序"，以及"违章类型及鉴别标准、限期整改和措施、紧急状态的处置、处罚形式、起诉和抗诉的程序"等均有详细规定。

五、美国职业安全健康监察体制

1. 监察机构

贯彻实施美国职业安全健康法的最高监察权力机关是劳工部。为了加强国家监察工作，劳工部于1971年成立了美国职业安全健康管理局（OSHA）。

（1）美国职业安全卫生管理局。该局是监察工作的核心组织。下设业务协调实验计划、就业机会均等、情报交流等3个办公室和政策立法计划、卫生标准、安全标准、联邦计划与州计划管理、培训教育、技术支援及行政管理计划等7个处，下属有23个州级安全卫生管理局和10个地区性办事处，负责实施安全卫生法的监察工作。

1）美国职业安全健康管理局（OSHA）的宗旨。一是促使雇主和雇员减少工作场所的危害以及充实或改进现行的安全健康计划；二是为获得更好的安全健康效果，确立雇主和雇员之间的既独立又相关的义务权力；三是为了对工伤和职业病进行监督，建立了工伤事故和职业病的报告及档案制度；四是制定强制性安全健康标准，并有效地予以执行；五是督促各州努力建立并执行其各自制定的职业安全健康计划。

2）美国职业安全健康管理局（OSHA）一项经常性的工作是审查及重新制定标准和实施方案，这与其基本宗旨是一致的。该局在其工作的各个阶段，从标准的制定一直到标准的实施，保证雇主和雇员充分享受其权力。

（2）美国矿山安全监察局。为了加强矿山安全监察，设立了美国矿山安全监察局（MSHA）。该局下设计划评定、煤矿安全健康、金属矿和非金属矿安全健康、教育培训、技术支援等5个处，10所国家采矿安全健康科学院。1978年3月，为加强采矿安全健康监察工作，该局由内政部划归劳工部，改名为矿山安全健康局，由劳工部一名副部长任局长、负责领导。该局的基本情况如下：

1) 煤矿安全健康处的工作人员和国家任命的监察员,根据《煤矿法》授权负责管理全国 10 个大区、14 个分区、67 个地方办事处的安全健康工作;

2) 金属矿和非金属矿安全健康处的工作人员和国家任命的监察员,根据金属矿和非金属矿法授权负责管理 6 个大区、12 个分区、48 个地方办事处的工作;

3) 教育培训处负责贯彻执行安全健康培训计划,设有 10 个培训中心,附设 1 个听力视力中心;

4) 技术支援处分设技术支援、安全健康分析、审查鉴定等 3 个中心,是局为煤矿处、金属矿与非金属矿处、教育培训处以及科学院服务的机构,负责矿山使用设备、仪器、材料、炸药的检验以及收集有关伤亡事故等方面的报告;

5) 计划评定管理处负责处理有关局计划、行政服务、财政预算、数据处理和按煤矿法处理民事罚款评价等事项;

6) 国家采矿安全健康科学院从事培训新的联邦采矿监察员,并持续分批培训现有采矿监察员,为国家、工会、产业部门提供专题研究。

2. 监察员的权力

在职业安全健康管理局任命的安全健康监察员中,各州根据职业安全健康计划聘用合格的人员作为本州职业安全健康监察员,进行安全健康监察工作。监察员的权力有:

(1) 在规定时间内,及时、不受阻拦地进入任何一家工厂、单位、建筑施工场所,或其他工作场所,只要那里有雇主雇佣的雇员在工作;

(2) 在正常工作时间或其他合理的时间内,在允许的范围内,以合理的方式,检查或调查任何工作场所和所有有关的条件、结构物、机器、装置、设备、仪器和原材料,并可向任何雇主、占有者、代理人或雇员进行个别询问;

(3) 有权进行检测和拍照(作为记录用);

(4) 有权提出改进或治理意见,要求限期改进和治理;

(5) 有权起诉、控告或罚款。若企业主不服可以上诉和抗诉,此时监察员同样有权出庭提出理由和证据。

第二节 日本职业安全健康法治

一、日本安全生产概况

日本作为工业发达国家之一,是较早实施职业安全健康一体化立法的国家。近年来，其职业安全健康状况水平一直保持处于较好水平。日本职业安全健康法律法规标准体系具有法系层次清晰、职业安全健康建设一体化、责权部门设置法制化等特点。

自1972年《劳动安全健康法》及相关法规陆续颁布以来，日本职业事故死亡人数持续下降，如图10-2所示。到2020年，因职业事故造成的死亡人数减少至802人。作为有近6 000万劳动力的国家，职业安全健康管理成效好，是世界上职业安全健康成本较低的国家之一。

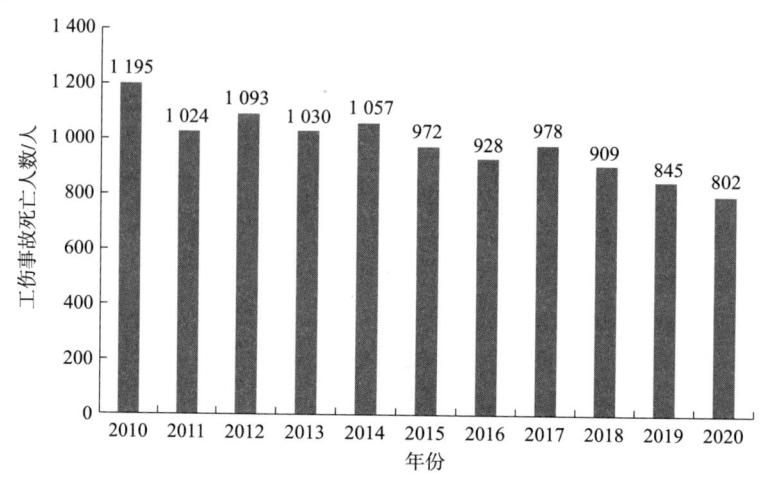

图10-2　日本2010—2020年职业事故死亡人数

二、日本职业安全健康法的立法历程

日本职业安全健康法历程大致可分为：法规形成与制定期、修改完善期等两个阶段。

1. 法规形成与制定期

1868—1912年是日本明治时代。该时代的工业以纺织业为主，工人多是来自农村的女工，工厂的工作条件极端恶劣，伤病无人过问，疾病蔓延。1911年制定了《工厂法》，1916年开始实施。《工厂法》的实施是日本劳动保护发展史上的划时代事件。该法规定了童工和女工的工时限制、工伤补偿和工厂监督官制度。同时，随着《工厂法》的实施，日本建立了其历史上最早以保护工人为目的的监察制度。

1922年，日本政府机构调整，在内务省设立了社会局。《工厂法》及其施行规则归内务省管理。1929年,日本颁布了第一部直接专门针对安全健康的综合法规:《工厂事故预防及健康法规》。该法适用范围广,在防止职业事故方面发挥了很大的作用。

1938年,成立了厚生省,由厚生省劳动局监督课取代内务省社会局统一管辖安全健康监察工作。第二次世界大战后的日本,对政治、经济和社会体制等方面进行了全面改革,此时的《工厂法》已不适应新的形势。因此,1946年厚生省劳动局开始起草新的劳动法规,1947年4月正式颁布以保护劳动者为目的的综合性法律《劳动基准法》,同年9月实施。《劳动基准法》的第五章为安全健康、共14条,内容包括:防止伤亡事故、安全装置、性能检查、禁止制造有害物、安全健康教育、健康检查、其他。1947年,以《劳动基准法》14条为基础,劳动省制定了《劳动安全健康法规》,以劳动省令的形式发布第9号公告,公布实施,详尽地规定了《劳动基准法》14条的实施细则。

由于《劳动安全健康法规》适用于工厂、企业等单位,不适用于矿山,于是在1949年制定了《矿山安全法》。而后20多年时间内,以《劳动基准法》为依据的劳动省令,经历了多次制定、修改和废除:

(1) 1949年11月对《劳动安全健康法规》的部分内容进行修改,开始设立健康管理员制度。1952年修改了《劳动安全健康法规》中有关安全管理员、锅炉技工、起重机司机等部分规定。

(2) 1955年颁布《硅肺病特别预防法规》。

(3) 1959年颁布《锅炉与压力容器安全法规》《电离辐射危害预防法规》。

(4) 1960年颁布《尘肺病法》《有机溶剂中毒预防法规》。

(5) 1961年颁布《高压作业安全健康法规》。

(6) 1962年颁布《起重机等安全法规》。

(7) 1967年颁布《铅中毒预防法规》。

(8) 1968年颁布《四烷基铅中毒预防法规》。

(9) 1969年颁布《吊舱安全法规》。

(10) 1971年颁布《特种化学物质等危害预防法规》以及《办公室健康标准法规》《防止缺氧症等法规》。

随着日本经济的高速增长,《劳动基准法》难以适应社会的实际情况,出现了一些法令条文难以解释的问题。1972年6月8日,制定了《劳动安全健康法》,以法律令第57号公布。而后,形成了以《劳动安全健康法》为中心,包括法律、规则、标准等配套的、完整的日本劳动安全健康法律体系。

2. 修改完善期

随着社会的发展，日本不断地对劳动安全健康法规进行修改完善，制定了多部安全法规标准。《劳动安全健康法》及其配套的法规也不断地进行修订，到2022年6月17日对《劳动安全健康法》已进行了37次修订。同时，制定了一系列的职业安全健康法规和标准，如1996年制定了《背痛预防指南》《工作场所抽烟方针》等。

三、日本职业安全健康法律法规体系

1. 日本职业安全健康法律法规体系

日本职业安全健康法律法规体系由法律、政令、厚生劳动省省令、厚生劳动省告示等构成。经过近30多年的制定、修改、实施及不断完善，已经形成了以《劳动安全健康法》为中心的、完善的法律法规体系。

（1）法律。日本法律由国会决议通过，主要用于规范相关人员义务、监督检查、违法处罚等，由主管大臣和总理大臣联名签署，天皇颁布。日本有关劳动安全健康法律有《劳动安全健康法》《劳动基准法》《矿山安全法》《尘肺病法》《作业环境测定法》。其中，1972年制定实施的《劳动安全健康法》是日本职业安全健康法律法规体系的基本法。

（2）政令。政令是为了实施法律的规定、由内阁会议决定的行政法令，由主管大臣和内阁大臣联名签署，天皇颁布，主要对法律中规定的对象明确定义或界定范围。日本的政令相当于我国国务院制定的行政法规。日本有关安全健康的政令有《劳动安全健康法施行令》《作业环境测定法施行令》等。

《劳动安全健康法施行令》规定了禁止生产的有害物质、必须取得生产许可的有害物质、必须设置名称标签的有害物质、必须设置信息告知的有害物质等。《作业环境测定法施行令》规定了特定作业场所的种类和检测程序等内容。

（3）厚生劳动省省令。厚生劳动省省令由厚生劳动省颁布，是依据法律或政令的规定发布的部门法令，其基本形式是具有标准性质的各种规则，相当于我国的部门规章。有关安全健康的厚生劳动省省令如《劳动安全健康法规》《锅炉与压力容器安全法规》《粉尘危害防止法规》《起重机等安全法规》等。

（4）告示、指针、通告。告示、指针、通告是将政府根据法律、政令、省令制定的一些决定、实施事项等公布于众的一种形式，具有法律法规的性质，类似于我国的规范性文件，如《关于劳动灾害防止计划的公告》《锅炉构造规格》《化学设备等定期自主检查指针》《安全健康特别教育规则》《作业环境测量标准》等。

2. 《劳动安全健康法》

《劳动安全健康法》自1972年颁布实施以来，已进行了37次修订，最新一次修订是2022年6月17日，以法律第68号颁布实施。该法共包括12章、123条，对劳动安全健康的法律事项进行了较为详细的规定。

（1）企业安全健康管理体制。该法规定，企业主应根据厚生劳动省省令的规定，选任安全健康总管理人，令其指挥安全管理员和健康管理员，并负责防止事故和工人健康措施、对工人进行安全健康教育、健康诊断和管理、调查事故、制定措施防止重复事故发生以及其他安全健康工作。企业主应根据厚生劳动省省令的规定，选任安全管理员和健康管理员以及产业医生。

企业应设立安全委员会和健康委员会。安全委员会的人选由企业主从安全健康总管理人、安全管理人员和有安全经验的工人中选任。健康委员会的人选从健康方面的人员中选任。企业主可以设立安全健康委员会，代替安全委员会和健康委员会。

（2）企业主应采取保证工人安全健康的措施。该法规定，企业主必须对采矿、伐木、装卸等行业领域和易燃、易爆、高空、高温等作业采取必要的安全措施，防止工伤事故；对粉尘、超声波、噪声、振动、放射线等有毒有害作业，必须采取措施，保证作业人员的健康；对制造、安装、锅炉和特定机械设备，必须取得劳动基准监督署长或劳动基准局长签发的许可证和检查合格证。

（3）行政监察管理。该法规定了行政监督管理体制：厚生劳动大臣直接监察管理；厚生劳动省所属劳动基准局局长或都道府县劳动基准局局长，都道府县辖区劳动基准监督署署长，署内设产业安全专门官和劳动健康专门官，对企业进行直接监察管理。

1）厚生劳动大臣的监察管理。厚生劳动大臣的职责：

①制订并公布"劳动事故防止计划"。

②对某些行业领域或作业公布技术方针，必要时可公布理想的工作环境标准，并就技术方针和理想的作业环境标准对企业主给予必要的指导和帮助。

③对企业主呈报的劳动安全健康计划进行审查，提出劝告和要求。

④公布作业环境测定方针。

⑤考试和确认担任企业的安全顾问和健康顾问的人员，并撤销不合格人员的资格。

⑥应尽力提供资料，给予其他必要的援助。

2）专门机构和专门人员的监察管理。日本在中央层面设立厚生劳动省劳动基准局，都道府县设立地方劳动基准局，都道府县辖区设立劳动基准监督署。上述三个机构内，均配备有产业安全专门官和劳动健康专门官，统称为劳动基准监察官。除设上述机构和人员进行专门监察管理外，还在劳动基准局和都道府县劳动基准局设有劳动基准审议会，审议会委员由行政部门从工人、雇主和公益方面代表中指派人员担任。劳动基准审议会既向主管劳动工作的大臣或都道府县劳动基准局长提供咨询，也可自行向行政单位就有关劳动基准问题提出建议。

日本全国劳动安全健康顾问会是担任企业安全健康顾问的唯一法人，其顾问人员由厚生劳动大臣按厚生劳动省省令规定的分类进行考试，考试合格者登记在劳动安全顾问名册和劳动健康顾问名册，顾问是企业主在制定安全健康改进计划时的合法咨询人。

3）处罚。对于违反《劳动安全健康法》的法人和自然人及其法定代表人和代理人，作了具体的处罚规定。

3. 《劳动基准法》

《劳动基准法》是保护工人劳动条件的法典，于1947年4月颁布实施，到2022年6月17日已进行过56次修订。该法共13章、121条，其中第五章是关于安全健康的规定。

4. 《矿山安全法》

《矿山安全法》是1949年经国会通过发布实施的，由经济产业省具体负责实施。该法共4章、63条，第一章总则，第二章安全保障，第三章监督机构，第四章罚则及附则。《矿山安全法》的立法目的是防止对矿山工人造成危害，防止矿害，以求合理开发矿物资源。

5. 《作业环境测定法》

《作业环境测定法》是1975年5月以法律第28号颁布的，是与《劳动安全健康法》相配合的法律，立法目的是通过对作业环境测定人员进行资格认可，明确作业环境测定机构等的必要性，以及对作业环境进行测定，保证最好的作业环境，维护工人的健康。

四、日本职业安全健康监察体制

1. 职业安全健康监督管理机构

日本职业安全健康监督管理由厚生劳动省负责，涵盖实行垂直管理的矿山。厚生劳动省下设12个局、秘书处、政策计划和评估中心、社会保险机构及中央劳动审议委员会等共16个部门。12个局分别为：健康政策局、健康服务局、医学安全局、劳动基准局、职业安定局、人力资源开发局、平等就业儿童和家庭局、社会福利和死亡者慰问局、老年人健康和福利局、健康保险局、退休基金局、分支机构和地方局。劳动基准局具体负责劳动安全健康的具体事宜。

在中央层面，厚生劳动省内设劳动基准局，局设立监督处、安全健康部、工伤保险部具体负责职业安全健康相关工作；在都道府县设立了47个地方劳动局，具体由内设的劳动基准局负责职业安全健康相关工作；在基层设347个劳动基准监督署（347个署和4个分支机构），作为厚生劳动省的派出机构，由厚生劳动省指挥指导。

在厚生劳动省劳动基准局的指挥监督下，47个地方劳动基准局负责各都道府县劳动基准的实施，指挥监督和指导直辖市管区内劳动基准监督署的工作，其工作范围包括：指导缩短工时对策和工资制度的改善、指导伤亡事故防止对策和健康管理、发放锅炉等设备的制造许可证和特种工种执照、对高技术企业进行监察指导、确定最低工资、负责劳动保险的使用和征收劳动保险费、对劳动保险金不服的核审等。

直接进行安全生产监督的是347个设置在各厂（矿）区的劳动基准监督署。劳动基准监督署的主要工作有：对企业进行监督和指导、严重违法的进行司法处罚、处理企业提出的申请和报告、处理工人的申诉和咨询、对制造业的设备进行安全检查、进行事故调查和统计、支付工人的事故赔偿保险费。

日本矿山安全监察体制实行的是中央垂直管理体制，矿山的安全监察由经济产业省下设的矿山安全监督部负责，但职业健康的监察则由厚生劳动省负责。

2. 监察人员

（1）劳动基准监督官。在劳动省劳动基准局、都道府县劳动基准局和地方劳动基准监督署，设立劳动基准监督官。劳动基准局局长、都道府县劳动基准局局长和劳动基准监督署署长由监督官担任。劳动基准监督官的主要职责：

1）对企业安全进行监督指导，发现危险紧急情况，有权命令企业停止作业、撤离人员。

2）负责对事故进行调查处理，向司法机关起诉因违犯安全法规造成重大恶性事故的责任人。

3）发现事故隐患，可发出要求立即进行整改的命令。

4）有权调阅与企业安全有关的一切资料。

5）负责事故统计分析工作。

6）负责工伤保险费率的核定与调查工作，负责收缴工伤保险费和工伤鉴定与补偿费。

（2）产业安全专门官和劳动健康专门官。厚生劳动省劳动基准局设立中央产业安全专门官和中央劳动健康专门官，都道府县劳动基准局和劳动基准监督署设立地方产业安全专门官和地方劳动健康专门官。产业安全专门官和劳动健康专门官的主要职责为：

1）产业安全专门官负责对大型机械的制造许可，对企业制订和实施安全健康改善计划进行指导，审查企业呈报的危险有害机械和建筑物的设置、挪动与变更计划，以及对企业主、工人和其他相关者进行防止危险的指导和援助。

2）劳动健康专门官负责对化学物质的制造许可和作业环境检测方面专业技术事项的事务，对企业制订和实施的安全健康改善计划进行指导，审查企业呈报的有机溶剂设备、局部通风装置等的设置、挪动和变更计划，以及对企业主、工人和其他相关者进行防止健康危害的指导和援助。

3）中央产业安全专门官和中央劳动健康专门官除承担上述职责外，还对地方产业安全专门官、地方劳动健康专门官、都道府县劳动基准局和劳动基准监督署的劳动基准监督官及有关职员进行工业安全和劳动健康的专业技术指导。

3. 监督范围

劳动安全监察对所有适用于《劳动安全健康法》的企业进行安全健康监察指导（不包括矿山安全），对工人进行保护。具体监督范围主要有六个方面。

（1）企业安全健康管理体制。为了推进企业自主安全健康活动，企业须设安全健康管理负责人、安全管理员、健康管理员、厂医、作业主任、安全委员会和健康委员会等。

（2）保护工人安全健康措施。为了确保工人的安全和健康，企业主须对机械设备等物、作业方法、作业场所等引起的或存在的危险、化学或物理危害健康的因素采取预防措施。

（3）机械设备及有害物质的限制。生产锅炉等特定机械设备必须事先获得生产许可证才能生产，制造或进口的特定机械设备必须经过检查；特定机械以外的机械，如果从事危险、有害作业或在危险场所作业，不具备安全规格，这类机械必须进行个别检定，看其是否符合安全规格。禁止生产、进口、转让、提供和使用黄磷火柴等危险物，生产二氯联苯胺等有害物质必须事先获得许可。企业主应对化学物质的有害性进行调查，并将调查结果呈报厚生劳动大臣。

（4）促进工人就业的措施。企业必须对工人进行安全健康教育，不得让无照者从事特种工种作业。

（5）健康管理。企业必须保持舒适的工作环境，定期对工作环境进行检测，必须为工人提供健康检查。

（6）安全健康改进计划。企业必须按地方劳动基准局局长的指示，制订并上报安全健康改进计划，企业主及工人应遵守该计划。

4. 监察方法

（1）制订计划。厚生劳动大臣每五年制定一次劳动事故防止五年计划，计划中规定了事故预防的重点对策和降低伤亡事故的目标。各都道府县劳动基准局在此基础上，根据本地区的特点，制订相应的实施计划，劳动基准监督署也制定具体的工作计划，使得各级各项工作目标明确，重点清楚，职责分明。

（2）对企业上报的计划、报告和申请进行审查和检查。

（3）现场监察。监察人员根据拟定的监察计划、企业呈报的各种计划和报告等对企业进行现场监察指导。现场监察还包括定期监察、申诉监察、再监察等。

（4）行政处分和司法处罚。为了预防事故于未然，对于违反安全健康标准的建筑物、设备、原材料等，监督署长等有权向企业主下达停止使用、变更等命令。对于违法者和屡犯者，监督官有权行使司法警察的权力将其送交检察院予以司法处罚，在此过程中，监察官仅有司法警察的权限，但无权确定和收受罚款。

（5）监察报告。监察人员在对企业进行监察之后，要立即向所属的署长报告监察情况，署长结合以往的监察结果综合考虑违法内容，决定处理或再监察或司法处分等。

第三节　英国职业安全健康法治

一、英国安全生产概况

英国是工业革命的发源地，是最早实现工业化的国家，也是最早制定有关安全生产法规的国家。早在150多年前，英国就制定了安全法规。英国在安全健康方面居世界领先地位，其雇员10万人死亡率略高于芬兰，低于美国。2006—2020年，英国的职业事故发生率一直处于较低水平，如图10-3所示。

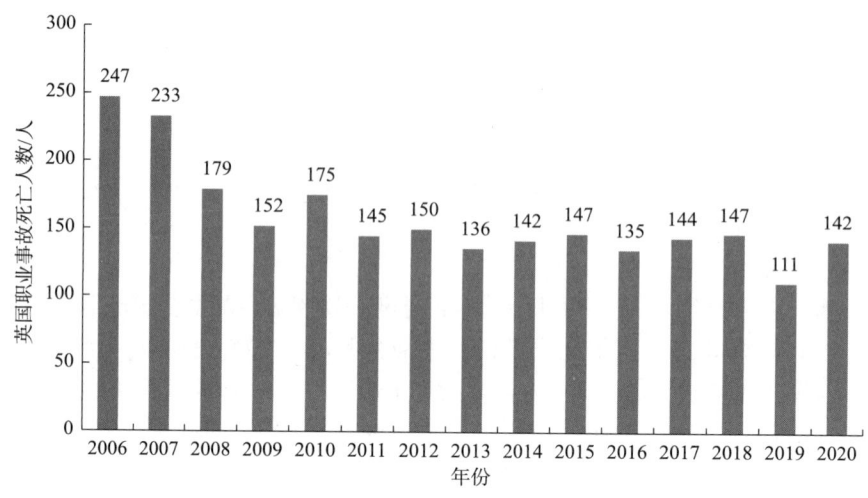

图 10-3　英国 2006—2020 年职业事故导致死亡情况

二、英国职业安全健康法的立法进程

英国是较早进入资本主义社会的国家，也是西方最早实现工业化和最早制定与颁布安全健康法规的国家。18 世纪 60 年代发生工业革命，在 1870—1890 年英国工业生产居世界首位，各主要工业部门都采用大机器生产，伴随大机器生产的出现，保护劳动者的立法应运而生。

18 世纪后半叶，英国以水为动力的机械研制成功，导致在乡村建立了很多纺织厂，纺织业雇主雇用了大批来自英国南部的廉价童工，工作条件十分恶劣。针对这种情况，政府于 1802 年制定了第一个工厂法，首次涉及职业安全健康方面，包括限制工作时间、控制工作条件以及实施原则等。

英国政府于 1970 年成立了罗本斯委员会。由该委员会对以往的安全健康法规进行一次全面、系统的清理，建议从根本上改变安全健康法规系统的基础，重点应放在险情制造者和处于此险情的人们。1974 年的《职业安全健康法》就是在这种背景下出台的。

根据罗本斯委员会的建议，1974 年的《职业安全健康法》改变了以往的做法，确定了新的原则，即建立一个自我约束的机制，不仅使工业生产中危险因素的制造方承担更多的责任，而是旨在不断调整应对各种问题的方案。同时，确定了自我约束机制的三个基本要素。一是对责任进行清晰的界定，二是加强对职业安全健康的认识，三是确定事故的评估方法。

进入 20 世纪 80 年代，英国在职业安全健康方面起草宏观控制法规，使新法令更趋向于综合性。

英国的职业安全健康法主要包括：

（1）1969 年颁布《雇主责任（强制保险）条例》，要求雇主在其雇员发生事故或生病时提供保险。

（2）1974 年颁布《职业安全健康法》，职业安全健康的综合性法律。

（3）1981 年颁布《安全健康（急救）条例》，明确关于急救的要求。

（4）1989 年颁布《雇员安全健康信息条例》，要求雇主张贴方法告诉雇员需知道的安全健康的事情。

（5）1989 年颁布《工作噪声条例》，要求雇主采取行动，保护雇员的听力免受损害。

（6）1989 年颁布《工作中用电条例》，要求人们控制电气系统，确保在安全条件下进行使用和维护。

（7）1992 年颁布《职业安全健康管理条例》，要求雇主进行风险评估，安排采取需要的措施，指定合格人员，安排适当信息和培训。

（8）1992 年颁布《工作场所（安全、健康和福利）条例》，包括诸如通风、供暖、照明、工作站和福利设施的广泛的基本安全、健康和福利问题。

（9）1992 年颁布《安全健康（显示屏设备）条例》，确定对使用显示装置的要求。

（10）1992 年颁布《人员保护设备条例》，要求雇主为其雇员提供适当的防护服和设备。

（11）1992 年颁布《人工搬运工作条例》，关于用手或体力移动物件的法规。

（12）1994 年颁布《建筑（设计与管理）条例》，有关在建筑工地上工作的安全系统。

（13）1994 年颁布《瓦斯安全（安装与使用）条例》，包括在民用和商业设施中瓦斯系统和装置的安全安装、维护和使用。

（14）1995 年颁布《受伤、生病和危险事件报告条例（RIDDOR）》，要求雇主报告职业受伤、生病和危险事件。此法的修改案于 1996 年生效。

（15）1998 年颁布《工作设备供应与使用条例》，要求工作中使用的设备（包括机器）应是安全的。

（16）1999 年颁布《主要事故危险控制条例》，要求生产、储存或运输危险化学品或炸药的人员，通知有关机构。

（17）2002年颁布《健康有害物质控制条例》，要求雇主评估危险物质的风险，并采取适当预防措施。

（18）2002年颁布《化学品（危害信息和供应包装）条例》，要求供应商对危险化学品分级、做标记和包装，并提供安全资料。

（19）2002年颁布《危险物质和炸药环境条例》，要求雇主和自雇人员，对包括危险物质在内的工作活动，进行风险评估。

三、英国职业安全健康法律法规体系

1. 英国职业安全健康法律法规体系

英国职业安全健康法律法规体系大致分为4个层次，即法律、法规、实施细则和指南。《职业安全健康法》是英国职业安全健康的法律基础，是制定与职业安全健康相关法规、实施细则、指南和标准的法律依据。目前，已形成以该法为核心，包括200余项法规、50余项实施细则、500余项指南和1 000余项标准为依托的英国职业安全健康法律法规体系。

（1）法律。法律级别最高，属一级立法，由议会审定通过后颁布，一般很难更改，《职业安全健康法》就是最高级别的法律。

（2）法规。法规是根据法律制定的，主要是细化法律职责，属二级立法，由国会、国务秘书授权英国安全健康执行局制定，内阁就业与养老金部部长签署发布，相对容易修改。如《石棉控制条例》《健康有害物质控制条例》都属于法规。

（3）实施细则。实施细则由国务秘书同意，英国安全健康执行局制定发布，主要用于指导法律、法规的合理执行。实施细则具有特殊的法律地位，可以在出庭时使用，主要的法规都有配套的实施细则。

（4）指南。指南由英国安全健康执行局制定发布，不属于法律规定，但应保证执行。英国安全健康执行局的职业健康监督人员，通常参考各类指南，积极督促企业遵守法律。

2. 《职业安全健康法》

英国于1974年10月1日、1975年1月1日和4月1日分3批颁布了《职业安全与健康法》的全部条款。该法实施时间虽晚于美国、日本，但却是当时最全面、最严谨、措施有力、规定详细的法律，成为不少国家借鉴的蓝本。

（1）《职业安全健康法》的主要内容。《职业安全健康法》规定雇主有以下权利和义务：

1）在合理、可行范围内确保雇员在工作中的健康、安全和福利，包括确保工作设施及其维护的安全。

2）生产物品使用、装卸、储存、运输安全；提供安全健康的工作环境及其所需的设施和安排。

3）制定安全健康规章，并对规章的执行编写报告及提供雇员对报告的知情权。

4）有责任和雇员的安全代表进行合作，确保安全健康措施的执行和效果。与此同时，雇员有权利自我保护和保护工作场所涉及的其他人。

5）对雇主或其他人合法权利和要求有合作的义务。

（2）《职业安全健康法》的特点。该法有以下几个特点：

1）强调合理和可行性原则，即某特定工作或工作场所的危险度大小应与避免或减小危险度所需时间、费用和实施难易程度相关联，促使雇主进行危险度评估。

2）设立职业安全健康委员会协调法规设计的各个方面，并为之提供信息和咨询服务。

3）法规的监督由两方面进行，即工作场所的安全代表和权力机关任命的监察员，而且赋予监察员的权利的表述详细而全面。

4）改进通知和禁止通知制度，既体现了监察员的权利和义务，也保护了当事人和相关人员的知情权等权益。

四、英国职业安全健康管理和监督

1. 安全健康管理机构

在1974年英国颁布了《职业安全健康法》之后，根据该法律的相关条款，于1974年和1975年先后成立了英国安全健康委员会（Health and Safety Commission，HSC）和安全健康执行局（Health and Safety Executive，HSE）。HSC主要负责提出新的法规、标准并为政府决策提供信息、建议和开展科学研究工作。HSE与地方政府共同承担安全健康法律的执法工作。2008年英国将HSC和HSE合并，称为安全健康执行局（Health and Safety Executive，HSE）。同时，成立了安全健康执行局理事会（Board of HSE），HSC成员成为董事。

（1）安全健康执行局理事会（Board of HSE）。目前，安全健康执行局理事会由11人组成，其职能是：

1）确保工作的人们的安全、健康及福利。

2）帮助人们避免因工作造成对健康和安全的危害，对炸药、易燃物和其他危险物品等的保存与利用进行控制。

3）组织进行研究，促进培训工作，提供信息和咨询服务。

4）评价安全与健康法规的适当性，向政府提供有关新制定、修订或批准法律方面的咨询。

5）安全健康执行局向安全健康执行局理事会提供必要的政策、技术和专业指导。

（2）安全健康执行局（HSE）。安全健康执行局执行《职业安全健康法》的法定义务，监督安全健康法律的执行，领导班子由3名官员组成，其中：1名由大臣批准、由委员会任命，并担任主席，其他2名由安全健康执行局理事会和安全健康执行局主席协商后，经大臣批准、由委员会任命。该局现设有16个部门。现场执行司（Field Operations Direotorate，FOD）是该局最大的一个部门，现有一千多人，主要职责是通过在符合法律方面提供建议和指导，通过监察工作场所和通过调查事故和申诉，减少风险，保护工人健康。

（3）地方当局（Las）。在英格兰、苏格兰、威尔士有400多个地方行政机关负责实施安全健康法律的监察落实，对100万个工作现场进行管理，包括办公楼、商场、零售和批发业务、旅馆、餐饮、加油站、居民护理中心和休闲业等。

地方当局负责职业安全健康的机构主要是环境与安全健康部门。该部门不但负责职业安全健康监察，还负责环境管理。环境与安全健康部门与其他地方行政机关联合履行法定责任，包括食品安全、环境污染与居住安全等。

2. 英国监察员组织

英国有10个监察员组织，负责监督职业安全健康法的贯彻执行。

（1）工厂监察组织（隶属安全健康执行局）。工厂监察组织是英国最大的监察组织，负责对1961年的《工厂法》中规定的各类工厂和1974年《职业安全健康法》规定的构筑物内的安全、健康和福利执行情况进行监察，在全国设有21个地区办事处，另有7个现场咨询组，为各地区的监察员办事处提供技术服务。办事处设主任1名，监察员若干名。工厂监察员的监察范围包括：

1）1961年《工厂法》中定义的工厂，工厂内附属的办公室；
2）使用机械的服务机构（如利用洗衣机的洗衣店）；
3）建筑工地、船坞和码头；
4）卫生服务机构；
5）大学、学院和中学；
6）大部分地方当局的设施，例如警察局，救护车和垃圾站等；
7）体育和娱乐场所。

（2）农业监察组织（隶属安全健康执行局）。农业监察组织在全国有7个地区监察分部，每个分部由1名首席监察员负责。每个分部又分4至6个区监察组织，各由1名高级监察员负责。农业监察组织职责范围是：对农业、林业、农场、动物园和狩猎场等实行安全、卫生情况的监察。重点是对事故和中毒事件进行调查，对使用的溶液进行分析，及时发现蕴藏在现代农业中的危险。

（3）矿山和采石场监察组织（隶属安全健康执行局）该组织负责监察矿山和采石场的安全状况及卫生福利情况。

（4）爆炸物监察组织（隶属安全健康执行局）。该组织负责对1875年《爆炸物法》及从属法规的实施情况进行监察。

（5）核设施监察组织（隶属安全健康执行局）。该组织的任务是对核设施内安全卫生和环境方面进行监察。

（6）管道监察组织（隶属能源部）。能源部管道工程处设有7名监察员，负责对陆上的管道和海岸线的管道进行监察。

（7）石油工程监察组织（隶属能源部）。能源部工程局设25名监察员，负责石油工程方面的安全卫生事宜者有3~4名，其余负责对领海范围内及指定地区，包括潜水作业的职业安全健康实施情况的监察。

（8）海运管理局监察组织（隶属运输部）。该组织的任务是对1979年海运船舶法中安全健康部分及从属法规的实施情况进行监察。

（9）民航局监察组织（隶属运输部）。该组织负责民航的安全健康情况的监察，并提出措施和建议。除中央的监察组织外，还有地方当局的监察组织。地方当局的监察组织人员编制上没有法律规定，也不受中央政府的限制，监察员多少，视地方当局的重视程度和财政情况而定。地方当局的监察员主要监察众多的地方企业实施法令情况，主要在零售业、办公室、娱乐和饮食业执行法规。

（10）铁路监察组织（隶属运输部）。该组织设在伦敦运输部内，其任务是负责监察铁路的操作技术、旅客的安全及铁路职工在劳动中的安全和健康。职责范围包括：轨距350毫米的所有铁路及私营铁路，负责监察1974年《职业安全健康法》的实施，监察1871年《铁路工作条例》、1990年《事故报告法》、1931年《铁路和公路交通法》、1960年运输法中有关职业安全健康条例的贯彻执行情况。

3. 监察员组织及监察特点

监察员是根据《职业安全健康法》第19条设立的，在主管大臣领导下从事监察工作，从而形成了由上而下完整的监察组织系统：国务大臣→安全健康委员会→安全健康执行局→监察员。英国职业安全健康监察体制的特点是：

(1) 体系完善。从中央到地方形成了一套完整的监察体系,这个体系可概括为三个系统:一是安全健康执行局直接领导的监察组织系统;二是中央政府有关各部,例如运输部和能源部领导的监察组织系统;三是地方当局领导的监察组织系统。

(2) 密切联系,共同配合。中央和地方监察组织是协调一致的,步调和措施是统一的。联系的方法有:执行局定期出版有指导性的备忘录,发给地方监察员;召开执行局与地方监察组织的联席会议;地方当局的监察员可直接联系担任联络官的高级监察员。

(3) 突出重点。英国设立了10个监察组织,既照顾了一般,又突出了重点。

(4) 照顾特殊。工厂监察员是执行局领导下的一个庞大监察组织,对各类工厂有权进行监察,但鉴于像核设施、矿山、爆炸物和管道这类与工厂不同的又易出事故的部门,专设监察组织以对待这类特殊问题。

(5) 协同改进。各个监察组织并不单单依靠法令对违法者进行指控、罚款或刑事判罪,他们非常重视而且特别强调向企业单位提供技术咨询,以改进劳动场所的安全健康。

第四节 德国职业安全健康法治

一、德国安全生产概况

德国作为发达资本主义国家,职业安全健康状况也经历了从上升到下降的阶段,但是,自从进入工业经济的中级阶段开始,职业安全状况开始改善,特别是自21世纪以来,国内安全生产状况明显改善。

20世纪70年代后,德国由高度发达的工业社会进入后工业社会,职业安全水平也相应发生变化。总体趋势是,职业安全状况不断改善,职业死亡与工伤率均呈现不同程度的下降。

1884年德国实施了《事故保险法案》。该法规定了强制事故保险,不仅在安全管理方面和接受监督检查方面得到加强,同时在联合履行事故责任方面也作了规定。该法案奠定了德国的双重职业安全健康系统的基础,这种双轨机构在世界上是独一无二的,促使德国实施职业安全健康法律和事故保险基金自治法。21世纪以来,德国的职业事故发生率一直处于较低水平,2012年其10万人死亡率降到了1.5以下,如图10-4所示。

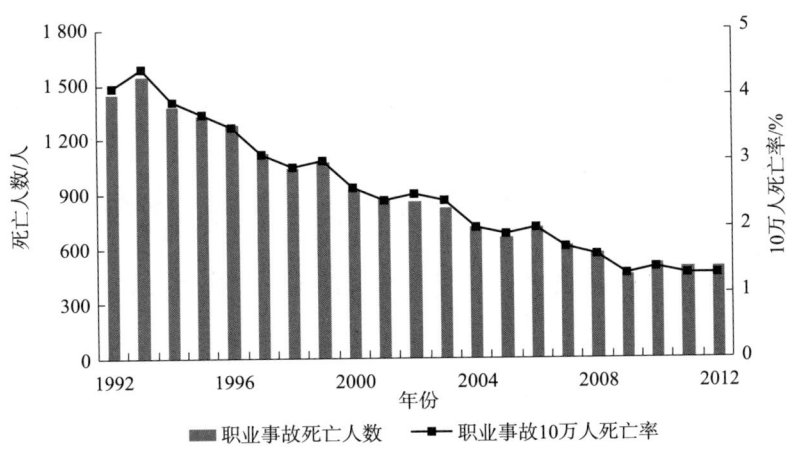

图 10-4　德国 1992—2012 年职业事故死亡情况

二、德国职业安全健康法律法规体系

1. 德国职业安全健康法律法规发展历程

19 世纪 80 年代，德意志帝国国会通过《工人疾病保险法》（1883 年）、《事故保险法》（1884 年），这是世界上最早的关于职业安全健康的法律。

自 1885 年以来，前后又制定并完善了一系列职业安全健康方面的法律法规，包括：《劳动保护法》《职业卫生师、安全工程师和其他职业安全专家法》《工时法》《企业生产法》《器械安全法》《生产资料使用规定》《工作场所规定》《建筑工地规定》《高压风安全管理规定》《有害物质管理规定》《负担处理规定》《荧前工作规定》《电气设备使用规定》《设备噪声防护规定》《压力容器使用规定》《燃气设备安全规定》《人身防护装置使用规定》《机器设备使用规定》《安全仪器及防爆系统使用规定》等。

德国职业安全健康保护方面的法律法规核心是《劳动保护法》和《劳动安全法》。除国家法律法规外，各州和各工伤保险机构有各自的具有法律效力的法规和条例，这些法规和条例都是在国家法律法规的基础上制定的，是对国家法律法规的具体化和细化。

2. 《劳动保护法》

《劳动保护法》于 1996 年制订，最后修订于 2022 年 9 月 16 日。该法适用于除了家庭佣人、海员和矿工之外的所有工种。

（1）规定了雇主的责任和义务。《劳动保护法》规定的雇主责任和义务包括：

1)《劳动保护法》规定雇主的基本职责是必须采取必要保护措施以保证工作员工的安全和健康。必须审查措施的有效性和合适性，根据工种和员工数量考虑成立适当的安全机构和准备必要手段，而费用不能摊在员工身上。

2) 雇主在采取保护措施时应遵循的原则：

①安排工作时尽量避免危及生命和健康的危险，将危害降到最低限度。

②消除危害根源。

③采取措施时应考虑技术、劳动机构、工作条件、社会关系和对员工岗位的环境影响，以及对员工进行合适的安全教导。

3) 雇主必须熟悉工种和员工数量等有关资料，如果出现特别危害现象，地方政府可以命令雇主必须提供有关资料。对本企业的各种事故要登记。

4) 雇主在向员工交代任务时，应根据工种考虑他们是否有能力遵守安全和健康保护方面的法规和措施。

5) 在同一场所多家雇主的员工同时工作时，雇主们应共同合作，一旦需要必须将危险互相通报并对预防措施进行表决。本企业雇主要了解在本企业工作的他家员工，是否进行了相应的安全教育。

6) 雇主必须根据工种、场所类型和员工数采取急救、防火和人员疏散的措施，考虑紧急情况下与外界的联系，尤其是急救、供药、救护和消防部门，任命一些人负责这些工作。

7) 安排员工定期体检等。

(2) 规定了员工的义务。《劳动保护法》规定的员工义务包括：

1) 关心劳动安全和健康。

2) 按规定使用机器、设备、工具、材料、运输工具和其他工作方法，以及安全仪器和防护装置。

3) 支持雇主搞好安全工作，发现危险和故障及时报告。

(3) 规定了员工的权利。《劳动保护法》明确的员工权利包括：

1) 有权就所有安全和健康保护问题向雇主建议。

2) 如果雇主采取的措施不够，可以向有关当局报告，雇主不得刁难。

(4) 安全法规立法授权。《劳动保护法》授权联邦政府，经国会同意制定法规。制定的法律应规定：

1) 为完成《劳动保护法》规定的义务，雇主及其安全负责人应采取的措施，包括：

①必须限定劳动时间和员工人数。

②未经当局允许禁止使用对员工有特殊危害的设备或作业。

③对具有一定危害的生产设施在投产前、使用过程中，必须经常定期或根据当局指示进行专业检测。

④从事一定危险工作的员工必须进行体检。

2）对公共部门劳动保护法授权包括：

①对州、镇官方机构和公共部门，各州有权决定是否采用或采用有关的上述规定。

②对联邦公共部门，尤其是国防、警察、民事防灾机构、海关或新闻等单位，可由总理办公局、内政部、交通部、国防部或财政部决定，是否全部采用还是部分采用上述安全规定。

（5）规定了安全监督机构及其权限。《劳动保护法》规定了职业安全和健康保护的监督机构，是官方有关当局和社会法典规定的工伤事故保险机构。它们的职责就是监督企业遵守《劳动保护法》和依据本法而制订的法规，劝告雇主履行职责。州安全监察局应与事故保险机构协商具体工作，协商监督的形式和范围。

（6）规定了违规的处罚。《劳动保护法》规定，雇主和安全负责人有意违反或因疏忽大意违反劳动法及相关法规规定的义务和措施以及有关当局的依法命令，将被处以罚款，如果再次重犯将被处以最长 1 年的监禁。有意违反或因疏忽大意违反监察当局的命令，没有采取措施消除危及员工生命和健康的特种危险，将被处以罚款，如再次重犯则被处以最长 1 年的监禁。

雇员有意或因疏忽大意违反法律法规中规定的应遵守的条款、应履行的义务和应采取的措施以及违反监察当局的依法命令，将被处以罚款，如果再次重犯将被处以最长 1 年的监禁。

3. 《职业卫生师、安全工程师和其他职业安全专家法》

德国《职业卫生师、安全工程师和其他职业安全专家法》颁布于 1973 年 12 月 12 日，2013 年 4 月 20 日年进行了最后一次修订。该法最显著的特点是，规定 20 人以上的企业雇主应设立职业安全健康委员会，该法中相当部分内容已包含在《劳动保护法》中。

（1）职业卫生医师和安全专家的职责。《职业卫生师、安全工程师和其他职业安全专家法》规定的职业卫生医师和安全专家的职责包括：

1）督促和劝告雇主关注

①生产设施、福利和卫生设施的安排、实施及维护。

②技术手段、工艺和材料的采购与引进。

③劳保用品的选择与试验。

④劳动心理、生理、工效学和劳动卫生方面的问题,特别是劳动节律、劳动时间、工作场所布局、劳动过程和劳动环境。

⑤单位内急救组织;换岗及残疾人安排问题;工作条件评估。

2)对职工体检进行劳动医学分析、咨询以及对体检结果汇总分析。

3)关注职业安全与事故预防措施的落实情况:

①定期观察工作场所,发现问题向雇主或企业安全负责人报告,提出消除问题的措施建议,并对采纳建议施加影响。

②关注劳保用品的利用情况。

③从安全角度审查使用前的生产设备和劳动工具以及引进前的生产工艺;调查与工作有关的病因,记录和分析调查结果并向雇主提出预防措施。

4)提高职工安全意识,协助培训安全员和急救助理以及辅助医务人员。

(2)职业卫生医师和安全专家的权力。《职业卫生师、安全工程师和其他职业安全专家法》规定的职业卫生医师和安全专家的权力包括:

1)职业卫生医师和安全专家在使用劳动医学和安全技术知识过程中不受任何指示和命令的约束,在履行职责时不允许外部施加影响。

2)直接受企业领导人的领导,如果一个企业有多名职业卫生医师和安全专家,则他们的负责人直接受企业领导人的领导。

3)如果就建议的安全措施与企业领导人发生分歧时,可以直接呈送给雇主,如果仍被拒绝,则必须获得书面答复和原因解释。

三、德国职业安全健康监督管理体制

1. 德国职业安全健康双轨制

德国的职业安全健康管理体系是独具特色的"双轨制"模式。所谓"双轨制"的"一轨"是在公司外部的职业安全健康管理中,联邦政府和地方政府对企业的职业安全管理与监督,其执行机构包括联邦经济与劳工部、联邦州政府等;另"一轨"是法定的事故保险机构对企业的职业安全健康具有管理职能,其执行单位包括法定的事故保险机构和法定的健康保险机构。"双轨制"职业安全健康体系的关键机构,是联邦政府和法定的事故保险公司。法定的健康保险机构和广泛的其他机构、标准机构、技术监督机构与其他机构等一起发挥作用。

2. 德国职业安全健康管理机构

(1)联邦劳工及社会事务部。联邦劳工及社会事务部是德国职业安全健康工作的最高行政管理机关,下属的劳工职业安全健康司专门负责职业安全健康事务。

其职业安全健康方面的职责主要有：

1) 进行立法准备工作和制定法律法规；
2) 报国会批准后发布和公告法律法规；
3) 协调各州的立法监察与实施；
4) 培训高级安全管理人员；
5) 统计汇总全国工伤事故和职业病发生情况；
6) 编写工作事故与职业病年度报告和开展安全健康活动的年度报告；
7) 组织开展相关研究工作等。

（2）州职业安全健康管理机构

1) 州劳工部。德国各联邦州都有劳动管理部门，州劳工部是各州职业安全健康工作的最高管理机关。其主要工作职责：一是贯彻执行国家劳工部颁布的各项法律法规；二是根据国家的法律法规，结合本州实际情况制定和修改本州的劳动和劳动安全法律法规；三是监督检查法律法规的落实情况。

2) 劳动安全监察局。劳动安全监察局属州劳动部管辖，代州劳工部行使劳动安全监察职能，督促企业落实劳动安全法律法规，检查企业的安全状况和企业内劳动保护体系运转是否正常。各州根据自己的具体情况设有多个职业安全监察局。

3) 市县职业安全管理机构。每个市县都有负责劳动安全和职业健康的机构，隶属市县政府领导，一般 10～20 人，任务就是协助州劳动安全管理当局检查企业落实执行国家安全法律法规的情况和企业的生产安全状况，在受上级机关委托的情况下处理有关安全事宜。

3. 同业公会

同业公会是一种工伤保险机构，是企业和投保人的一种互助组织，对工伤事故和职业病负有保险和经济赔偿责任，法律赋予其有权"采取一切适用手段防止事故和职业病的发生"。这就决定了同业公会不仅是一种被动的保险赔偿机构，同时也是一种职业安全的监督管理机构。德国同业公会分为三大类：工商业同业公会，农业、林业和园艺同业公会和公共系统的工伤保险经办机构。同业公会的主要职责有：制定、公布、印刷和分发职业安全健康方面的规程与规定，进行职业安全健康监察和咨询服务，健康监护，教育培训等。

（1）制定、公布、印刷和分发职业安全健康方面的规程与规定。同业公会根据国家职业安全健康规范框架制定实施细则，具体形成关于安全健康方面的规程与规定。同业公会制定的安全健康规程和规定，经同业公会代表大会通过后，报联邦劳工部部长签署后发布。这些规程和规定具有强制的法律效力，生效后发给企业，企业必须遵守，否则，同业公会的监察员要予以处罚。监察员在实施上述职业安全健康规程与规定时，促使新的职业安全健康规范的起草和对现行规定、规程的修改。

（2）职业安全健康监察和咨询服务。工商业同业公会中的技术监督机构负责对企业的职业安全健康监察和咨询服务。

（3）健康监护。健康监护是健康检查，而不是工伤事故发生后的医疗康复。健康监护的目的在于发现职业病，在工伤事故预防中，主要针对职业病的防治。

（4）教育培训。开展安全教育培训，是同业公会预防工伤事故的一种重要手段。在德国，经过学校系统的教育后，同业公会提供最全面的安全健康培训。

4. 企业内部安全管理架构

企业内部安全管理架构是以雇主为首，由巡视员、安全官、厂医、安全代表、工会和雇员组成。

总的而言，所有的法律规定都是针对雇主的。雇主直接负责其职工在企业的安全健康。雇主可能会将一些职责授权或委托给巡视员，但是最终他必须承担所有的责任。雇主负责本企业职业安全和健康的全面工作，向职业安全专家和职业卫生医师明确任务，关心和支持他们完成任务，有义务提供协助人员和场所以及设施、仪器工具等。

职业安全专家和职业卫生医师的职责是在所有劳动保护和健康保护以及职业健康与事故预防方面支持雇主的工作。具体而言，就是督促和劝告雇主关注以下 7 个方面：

（1）生产设施、福利和卫生设施的安排、实施及维护。

（2）技术手段、生产工艺和材料的采购与引进。

（3）劳动用品的选择与试验。

（4）劳动心理、生理、工效学和劳动卫生方面的问题。

（5）单位内急救组织。

（6）岗位调换和残疾人安排问题。

（7）工作条件等。

第五节　澳大利亚职业安全健康法治

一、澳大利亚安全生产概况

澳大利亚是工业化国家。2006—2020 年，澳大利亚工伤事故死亡人数整体处于下降趋势，但近两年死亡人数有所增加，这与新型冠状病毒感染疫情有关。在死亡人员中，绝大多数因工伤死亡的工人是男性，如图10-5所示。2020年，有194人在工作中受伤，男性工人死亡186人，占比96%。

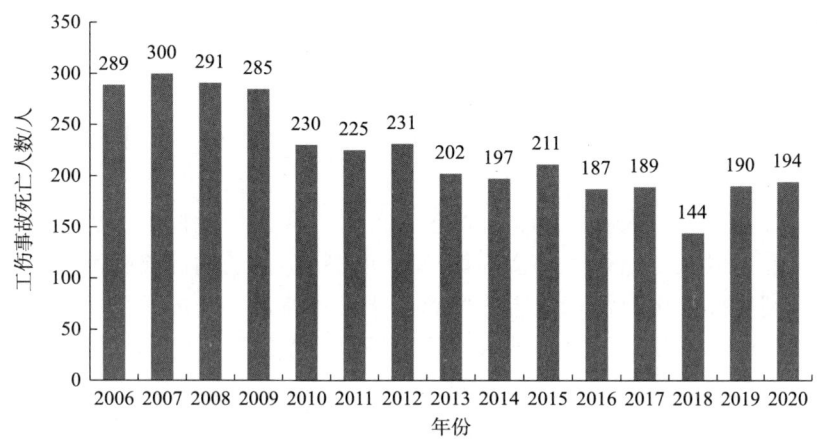

图10-5 澳大利亚2006—2020年职业事故死亡人数统计

二、澳大利亚职业安全健康法律法规体系

1. 澳大利亚的职业安全健康法律法规体系

澳大利亚的所有司法管辖区采用3层次立法，即法律、法规和行为准则，此外还有自愿性质的标准作为补充。澳大利亚的职业安全健康法律规定了工作场所健康与安全的一般义务，而法规、标准和行为准则提供了更详细的规定和指导，通常与特定的危害有关。

（1）法律。联邦法律由澳大利亚议会颁布，关于职业安全健康的联邦法律有《2011年职业安全健康法》《1988年安全、康复和补偿法》《1993年职业安全健康（海运业）法》《2008年澳大利亚安全工作委员会法》等。澳大利亚各个州和地区政府也可以根据自身情况颁布法律。

（2）法规。联邦立法《2011年职业安全健康法规》是用于指导如何遵守法律的规则，包括了不同类别的风险：如急救、坠落物等，以及高风险：如噪声、受限空间、高处坠落等。法规还在其他的章节对特定危害做了规定，如危化品、石棉、建筑施工等。澳大利亚各个州和地区政府也可以根据自身情况颁布法规。

（3）行为准则。行为准则是实现所有司法管辖区的《职业安全健康法》和

《职业安全健康法规》中的安全健康要求的实操指南。澳大利亚安全工作委员会负责发布行为准则示范法,其为雇主和工人提供建议,从而使他们能以可接受的方式达到国家标准的要求。行为准则有更为阶段性的操作指导,因而比起法律和法规,行为准则更适合雇主和工人阅读。联邦、州和地区政府也会发布行为准则,以帮助雇主和工人遵守其制定的职业安全健康立法。一些行为准则示范法,如《喷砂》《密闭空间》《建筑工程》《拆除工作》。

(4)标准。标准是自愿性的文件,规定了一系列规格、程序和指南,旨在确保产品、服务和系统安全、一致和可靠。

标准主要包含了澳大利亚国家标准、国际标准和区域性标准,也有某些监管机构制定的标准,以及专业行业协会为保持行业内特定活动的性能标准而制定的行业标准。澳大利亚标准协会负责制定并发布用于处理特定工作场所危害或危险环境的国家标准,这些标准规定了需要纳入各辖区职业安全健康立法的基本要求。州和联邦政府经常会援引部分标准,如目前被《2011年职业安全健康法规》引用的标准有《压力设备》《呼吸保护装置》《气瓶-安全管理和监管系统》等17部。

2. 澳大利亚职业安全健康法律法规的特点

澳大利亚职业安全健康方面的法律法规基本上是借鉴英国的模式,英国的"罗本斯法规"对其改革影响最大。澳大利亚最早的职业安全健康法是维多利亚州的《1973年工厂法》,20世纪80年代中末期到90年代初,其他各州和地区政府也制定了相似的法律法规。

澳大利亚职业安全健康法律法规主要有以下特点:

(1)各州和地区政府负责制定并执行各州和地区在职业安全健康方面的法律法规,但不包括对联邦政府雇员的管理。

(2)各州和地区政府立法的指导思想是工作场所的危害与危险是雇主要求雇员进行生产时产生的,因此,法规中明确规定雇主应对改善工作条件、提供安全健康的工作环境负有主要责任,从规定的责任可看出,雇主和雇员应负责任的比例为9∶1。

(3)联邦政府在职业安全健康方面的法律法规中明确规定保留各州和地区政府已有的法律法规,只对未包括的内容进行补充,如海运和海上石油工业在职业安全健康方面的法令属联邦政府的司法权限范围。

(4)澳洲职业安全健康方面的法律法规数量较多,目前,澳大利亚全国共有150多部职业安全健康方面的法规。

3. 职业安全健康法律示范法

由于澳大利亚联邦宪法并未授予联邦关于职业安全健康的统一立法权,各个州和地区都制定并执行了自己的职业安全健康法律。澳大利亚安全工作委员会负责制定和评估职业安全健康法律法规示范法,在辖区根据自身情况进行立法时可以示范法的立法框架作为依据。示范法采用了"罗本斯法规"推荐的3个层次,包括:《职业安全健康示范法》(WHS 示范法)、《职业安全健康示范法规》、行为准则示范法。通过示范法,示范法适用于所有司法管辖区(即联邦、州和地区),除非司法管辖区已独自制定且执行着自己的职业安全健康法律法规。

联邦、澳大利亚首都地区、新南威尔士州、北部地区和昆士兰州于 2012 年 1 月 1 日在其辖区内实施了《WHS 示范法》。南澳大利亚州和塔斯马尼亚州于 2013 年 1 月 1 日实施了《WHS 示范法》。2020 年 11 月 10 日,西澳大利亚州通过了一个《WHS 示范法》版本,并于 2022 年 3 月 31 日开始实施。维多利亚州是唯一一个尚未实施《WHS 示范法》的辖区。《WHS 示范法》最近于 2023 年 8 月 1 日进行过更新,共有 14 章 276 条。

《WHS 示范法》有独具特色的自律型法律模式,即主张把职业安全健康工作的具体实施和细节交由企业自行安排,政府主要负责验收其成果。这一模式的革新之处在于,制定统一的法律,精简政府在安全监管中的角色,增强工人的参与,推进企业的创新。在提供了详细的行为准则的基础上,企业可以根据自身状况制定更安全的制度规程。

三、联邦政府的职业安全健康法律

澳大利亚联邦政府在职业安全健康方面的法律主要有《2011 年职业安全健康法》《1988 年安全、康复和补偿法》和《1993 年职业安全健康(海运业)法》。

1. 《2011 年职业安全健康法》

该法共包含 14 个部分,其框架与《WHS 示范法》几乎一致。

第一部分序言,共 12 条,主要是作了部分司法解释和该法的适用范围。

第二部分安全健康职责,共 16 条,划分了从事不同行业的雇主、办公人员、工人和其他在工作场所的人员的安全健康职责,并说明何为违法犯罪行为和如何处罚。

第三部分事件通报,共 5 条,包括需通报事件、严重伤病、危险事件是什么,通报需通报事件的职责和保护事件现场的职责。

第四部分授权,共 6 条,包括授权的含义,以及对工作场所授权、设备或物质授权、工作授权、规定的质量和经验、遵守授权条件的要求。

第五部分协商、代表和参与,共 58 条,包括 8 项内容。第一项是责任人之间的协商、合作与协调，第二项是与工人协商，第三项是安全健康代表，第四项是安全健康委员会，第五项是问题解决，第六项是停止或制止不安全作业的权利，第七项是临时改善通知书，第八项是本部分不适用于囚犯。

第六部分歧视、胁迫和误导行为，共 12 条，包括 4 项内容。第一项是禁止歧视、胁迫和误导行为，第二项是与歧视行为有关的刑事诉讼，第三项是与歧视或胁迫行为有关的民事诉讼，第四项是总则。

第七部分 WHS 进入许可证持有者进入工作场所，共 36 条，包括 8 项内容。第一项是介绍，第二项是进入调查涉嫌违规行为，第三项是进入为工人提供咨询和建议，第四项是对 WHS 进入许可证持有者的要求，第五项是 WHS 进入许可证，第六项是处理纠纷，第七项是禁止，第八项是总则。

第八部分监管机构，共 4 条，包括 2 项内容。第一项是监管机构的作用，第二项是监管机构获取信息的权力。

第九部分合规保证措施，共 35 条，包括 6 项内容。第一项是监察员的任命，第二项是监察员的作用和权力，第三项是有关进入的权力，第四项是伤害和赔偿，第五项是其他事宜，第六项是针对监察员的违法行为。

第十部分执法措施，共 25 条，包括 6 项内容。第一项是改善通报，第二项是禁止通报，第三项是无扰动通报，第四项是适用于通报的总则，第五项是补救措施，第六项是禁令。

第十一部分可强制执行的承诺，共 7 条，包括监管机构可能接受的 WHS 承诺、决定通知和决定理由、何时可强制执行 WHS 承诺、遵守 WHS 承诺、违反 WHS 承诺、撤回或更改 WHS 承诺、就指称的违背行为提起诉讼。

第十二部分决定审查，共 7 条，包括 3 项内容。第一项是可审查的决定，第二项是内部审查，第三项是外部审查。

第十三部分法律诉讼，共 38 条，包括 8 项内容。第一项是总体事项，第二项是违法犯罪量刑，第三项是侵权通知，第四项是法人团体违法犯罪，第五项是联邦，第六项是公共当局，第七项是 WHS 民事处罚条款，第八项是不受本法影响的民事责任。

第十四部分总则，共 9 条，包括 3 项内容。第一项是总体条款，第二项是行为准则，第三项是立法权。

2.《1988 年安全、康复和补偿法》

该法共包括 10 个部分。

第一部分序言，共 13 条，主要是对本法中使用的一些名词进行解释。

第二部分赔偿，共 17 条，包括 6 项内容。第一项是工伤赔偿和财产损失赔偿及医疗费赔偿，第二项是工伤导致死亡的赔偿和关于丧葬费的赔偿，第三项是工伤导致丧失劳动能力及丧失劳动力后养老金的赔偿等，第四项是工伤导致永久性伤害的赔偿、过渡时期支付的赔偿等，第五项是家属和其他人员照顾所需费用的赔偿，第六项是有关赔偿的其他补充内容。

第三部分康复，共 9 条，主要包括康复计划的提供和评估、在康复期间康复计划的提供者应提供适当的职业和康复机构的授权等。

第四—第十部分，主要包括赔偿的索赔，再审议和检查已作出的决定，行政和财务管理，法人企业有责任为其雇员支付赔偿，与本法有关的其他内容；过渡时期的有关条款。

3.《1993 年职业安全健康（海运业）法》

该法包含 5 个部分。

第一部分序言，共 10 条，包括 4 项内容。第一项是简称和生效，第二项是目标和定义，第三项是杂项预备条款，第四项是赋予海员安全、康复和赔偿局的额外职能及部长指示。

第二部分职业安全健康，共 23 条，包括 2 项内容。第一项是与职业安全健康有关的总体职责，划分了设备或物料制造商、承包商、运营商、维修人员等海事相关人员的职责；第二项是关于职业安全健康的具体职责。

第三部分工作场所安排，共 48 条，包括 5 项内容。第一项是指定班组，第二项是安全健康代表，第三项是临时改善通知书，第四项是安全健康委员会，第五项是应急程序。

第四部分是建议和调查，共 25 条，包括 3 项内容。第一项是监察，第二项是建议，第三项是调查。

第五部分是杂项，共 15 条。包括了事故和危险事件的通报和报告、事故和危险事件的记录保存、行为准则、行为准则的应用程序、通过设备等手段进行干扰等活动、年度安全健康报告等 15 条事宜。

四、各州和地区政府的职业安全健康法规

根据澳大利亚的宪法，其 6 个州和 2 个地区的政府有权制定各州或地区的职业安全健康法，各州和区政府负责对该州的工作场所进行监察，强制执行各州的职业安全健康法规以及工人赔偿方面的法规。

每个州和区都有一部主要的职业安全健康法，具体规定了保证工作场所安全健

康的各种要求。下面以维多利亚州和新南威尔士州的职业安全健康法为例进行说明，并对其他州的职业安全健康法规作简要说明。

1. 维多利亚州职业安全健康法规

维多利亚州职业安全健康方面的主要法规是《1985年职业安全健康法》，其他方面的法规有：《1985年事故赔偿法》《2003年事故赔偿和运输事故（修正）法》《1993年事故赔偿（职业安全健康局保险）法》《1996年事故赔偿（职业安全健康）法》《1985年危险物品法》《1994年设备（公共安全）法》《1958年矿山法》《1995年公路运输（危险物品）法》《1995年公路运输改革（危险物品）法》《1958年工人赔偿法》等。

2. 新南威尔士州职业安全健康法规

新南威尔士州最早的职业安全健康法规是《2000年职业安全健康法》，该法适用于新南威尔士州所有工作场所，主要内容是保证工作场所安全健康的一般要求，同时要求个体和公司对减少工作场所工伤人员负有责任。

新南威尔士州职业安全健康的有关法规有：《1987年工人赔偿法》《1998年工作场所工伤管理和工人赔偿法》《1975年危险物品法》《1987年工人赔偿（火灾、突发事件和救护服务）法》《1942年工人赔偿（粉尘疾病）法》《1978年运动伤害法》《1969年农民工人调节法》。

3. 西澳大利亚州职业安全健康法规

西澳大利亚州的职业安全健康方面的法规是《1984年职业安全健康法》和《1996年职业安全健康条例》，其立法目的是通过消除、减少和控制工作场所的危险，促进和保证各行业工作人员的安全健康。由西澳大利亚州职业安全局（WorkSafe）负责执行。《1984年职业安全健康法》适用于西澳大利亚州的全部工作场所，如办公室、医院、学校、工厂、建筑工地、农场、林业、渔业和交通运输业等。

4. 其余各州的职业安全健康法规

昆士兰州职业安全健康方面的主要法规是《1995年职业安全健康法》，由昆士兰州的职业、培训和工业事务部负责执行。其他的职业安全健康法规包括：《2000年工作场所安全健康修正法》《2000年培训与职业法》《1999年公路运输法》《1999年工业事务法》《1999年辐射安全法》《1999年炸药法》。

南澳大利亚州职业安全健康方面的主要法规是《1986年职业健康、安全与福利法》，此外还有《1986年工人康复和赔偿法》《1994年工作管理局法》，由州职业安全健康局负责执行。

塔斯马尼亚州职业安全健康方面的主要法规有《1995年工作场所健康与安全法》《1954年工人（职业病）救助基金法》和《1988年工人康复与赔偿法》。

五、澳大利亚职业安全健康监督管理

澳大利亚国家制度的特点是松散的联邦制管理，6个州和2个区在行政管理方面有较大的自主权，全国的职业安全健康在立法、监督管理及其他各个方面也体现了这一特点。

1. 澳大利亚国家职业安全健康监督管理机构

澳大利亚安全工作委员会是澳大利亚政府的法定机构，于2009年根据《2008年澳大利亚安全工作委员会法》成立。其主要职责是改善全澳大利亚的职业安全健康状况以及工人的赔偿安排。基于2008年7月签署的《用以职业安全健康监管和运营改革的政府间协议》，澳大利亚联邦、州和地区政府共同为澳大利亚安全工作委员会提供资金。

澳大利亚安全工作委员会的前身最初是1985年成立的国家职业安全健康委员会，其后来于2005年被替换为澳大利亚安全与赔偿理事会，最后于2009年改组为现在的澳大利亚安全工作委员会。

澳大利亚安全工作委员会由15名成员组成，他们与机构工作人员合作实现战略和运营计划的目标。这些成员包括一名独立主席、九名代表联邦及各州和地区的成员、两名代表工人利益的成员、两名代表雇主利益的成员以及首席执行官。澳大利亚安全工作委员会成员每年至少召开三次会议。澳大利亚安全工作委员会的职能包含14个主题，分别为：

(1) 有关职业安全健康和工人赔偿的国家政策。

(2) 职业安全健康法律示范法的立法。

(3) 职业安全健康行为准则的示范法。

(4) 其他职业安全健康材料。

(5) 关于遵守和执行经批准的职业安全健康示范法立法的政策。

(6) 监督各辖区采用经批准的职业安全健康示范法立法等情况。

(7) 数据收集等。

(8) 调查等。

(9) 2022—2032年国家职业安全健康战略。

(10) 国家宣传战略。

(11) 工人的赔偿安排。

（12）就职业安全健康和工人赔偿问题向部长理事会提供建议。

（13）就职业安全健康和工人赔偿问题与澳大利亚境外联络。

（14）其他相关职能。

澳大利亚安全工作委员会的主要职责是：

（1）提高社区对工作安全健康这一关键问题的认识。

（2）通过了解影响澳大利亚工作场所文化的因素，然后建立机制来实现变革，从而改善工作安全健康状况。

（3）统一全澳大利亚的工作安全健康法律。

（4）制定国家职业安全健康和工人赔偿政策。

（5）找到改进工人的赔偿安排的机会。

2. 澳大利亚州职业安全健康执法机构

根据澳大利亚宪法的规定与授权，澳大利亚职业安全健康的监督管理由各州和地区政府的职业安全健康机构负责，按照各州和地区政府制定的职业安全健康方面的法规开展各自职权范围内的职业安全健康工作。各州和地区政府负责这方面工作的管理机构分别为：

新南威尔士州的职业安全健康局（NSWWorkCover Authority）；维多利亚州的职业安全健康局（VictorianWorkCover Authority）；西澳大利亚州的职业安全局（WorkSafe Western Australia）；南澳大利亚州的职业安全健康局（South Australian WorkCover Authority）；昆士兰州的职业、培训与工业事务部（Department of Employment, Training and Industrial Relation）；塔斯马尼亚州的工作场所安全局（Workplace Safety Board of Tasmania）；北部地区职业健康局（Northern Territory Work Health Authority）；首都直辖区负责执行职业安全健康法的政府机构是劳动工作管理局（ACT WorkCover）。

（1）新南威尔士州职业安全健康局。新南威尔士州职业安全健康局成立于1989年7月1日，是该州第一个负责职业安全健康全面工作的机构，主要职责是：

1）为本州的工人提供更加安全和健康的工作环境。

2）通过教育、监察、事故调查，以及必要时的处罚和起诉等方式强制执行职业安全健康法规。

3）依法进行各种活动和危险设备在安全方面的许可和认证。

该局执行的职业安全健康的有关法规包括：《2000年职业安全健康法》《1987年工人赔偿法》《1998年工作场所工伤管理和工人赔偿法》《1975年危险物品法》《1987年工人赔偿（火灾、突发事件和救护服务）法》《1942年工人赔偿（粉尘疾病）法》《1978 年运动伤害法》《1969 年农民工人调节法》，以及根据这些法规制定的配套规则，如《2001 年职业安全健康执行规则》等。

（2）维多利亚州职业安全健康局。在维多利亚州《1985 年工人赔偿法》制定实施之前，该州的职业安全健康工作由 52 家私营保险公司承担。1985 年 9 月 1 日，州政府成立了州职业安全健康局，设立了 3 个独立的分支。其中：预防部门，由州政府的部门负责；赔偿和康复部门，由 2 个独立的法定机构负责。职业安全健康局对该州的所有工人实行"无过错"赔偿计划，即对所有工资单在一定数额以上的雇员提供工人赔偿保险。

维多利亚州职业安全健康局的法定职责是强制执行本州的职业安全健康法：

1）根据《1985 年职业安全健康法》，减少工作场所人员的死亡、工伤、各种职业病的发生率；

2）根据《1985 年事故赔偿法》和《1993 年事故赔偿（职业安全健康局保险）法》，负责受伤工人的赔偿并帮助其返回工作岗位；

3）根据《1993 年事故赔偿（职业安全健康局保险）法》，向雇主提供合理的保险费价格；

4）根据《1995 年危险品法》，负责爆炸和危险物品管理；

5）根据《1995 年公路运输改革（危险品）法》，负责公路的危险品运输；

6）根据《1994 年设备装置（公共安全）法》，负责高风险设备在公共场所的应用。

本 章 小 结

内容提要：本章介绍了美国、日本、英国、德国和澳大利亚的职业安全健康概况、职业安全健康立法与监察进程，以及职业安全健康的立法程序和监察体制、主要职业安全健康法律法规；分析了美国、日本、英国、德国和澳大利亚职业安全健康的立法目的、法治特点；阐述了美国、日本、英国、德国和澳大利亚的职业安全健康法律法规体系和现行的职业安全健康重要法律、法规和部分标准。

复习思考题

1. 简要说明美国职业安全健康法规的制定程序。
2. 简要说明美国《联邦职业安全健康法》明确规定的雇主负有的职业安全健

康责任和雇员享有的职业安全健康权利。

3. 简述日本职业安全健康法律法规体系。

4. 按照日本职业安全健康监察体制要求，监察机构对企业进行安全健康监察主要包括哪六个方面。

5. 简述英国的职业安全健康法律法规体系。

6. 简述德国职业安全健康法律法规体系。

7. 简述德国《劳动保护法》所规定的雇主责任和义务包括哪些方面。

8. 简述澳大利亚职业安全健康法律法规体系。

参考文献

[1] 尚勇, 张勇. 中华人民共和国安全生产法释义 [M]. 北京: 中国法制出版社, 2021.

[2] 刘奕, 翁文国, 范维澄. 城市安全与应急管理 [M]. 北京: 中国城市出版社, 2012.

[3] 李美庆. 安全评价员实用手册 [M]. 北京: 化学工业出版社, 2007.

[4] 舒国滢. 法理学导论 [M]. 3版. 北京: 北京大学出版社, 2019.

[5] 周永坤. 法理学: 全球视野 [M]. 3版. 北京: 法律出版社, 2010.

[6] 石少华. 安全生产法治总论 [M]. 北京: 煤炭工业出版社, 2011.

[7] 朱义长. 中国安全生产史: 1949—2015 [M]. 北京: 煤炭工业出版社, 2017.

[8] 徐德蜀, 邱成. 安全文化通论 [M]. 北京: 化学工业出版社, 2004.

[9] 张兴凯. 我国生产安全卫生法律法规体系的特点 [J]. 中国安全生产科学技术, 2013 (5).

[10] 张顺堂, 高德华. 职业健康与安全工程 [M]. 北京: 冶金工业出版社, 2013.

[11] 刘道诚. 职业安全与卫生常识 [M]. 长沙: 湖南科学技术出版社, 1991.

[12] 丰友中. 略论安全卫生与生产的对立统一 [J]. 劳动保护, 1988 (3).

[13] 范进学, 李凤忠. 现代劳动法学 [M]. 济南: 山东大学出版社, 1991.

[14] 李步云. 法理学 [M]. 北京: 经济科学出版社, 2000.

[15] 公丕祥. 法理学 [M]. 3版. 上海: 复旦大学出版社, 2016.

[16] 张文显. 法学基本范畴研究 [M]. 北京: 中国政法大学出版社, 1993.

[17] 中国大百科全书出版社编辑部. 中国大百科全书（经济学）[M]. 北京: 中国大百科全书出版社, 1988.

[18] 张梦欣, 孙连捷. 安全科学技术百科全书 [M]. 北京: 中国劳动社会保障出版社, 2003.

[19] 赵耀江. 安全法学 [M]. 北京：机械工业出版社，2006.

[20] 石少华. 安全法学 [M]. 北京：中国劳动社会保障出版社，2010.

[21] 栗继祖. 安全法学 [M]. 北京：煤炭工业出版社，2010.

[22] 栗继祖. 职业安全与健康基础 [M]. 北京：煤炭工业出版社，2010.

[23] 张文显. 法理学 [M]. 4版. 北京：高等教育出版社，2011.

[24] 李尧远. 应急预案管理 [M]. 北京：北京大学出版社，2013.

[25] 邬燕云. 生产安全事故应急条例专家解读 [M]. 北京：应急管理出版社，2019.

[26] 谢财良，王林. 生产安全事故调查处理的理论与实践 [M]. 长沙：中南大学出版社，2016.

[27] 吕淑然，车广杰. 安全生产事故调查与案例分析 [M]. 2版. 北京：化学工业出版社，2020.

[28] 蒋军成. 事故调查与分析技术 [M]. 北京：化学工业出版社，2021.

[29] 孙兆贤，李光耀，孙煌，等. 生产安全事故调查处理实务与典型案例 [M]. 郑州：黄河水利出版社，2020.

[30] 陈国华. 国外重大事故管理与案例剖析 [M]. 北京：中国石化出版社，2010.